四川现代产业发展研究

四川省统计局　主编

四川大学出版社
SICHUAN UNIVERSITY PRESS

图书在版编目（CIP）数据

四川现代产业发展研究 / 四川省统计局主编. 一 成
都：四川大学出版社，2023.10
ISBN 978-7-5690-6456-8

Ⅰ．①四… Ⅱ．①四… Ⅲ．①产业发展－研究－四川
Ⅳ．① F127.71

中国国家版本馆 CIP 数据核字（2023）第 214549 号

书　　名：四川现代产业发展研究
　　　　　Sichuan Xiandai Chanye Fazhan Yanjiu
主　　编：四川省统计局

选题策划：徐　凯
责任编辑：徐　凯
责任校对：毛张琳
装帧设计：墨创文化
责任印制：王　炜

出版发行：四川大学出版社有限责任公司
　　　　　地址：成都市一环路南一段 24 号（610065）
　　　　　电话：（028）85408311（发行部）、85400276（总编室）
　　　　　电子邮箱：scupress@vip.163.com
　　　　　网址：https://press.scu.edu.cn
印前制作：四川胜翔数码印务设计有限公司
印刷装订：四川煤田地质制图印务有限责任公司

成品尺寸：185mm×260mm
印　　张：15.25
字　　数：328 千字

版　　次：2023 年 11 月 第 1 版
印　　次：2023 年 11 月 第 1 次印刷
定　　价：76.00 元

扫码获取数字资源

四川大学出版社
微信公众号

本社图书如有印装质量问题，请联系发行部调换

序　言

2022年是极不平凡的、具有里程碑意义的一年。这一年，我们迎来了党的二十大的胜利召开，开启了以中国式现代化引领四川现代化建设、向第二个百年目标奋进新征程。

为深入贯彻党的十九大和二十大精神，全面落实习近平总书记对四川工作系列重要指示精神和中央经济工作会议精神，扎实抓好省委十一届、十二届历次全会和省委经济工作会议各项决策部署落实，紧扣立足新发展阶段、贯彻新发展理念、融入新发展格局要求，为各级党委政府科学决策提供参考依据和信息支撑，四川省统计局联合大专院校、科研院所开展"四川现代产业发展系列研究"，完成系列研究课题20项，现将其中优秀成果汇编成书。

该系列课题研究得到了四川大学、西南财经大学、四川师范大学、西华大学、成都信息工程大学、四川轻化工大学、四川省区域科学学会、四川省人口学会、成都百生市场调查有限公司、重庆市统计局、重庆市统计学会等科研院所和单位的专家给予的大力支持，在此表示衷心的感谢。

书中难免有疏漏，敬请批评指正。

编者

2023 年 4 月

目　录

安宁河流域高质量发展研究

安宁河流域①自然条件优势明显、资源禀赋独特、区位条件优越、产业特色鲜明，是攀西经济区发展条件最好、人口分布最密集、产业集中度最高的区域，是四川极具发展潜力和后劲的地区之一。充分挖掘其潜力，推进安宁河流域高质量发展，有益于攀西经济区转型发展，有益于巩固拓展四川脱贫攻坚成果同乡村振兴有效衔接、巩固和提升四川在全国的战略地位，有益于四川经济社会高质量发展。

一、安宁河流域高质量发展的意义

（一）促进攀西经济区转型发展的需要

攀西经济区涵盖攀枝花和凉山2个市（州）22个县（市、区），区域面积达到6.8万平方千米。攀西经济区山地面积在70%以上，山高谷深，适于成规模连片开发建设的地域有限。安宁河流域高质量发展有利于优化攀西经济区空间发展格局，增强人口和经济承载力，提升经济区自我发展能力，增强发展内生性，培育形成带动攀西经济区发展的增长极，更好引领攀西经济区高质量发展。

（二）促进四川脱贫攻坚同乡村振兴有效衔接的需要

安宁河流域为汉族和少数民族杂居区，其所在的凉山是全国最大的彝族聚居区，同时也是国家层面的深度贫困地区。虽然日前凉山11个深度贫困县已全部摘帽，与全国同步实现全面小康，但巩固脱贫攻坚成果的任务仍然十分艰巨。安宁河流域高质量发展有利于带动广大彝族聚居区，推动乡村特色产业发展，培育乡村新产业新业态，加强就业创业支持，拓宽农民增收渠道，加快美丽宜居民族村落建设，改善农村人居环境，为四川探索脱贫攻坚同乡村振兴有效衔接的发展新路。

---

① 根据《安宁河流域高质量发展规划（2022—2030年）》，安宁河流域包括攀枝花市仁和区、米易县、盐边县，凉山彝族自治州西昌市、会理市、德昌县、会东县、宁南县、喜德县、冕宁县、盐源县。

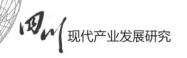

（三）实现四川"十四五"发展目标的需要

《四川省国民经济和社会发展第十四个五年规划和二〇三五年远景目标纲要》提出，保障重要农产品有效供给，推进安宁河谷现代农业提升，打造我省"第二大粮仓"。建设现代高效特色农业带，做优攀西冬春喜温蔬菜，打造优质蔬菜产业带，培育攀西南亚热带特色水果产业带。深化五区协同，推动攀西经济区转型升级，加快安宁河谷综合开发，建设国家战略资源创新开发试验区、现代农业示范基地和国际阳光康养旅游目的地。构建区域协同创新网络，加快攀西战略资源创新开发试验区建设，促进钒钛磁铁矿、稀土和碲铋资源综合利用。加强电网设施建设，启动实施攀西电网至省内负荷中心通道工程。高水平建设巴蜀文化旅游走廊，加强民族文化保护开发，用好攀西阳光和大渡河、金沙江峡谷等独特自然资源，培育南方丝路文化旅游带。要实现上述目标，必须推动安宁河流域高质量发展。

（四）巩固和提升四川在全国的战略地位的需要

安宁河流域农业生产条件优越，矿产资源极具战略意义，清洁能源优势明显。安宁河流域高质量发展有利于四川开拓建设新的集中连片现代农业生产区，调整优化农业区域布局，大力发展现代优质高效农业，稳定提升农产品产量，提高农业综合生产能力，打造四川"第二粮仓"，在国家粮食安全战略中发挥更大的作用；有利于促进攀西地区战略性矿产资源的合理有效开发，确保战略性资源的供给，加快建设世界级钒钛产业基地、全国重要的稀土产业基地，在构建新发展格局、提升我国经济发展自主性方面更好地发挥四川作用；有利于充分发挥四川清洁能源资源优势，加快建成清洁能源大省和全国重要的清洁能源基地，走出一条服务国家战略全局、支撑四川未来发展的绿色低碳发展之路。

（五）贯彻新发展理念、构建新发展格局的需要

当前，我国已经进入全面建设社会主义现代化国家、向第二个百年奋斗目标进军的新发展阶段。经过长期奋斗，安宁河流域经济社会也取得了长足发展，跟随全国的步伐迈进了新的发展阶段：2020年，安宁河流域取得脱贫攻坚全面胜利，与全国人民一道步入小康社会，工作重心转移到巩固拓展脱贫攻坚成果和全面推进乡村振兴上来。2021年，安宁河流域经济总量突破两千亿元，达2011.39亿元，占攀西经济区的66.3%，经济总量迈上新台阶；城镇居民人均可支配收入达39623元，比2017年增长33.1%，农村居民人均可支配收入20741元，比2017年增长44.7%，居民收入水平稳步提升。2021年，安宁河流域城镇化率达47.5%，比2016年提高5.7个百分点，城镇化水平稳步提高；城乡居民收入比从2017年的2.08缩小到2021年的1.91，城乡收入逐步缩小，城乡协调发展、共同富裕的态势明显。高质量发展本质上是体现新发展理念的发展，是创新成为第一动力、协调成

为内生特点、绿色成为普遍形态、开放成为必由之路、共享成为根本目的的发展。在实现第一个百年奋斗目标基础上向第二个百年奋斗目标进军，需要更为深入地贯彻新发展理念，进一步推动发展方式根本转变，推动经济高质量发展。同时，推动安宁河流域高质量发展，有利于四川构建以国内大循环为主体、国内国际双循环相互促进的新发展格局。

二、安宁河流域现状

（一）安宁河流域的自然地理情况

安宁河是金沙江二级支流、雅砻江一级支流，源于冕宁县彝海镇，在盐边县桐子林镇汇入雅砻江。安宁河流域地处四川省西南部，属中山峡谷区，海拔高度为1000～1500米，地势北高南低，地貌以山地为主，中游沿河两岸多河谷平原和山间盆地，自然条件优势明显，资源禀赋独特，发展条件良好。

1. 气候

安宁河流域属亚热带季风气候区，气候温和，冬夏差别不大，年平均气温17℃～21℃，无霜期在300天以上，中下游区域热量尤其丰富，可以一年三熟，适宜早春作物播种，昼夜温差较大，有利于作物物质积累。在夏季受西南季风和东南季风的交替影响，降水丰富，降水量占全年的90%以上。而冬季和早春降水少，多偏于干旱。流域内地区降水分布差异明显，山区多雨，而河谷平坦地区少雨，降水量随海拔的增高而增加。上游和下游降水量大于中游，其中在河源头一带地区，多年平均降水量在1845mm左右，下游的米易县至德昌县降水量最大为1300mm，而在中游河谷地区降水量较小，多在1100mm以下，有些地区甚至只有900mm左右。

2. 地形地貌

安宁河流域地处横断山脉东缘，地貌以侵蚀堆积断陷河谷平原和山间断陷盆地为主。沿安宁河谷有两条很陡的深大隐伏断裂，地质构造复杂，断裂、褶皱构造发育，构造方向以南北向为主体，其次有北东、北西及东西向。安宁河谷为断陷沉降区，沉积巨厚的第四纪砾卵石层，同时也是泥石流灾害的主要危害区。东部为中山峡谷区，地质主要为砂岩、泥岩互层，西部为中高山峡谷区，地形切割强烈、破碎，由花岗岩风化形成的泥沙堆积物易产生泥石流灾害。

3. 河流水系

安宁河流域河流众多，主要水系为金沙江、雅砻江、安宁河三大水系。金沙江水系流域面积1.03万平方千米（不含雅砻江），主要支流19条，其中流域面积大于1000平方千米的有黔鱼河、城河、黑水河3条。雅砻江水系流域面积1.47万平方千米（不含安宁河），主要支流21条，其中流域面积大于3000平方千米的有卧罗河（含盐井河）、永宁河、前所河3条。安宁河水系流域面积1.12万平方千米，主要支流18条，其中流域面积大于500平方千米的有孙水河、海河、茨达河、锦川河4条。

4. 水资源总量

根据第三次全国水资源调查评估成果，安宁河流域多年平均水资源总量为237亿立方米。区域径流年内分配与降水相同，年内分配极不均匀，全年约80%的径流量集中在5—10月，大多以洪水形式流失，春季水量小于10%。近年流域多年平均水资源总量232亿立方米，较1956—2000年多年平均水资源量238亿立方米减少约3%，变幅不大。

（二）安宁河流域发展的政策沿革

2010年之前，并没有专门针对安宁河流域发展的政策文件，关于安宁河流域的相关内容只在一些总体规划中有所提及，如《四川省国民经济和社会发展第十一个五年规划纲要》提出："基本解决丘陵地区、盆周山区和安宁河谷平原地区严重缺水问题。""加强长江、金沙江、嘉陵江、岷江、沱江和安宁河等'五江一河'的水系综合整治。""大力加强以交通和电网为重点的交通设施建设，以安宁河平原为重点的农业基础设施建设，以干热河谷区为重点的生态环境建设。"《四川省国民经济和社会发展第十二个五年规划纲要》提出："推动攀西经济区加快发展，构建重要战略资源集约开发和转化基地，打造美丽富饶文明和谐的安宁河谷。"这一时期对安宁河流域的规划内容单一，主要是补齐基础设施短板和战略资源开发。

2010年12月，四川印发《安宁河谷地区跨越式发展规划（2010—2020年）》，提出力争经过5~10年的跨越式发展，把安宁河谷建设成为具有世界影响力的现代化钒钛产业基地、我国重要的新能源产业开发支撑区、西部现代特色农业基地和阳光休闲度假旅游目的地、我省南向大通道的区域交通枢纽和重要经济走廊。这是针对安宁河流域的第一个发展规划，表明四川对发展安宁河流域的重视程度有所提升。

近年来，四川对安宁河流域发展高度重视。省委十一届八次全会进一步明确"推进安宁河谷综合开发"，《四川省国民经济和社会发展第十四个五年规划和二〇三五年远景目标纲要》将"加快安宁河谷综合开发"作为区域协同发展的重要内容。四川省第十二次代表大会提出以更大力度促进安宁河流域高质量发展，打造"天府第二粮仓"，带动大小凉山彝族聚居区巩固拓展脱贫攻坚成果，增强自我发展能力。这一时期，对安宁河流域已经从注重某一方面提升到注重全面协调发展。

（三）安宁河流域经济社会发展状况

1. 面积和人口情况：地域广阔，人口较少

截至 2021 年底，安宁河流域共有常住人口 363.2 万人，占攀西经济区的 59.8%，四川全省的 4.3%。若与市（州）相比，安宁河流域常住人口略高于德阳，在全省排第八位。从市（州）来看，凉山片区有 296.5 万人，占全流域的 81.5%；攀枝花片区有 67.3 万人，占全流域的 18.5%。从县（市、区）来看，流域内常住人口最多的是西昌，共有 96.3 万人，除西昌外，各县（市、区）人口普遍不多，居第二位的会理不足 40 万人，最少的喜德只有 15.9 万人。

相对较大的面积来说，安宁河流域常住人口较少，人口密度较小。2021 年底，安宁河流域人口密度约为每平方千米 100 人，而同期全省人口密度约为每平方千米 172 人。在流域内部来看，西昌人口密度最高，每平方千米人口达 334 人，接近全省平均水平的 2 倍，盐源人口密度最小，每平方千米只有 41 人，不足西昌的 1/8（见表 1）。

表 1　安宁河流域面积和人口情况

地区	辖区面积（平方千米）	常住人口（万人）	人口密度（人/平方千米）
安宁河流域	36541	363.2	100
攀枝花市	7401	121.4	164
仁和区	1728	26.7	155
米易县	2110	22.7	108
盐边县	3275	17.9	55
凉山彝族自治州	60294	487.4	81
西昌市	2657	96.3	362
会理市	4537	39.1	86
盐源县	8412	34.2	41
德昌县	2300	21.7	94
会东县	3225	34.4	107
宁南县	1672	18.4	110
喜德县	2203	15.9	72
冕宁县	4422	36.5	83

资料来源：市（州）和县（市、区）数据来源于《四川经济手册（2022）》，安宁河流域数据根据上述数据计算得到。

2. 地区生产总值：总量超两千亿元

2021年，安宁河流域实现地区生产总值2011.39亿元，占攀西经济区的66.3%，其中凉山片区地区生产总值为1460.86亿元，占凉山的76.8%，攀枝花片区地区生产总值为550.53亿元，占攀枝花的48.6%。若与全省其他市（州）相比，安宁河流域经济总量小于乐山而高于凉山，处于全省第九的位置，占全省的比重为3.7%。2021年，流域内经济总量最大的是西昌，地区生产总值为630.48亿元，经济总量最小的是喜德，只有34.16亿元，两者相差近18倍（见表2）。

表2 安宁河流域地区生产总值及增速情况

地区	地区生产总值		第一产业增加值		第二产业增加值（亿元）		第三产业增加值（亿元）	
	绝对数（亿元）	增速（%）	绝对数（亿元）	占GDP比重（%）	绝对数（亿元）	占比（%）	绝对数（亿元）	占比（%）
安宁河流域	2011.39	7.7	418.34	20.8	813.98	40.5	779.08	38.7
攀枝花市	1133.95	8.3	103.56	9.1	621.48	54.8	408.91	36.1
仁和区	240.74	8.0	31.87	13.2	136.60	56.7	72.27	30.0
米易县	169.28	8.7	36.82	21.8	71.48	42.2	60.98	36.0
盐边县	140.51	7.9	29.75	21.2	77.29	55.0	33.47	23.8
凉山彝族自治州	1901.18	7.2	431.63	22.7	650.90	34.2	818.65	43.1
西昌市	630.48	6.6	57.26	9.1	269.26	42.7	303.96	48.2
会理市	200.05	10.5	61.02	30.5	63.99	32.0	75.03	37.5
盐源县	148.09	5.0	54.81	37.0	50.61	34.2	42.67	28.8
德昌县	86.01	7.0	24.66	28.7	23.81	27.7	37.54	43.6
会东县	159.37	11.0	55.89	35.1	46.09	28.9	57.39	36.0
宁南县	75	11.6	25.52	34.0	20.52	27.4	28.97	38.6
喜德县	34.16	9.9	9.20	26.9	4.62	13.5	20.35	59.6
冕宁县	127.7	3.1	31.54	24.7	49.71	38.9	46.45	36.4

资料来源：市（州）和县（市、区）数据来源于《四川经济手册（2022）》，安宁河流域数据根据上述数据计算得到。

从增速来看，2016－2021年，安宁河流域地区生产总值分别增长6.7%、6.5%、4.9%、6.3%、3.9%、7.7%，年均增长6.0%，同期四川全省经济分别增长7.8%、8.1%、8.0%、7.4%、3.8%、8.2%，年均增长7.2%，安宁河流域地区生产总值增速长期低于全省平均水平，近6年的平均增速比全省低1.2个百分点，发展速度不快（如图1所示）。2021年米易、会理、会东、宁南、喜德5县

（市、区）经济增速高于8.2%的全省平均水平，其中宁南增长11.6%，增速居安宁河流域各县（市、区）之首。攀枝花片区各县（市、区）经济增速较为接近，高低相差仅0.8个百分点，凉山片区各县（市、区）经济增速差异较大，高低相差达8.5个百分点（见表2）。

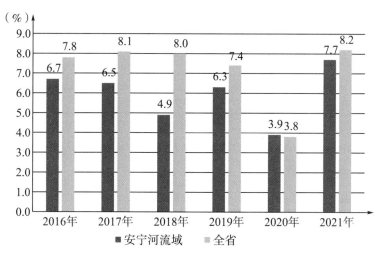

图1 安宁河流域经济增速与全省对比

2021年，安宁河流域三次产业增加值分别为418.34亿元、813.98亿元、779.08亿元，三次产业结构为20.8∶40.5∶38.7，同期全省为10.5∶37.0∶52.5。可以看出，安宁河流域第一产业占比远高于全省平均水平，第二产业占比与全省相差不大，第三产业占比远低于全省平均水平。从安宁河流域内部来看，第一产业占比最高的是盐源，三次产业结构为37.0∶34.2∶28.8，第二产业占比最高的是仁和，三次产业结构为13.2∶56.7∶30.0，第三产业占比最高的是喜德，三次产业结构为26.9∶13.5∶59.6。部分地区第一产业和第三产业占比偏高，主要是因为第二产业发展不够充分，增加值较小。产业结构的较大差异也反映出安宁河流域内部发展不够均衡，部分地区尚处于较低水平的发展阶段（见表2）。

3. 财政收入情况：各地差距较大

2021年，安宁河流域共实现地方一般公共预算收入147.72亿元，占全省的3.1%，低于安宁河流域地区生产总值占全省的比重，单位地区生产总值产生的财政收入低于全省平均水平。其中，地方一般公共预算收入最高的是西昌，为57.93亿元，是第二名仁和的近4倍，总量优势巨大。6个县地方一般公共预算收入不足10亿元，最低的喜德县仅有1.33亿元（见表3）。

表3 安宁河流域财政收入情况

地区	地方一般公共预算收入（亿元）绝对数	其中：税收收入（亿元）绝对数
安宁河流域	147.72	99.26
攀枝花市	89.85	50.90
仁和区	14.60	8.14
米易县	12.25	10.46
盐边县	9.53	8.02
凉山彝族自治州	172.79	106.63
西昌市	57.93	36.06
会理市	10.92	8.17
盐源县	8.83	6.32
德昌县	7.29	3.72
会东县	10.37	7.37
宁南县	5.44	3.20
喜德县	1.33	0.98
冕宁县	9.23	6.82

资料来源：市（州）和县（市、区）数据来源于《四川经济手册（2022）》，安宁河流域数据根据上述数据计算得到。

4. 居民收入情况：农村居民收入较高

2021年，安宁河流域城镇居民人均可支配收入39623元，比41444元的全省平均水平低1821元，低4.4%。流域内有4个县（市、区）城镇居民人均可支配收入高于全省平均水平，其中西昌最高，为45431元，攀枝花3个县（市、区）全部高于全省平均水平，凉山其他县（市、区）与上述地区有较大差距。农村居民人均可支配收入20741元，比17575元的全省平均水平高3166元，高18.0%。有8个县（市、区）农村居民人均可支配收入高于全省平均水平，其中最高的依然是西昌，为23523元。对比城镇居民人均可支配收入，安宁河流域农村居民人均可支配收入普遍高于全省平均水平，这与安宁河流域特色农业的发展密不可分（见表4）。

表 4　安宁河流域城乡居民收入情况

地区	城镇居民人均可支配收入（元）		农村居民人均可支配收入（元）	
	绝对数	比上年±%	绝对数	比上年±%
安宁河流域	39623	8.2	20741	10.2
攀枝花市	47915	8.4	21979	10.2
仁和区	42333	8.6	23028	10.2
米易县	43020	8.5	22680	10.2
盐边县	42128	8.4	20419	10.3
凉山彝族自治州	37452	8.1	16808	10.3
西昌市	45431	8.1	23523	10.2
会理市	37884	8.3	22740	10.1
盐源县	33126	8.4	16552	10.7
德昌县	37441	8.0	22793	10.1
会东县	34509	8.4	22065	10.2
宁南县	34416	8.0	20570	10.0
喜德县	29847	8.1	11918	10.6
冕宁县	34404	8.3	19315	10.2

数据来源：市（州）和县（市、区）数据来源于《四川经济手册（2022）》，安宁河流域数据来源于国家统计局四川调查总队。

5. 城乡建设情况：基础设施建设较好

城镇化率高于攀西地区。2021 年安宁河流域常住人口镇化率为 47.5%，高于凉山彝族自治州（38.7%）8.8 个百分点，高于攀西地区（44.9%）2.6 个百分点，在攀西地区城镇化水平较高，但与全省平均水平（57.8%）相比低 10.3 个百分点，城镇化水平仍有提升空间。城乡居民收入比低于全省平均水平。2021 年安宁河流域城乡居民收入比为 1.91，比同期全省平均水平（2.36）低 0.45。城乡基础设施基本实现区域内部互联互通，截全 2021 年高速公路总里程达 425 千米，实现国道区县全覆盖，乡村公路通畅率近 100%；信息网、电网、水网日趋完善，广播电视综合覆盖率接近 100%，农村自来水普及率接近 85%。城乡基本公共服务均等化水平不断提高，基本实现"一村一幼"，普及了高中教育，入学率、巩固率均达到国家标准，基本实现从"有学上"到"上好学"的转变；城乡医疗卫生、社会保障等基本公共服务不断完善，参加城乡居民基本医疗保险人数近 100%，村卫生室基本实现全覆盖。

（四）安宁河流域产业发展基础

1. 农业：农业发展情况良好

安宁河流域光热条件优越、耕地资源充足，截至 2021 年底，安宁河流域共有耕地 577 万亩、林地 3620 万亩、园地 372 万亩；拥有省星级现代农业园区 3 个、国家级和省级农业产业化龙头企业 52 户。

一是粮食生产稳定。2021 年，安宁河流域粮食播种面积 557.1 万亩，粮食产量 186.9 万吨，占全省的 5.2%。其中，水稻播种面积 88.6 万亩，产量 46.2 万吨；玉米播种面积 215.2 万亩，产量 78.3 万吨。安宁河流域粮食产量占全省的比重比常住人口占全省的比重高 0.9 个百分点，粮食自给有余，为安宁河流域畜牧业发展和全省初级产品保供做出了突出贡献。

表 5　安宁河流域粮食播种面积及产量情况

	粮食		水稻		玉米	
	面积（万亩）	产量（万吨）	面积（万亩）	产量（万吨）	面积（万亩）	产量（万吨）
全省	9536.6	3582.2	2812.5	1493.4	2774.1	1084.7
安宁河流域	557.1	186.9	88.6	46.2	215.2	78.3
攀枝花	68.3	26.3	13.1	7.3	38.7	15.7
仁和区	12.0	4.4	0.9	0.5	8.4	3.5
米易县	26.7	11.8	9.2	5.3	13.7	5.7
盐边县	28.8	9.8	2.9	1.5	16.0	6.2
凉山彝族自治州	803.2	250.8	89.8	44.8	283.5	97.1
西昌市	62.7	24.5	24.7	13.5	15.4	5.1
盐源县	76.3	23.7	1.6	0.5	38.9	14.1
德昌县	27.8	10.4	9.0	4.6	9.4	3.3
会理县	102.7	35.1	13.8	7.2	51.6	18.7
会东县	84.8	25.9	7.6	3.9	28.1	10.1
宁南县	37.5	10.6	2.0	1.0	14.2	4.7
喜德县	30.9	8.3	2.2	0.7	7.1	2.2
冕宁县	66.8	22.3	14.8	7.5	12.5	4.5

资料来源：四川省统计局、国家统计局四川调查总队。

二是特色农业加快发展。安宁河流域是长江上游乃至整个中西部地区农业资源最独特、最丰富、最具优势和开发潜力的地区，非常适合发展特色农业。2021 年，安宁河流域蔬菜产量 404.2 万吨，占全省的 9.3%，水果产量 255 万吨，占全省的 18.5%，烤烟产量 287.6 万担，占全省的 78.8%，蚕茧产量 2.9 万吨、占全省 33%。当前，错季蔬菜、特色水果、花卉苗木、生态畜牧等特色产业带初步形成，成为全国重要的战略性优质烟叶基地、南方优质高原水果基地、国家南菜北运基地、全省最大的优质蚕桑生产基地、全国重要的花卉种植基地。

2. 清洁能源：全国重要清洁能源输出地

安宁河流域清洁能源丰富，水能资源可开发量接近 3700 万千瓦，技术可开发量约占全省水能资源技术可开发量的八成，是全国乃至世界上少有的水能资源富集区。同时，安宁河流域风能和太阳能资源丰富，具备水风光互补发展的条件。当前，拥有白鹤滩水电站、乌东德水电站等大型水电站，已建及在建水电装机 2980 万千瓦，已建风电装机 312 万千瓦、光伏发电装机 77 万千瓦。当前安宁河流域已经形成了以水电开发为龙头，以风电和太阳能发电为补充的清洁能源产业，是国家"西电东送"的重要基地和骨干电源点，为全国输送了大量清洁能源。

3. 钒钛产业：特色工业加快形成

安宁河流域矿产资源较为丰富，截至目前，具有查明资源储量的矿产 65 种，其中钒钛磁铁矿、稀土在全国范围内优势明显，煤、铜、铅锌、镍、钴、锆、晶质石墨等在省内具有一定优势。当前探明钒钛磁铁矿资源储量约 76 亿吨，居全国第一；探明稀土氧化物资源量约 259 万吨，是我国第二大稀土矿区。其他主要矿产资源还有：煤炭、铁（矿石）、铜（金属）、铅（金属）、镍（金属）、钴（金属）、磷（矿石）、石墨（晶质石墨）。丰富的矿产资源为安宁河流域发展钒钛产业提供了便利条件。

安宁河流域拥有西昌太和、米易白马、盐边红格钒钛磁铁矿，冕宁牦牛坪、德昌大陆槽稀土矿，会理拉拉铜矿，宁南银厂沟铅锌矿等重要矿区，是攀西国家级战略资源创新开发试验区的核心区域。以钒钛为核心的特色工业加快形成，逐步建成攀枝花钒钛、冕宁稀土、会理有色等多个特色产业园区。关键核心技术攻关取得新进展，钒、钛资源综合利用率分别提升至 44%、29%，稀土综合回收率达 85%，建成国内规模最大、产品种类最多的钒钛产业基地和重要的稀土研发制造基地。

4. 文旅产业：阳光康养旅游初具规模

安宁河流域是"茶马古道"文化遗产的重要组成部分，拥有众多历史文化遗存，文化底蕴深厚；是全国最大的彝族聚居区和民族类别最多的地区之一，民族文化浓郁；邛海、泸沽湖、彝海湖光秀美，金沙江、雅砻江两江奔流，螺髻山、泸山等景色各异，自然景观资源丰富；冬暖夏凉、阳光充足，康养条件优越。安宁河流域集民族文化、自然生态和航天科技观光、阳光休闲度假旅游目的地于一体，是中国西部大香格里拉生态旅游圈的重要组成部分，是四川八大名胜区和全国十大旅游战略基地之一，生态环境宜居，旅游资源十分丰富。当前已经形成了一批精品旅游景区、知名旅游品牌，邛海旅游度假区成为四川省首批国家级旅游度假区，西昌市、米易县成功创建天府旅游名县。建成国家 AAAA 级旅游景区 16 个（见表 6），国家生态旅游示范区 1 个，中国历史文化名城 1 个，中国历史文化名村 1 个，国家乡村旅游重点村 2 个，省级全域旅游示范区 1 个。

表 6　安宁河流域 AAAA 级景区名单

序号	名称
1	邛海泸山国家级风景名胜区
2	凉山彝族自治州西昌市安哈彝寨仙人洞景区
3	凉山彝族自治州西昌市茅坡樱红乡村旅游景区
4	凉山彝族自治州会理古城旅游景区
5	凉山彝族自治州会理县会理会议纪念地
6	凉山彝族自治州会东县老君峰景区
7	凉山彝族自治州冕宁县彝海旅游景区
8	冕宁县灵山旅游景区
9	凉山彝族自治州宁南县金钟山景区
10	凉山彝族自治州宁南县凯地里拉景区
11	凉山彝族自治州泸沽湖旅游景区
12	凉山彝族自治州盐源县公母山景区
13	攀枝花市二滩国家森林公园
14	攀枝花市格萨拉生态旅游景区
15	攀枝花市米易县颛顼龙洞景区
16	米易傈僳梯田景区

（五）巩固拓展脱贫攻坚和乡村振兴情况

安宁河流域 11 个县（市、区），原国定深度贫困县 2 个（盐源县、喜德县），非贫困县 9 个（均有脱贫任务）。目前，有国家乡村振兴重点帮扶县 2 个（盐源县、喜德县），乡村振兴重点帮扶村 128 个，共有脱贫村 414 个，脱贫户 7.6 万户，脱贫人口 32.2 万人，易地扶贫搬迁群众 1.5 万户 6.9 万人，集中安置区 178 个 0.8 万户 3.8 万人（200 人以上大中型安置区 22 个），掉边掉角农户 133 户 544 人。截至 2022 年 4 月底，累计动态锁定防止返贫监测对象 1.08 万户 4.09 万人，其中已消除风险 0.9 万户 3.3 万人。

当前，脱贫群众收入持续增长，"两不愁三保障"和饮水安全保障质量持续提升，基础设施和公共服务持续改善，发展能力持续提高，群众获得感、幸福感、安全感不断增强，脱贫攻坚成果得到巩固拓展，守住了不发生规模性返贫的底线，乡村建设和乡村治理扎实推进，全面推进乡村振兴实现良好开局。

1. 脱贫攻坚成果得到巩固拓展

国家乡村振兴局防止返贫监测数据显示，2021 年安宁河流域 11 个县（市、区）脱贫人口人均纯收入 11150 元，同比增长 13.4%，高出全省脱贫人口人均纯收入（11073 元）77 元，高 0.7%；高出攀枝花、凉山两市（州）脱贫人口人均纯收入平均数（10980 元）170 元，高 1.5 个百分点。产业帮扶由户到人向促进区域产业整体发展转变，中央财政推进乡村振兴补助资金用于产业发展的比重提高到 55%，产业发展水平进一步提升。国家乡村振兴局防止返贫监测数据显示，脱贫人口人均工资性收入和经营性收入占人均收入比例合计为 85.88%，脱贫群众自我发展能力进一步增强。易地搬迁后续扶持扎实推进，22 个大中型集中安置区基础设施和公共服务设施较为健全，社区治理和社区融入总体良好，90% 以上的易地搬迁群众认为能够很好或较好适应安置区生活。2021 年巩固拓展脱贫攻坚成果同乡村振兴有效衔接考核评估结果显示，农户对巩固脱贫成果认可度为 95.32%，综合满意度为 95.13%。

2. 乡村振兴有关工作取得积极进展

在巩固拓展脱贫攻坚成果基础上，深入推进"四好农村路"建设，实施农村安全饮水巩固提升工程，全力推进新一轮农村电网改造升级，大力开展电信普遍服务项目，农村基础设施条件显著提升。积极推进"美丽四川·宜居乡村"建设，统筹推进农村生活污水治理、农村垃圾治理、农村"厕所革命"、村庄清洁和畜禽粪污资源化利用"五大行动"，农村人居环境明显改善。大力推进米易县、西昌市两个全国乡村治理试点示范县建设，主动创建全国和省级乡村治理示范村镇，积极探索乡村治理新模式。大力推动移风易俗，通过修订村规民约、成立村民自治组织、开展"诚信守法感恩"活动等，农村餐饮浪费现象明显改观，厉行节约观念广泛普及，文明新风进一步形成。2021 年巩固拓展脱贫攻坚成果同乡村振兴有效衔接考核评估结果显示，95.9% 的农户对村两委作风能力表示满意，94.23% 的农户对基础设施与人居环境表示满意。

3. 政策体系实现有效衔接

2020 年底，脱贫攻坚取得全面胜利以来，安宁河流域 11 县（市、区）积极适应工作重心转移、任务转段新形势，严格落实"四个不摘"要求，保持主要帮扶政策总体稳定，重要机制、重大政策、重点工作平稳有序过渡。对照省"1+37"衔接政策体系，11 个县（市、区）全部出台有效衔接实施意见，结合实际情况制定分项落实措施，延续、优化、调整脱贫攻坚期间的帮扶政策。2021年累计投入中、省、市、县四级财政衔接推进乡村振兴补助资金23.3亿元（其中到县财政衔接资金18.93亿元）；确定盐源县、喜德县为国家乡村振兴重点帮扶县，128个村为乡村振兴重点帮扶村，在财政、金融、土地、人才等方面给予重点政策支持。

三、安宁河流域高质量发展的制约因素

高质量发展的内涵与要求，在宏观层面表现为增长的稳定性、发展的均衡性、环境的可持续性、社会的公平性；在产业层面表现为产业规模不断壮大、产业结构不断优化、创新驱动转型升级、质量效益不断提升。当前，安宁河流域高质量发展已经具备了一定基础，取得了一定成就，但对照高质量的要求来看，发展水平不高、发展不平衡不充分、创新驱动不足、质量效益不高、生态环境脆弱的问题依然突出，发展短板和制约因素依然存在。

（一）交通设施是最大短板

1. 对外通道较少

对外运输主干道仅有南北向成昆铁路和雅西高速，这两条道路极易受自然灾害影响，而沿线山区地质灾害和极端天气多发，导致断道、封路频次多，严重影响了交通稳定性。运力不足的情况突出，雅西高速设计日最高通行量为3万辆，但当前日常通行量已经超过设计上限，在高峰期更是能达到设计上限的数倍；成昆铁路建设年代久远，运输能力和速度不足，从成都到攀枝花需要将近13个小时，几乎是汽车用时的两倍。成昆铁路复线时速较低，设计时速仅200千米/小时，实际运行速度仅160千米/小时，已难以满足现代交通物流、人流的发展需求，且受限于复杂的地质条件影响，铁路运输的准点性和效率性大打折扣。西昌青山机场和攀枝花保安营机场航班较少、价格偏高，且难以按时起降，安全性、准点性等核心标准的缺失限制了快捷交通的便利出行。再者，东西向通道缺失，宜攀高速和攀丽高速云南段仍未建成通车，攀大高速云南段尚未开工，攀枝花至昭通铁路未纳入国家铁路"十四五"规划，修建遥遥无期。

水运方面，金沙江航道至今未打通，没有发挥出应用的作用。

2. 内部循环不畅

区域内互联互通水平不高，城际县际联系便捷度较低。安宁河流域主干道路联通程度较低，攀枝花境内联结凉山盐源、会理、会东的东西向快速通道尚未打通，区域内路网呈"南北密、东西疏"格局，区域间路网连通不畅。例如米易与相邻的会理直线距离不到30千米，但经国省干道需绕行95.6千米、用时3个多小时。

多条纳入规划的道路仍需 5～10 年的建设工期才能运行通车，严重制约了城际经济社会的交流。此外，道路技术等级偏低、道路灾害频发，公路交通"通而不畅"，也导致客流、物流在区域内难以实现快速的环线网状流通。部分区县还存在最后一公里不通、车到山前没有路等问题。

3. 交通建设资金不足

安宁河流域山地较多、地形复杂、地质特殊，导致交通建设的成本远高于平原地区，交通建设和维护任务繁重，资金需求缺口较大，严重制约了该区域交通状况的改善。脱贫攻坚结束后，"十四五"时期国家和四川省对三州地区的补助标准大幅回落，以国道公路建设补助标准为例，已由全额建安费调整为定额补助，而安宁河流域大部分区县财政资金有限，导致项目建设缺口资金落实困难。

（二）产业发展存在瓶颈

1. 农业发展制约因素明显

一是农业基础设施薄弱。安宁河流域旱雨季分明，雨季降水量占全年的86％～90％，在作物生长比较重要的 3—6 月降水不足；区域分布不均，高值区是低值区的 2～3 倍，集中了主要人口和经济的河谷地区降雨量较少。已建水利设施调蓄能力不足，季节性和工程性缺水严重。灌区渠道配套率低，续建配套和节水改造工程有待加强，农业"靠天吃饭"的局面未根本改变，"望天田"面积大。例如，截至2021年底，攀枝花范围内有效灌溉面积 81.45 万亩，仅占总耕园地面积的35.34％，凉山范围内水库蓄水能力仅占水资源总量的 6％，远低于全国和全省平均水平。安宁河流域耕地质量和标准化水平偏低，中低产田土占比较高，农业机械化水平仅较低，农田改造和使用机械的成本较高，例如，流域内建设一亩高标准农田的最低成本为 3000 元，远高于成都平原地区。此外，流域内冷库、冷链运输等设施也不完善。

二是产业化发展水平较低。农业生产经营集约化、设施化、标准化、规模化、专业化、组织化程度低，小农户分散经营仍占主流，规模化养殖率不足 40％，土地流转率不足 10％，与农业现代化发展要求仍有很大差距，例如，攀枝花范围内小农户分散经营比例达 85％。产品销售以初级产品为主，精加工不足，还没有形成产业上、中、下游衔接紧密的产业链条。缺乏大型企业引领，综合效益不高，竞争力不强，抗风险能力较差。

三是品牌建设仍需加强。虽然流域内已经形成了雷波脐橙、会理石榴、盐源苹果等一批农产品品牌，但数量依然不多，且大多数都只在省内闻名，缺乏在全国具有较高知名度和影响力的品牌，品牌建设与农产品的品质不匹配，品牌建设水平与发达地区还有较大差距。

四是土地非农化和非粮化问题需重视。粮食生产事关国计民生和国家安全，《四川省国民经济和社会发展第十四个五年规划和二〇三五年远景目标纲要》中提出，推进安宁河谷现代农业提升，打造我省"第二大粮仓"，《安宁河流域高质量发展规划（2022－2030年)》提出要将安宁河流域打造成"天府第二粮仓"，但由于种植粮食收益较低，种粮补贴不高，流域优质耕地容易被挪作他用，存在非农化和非粮化现象，影响了流域内的粮食生产。

2. 钒钛产业存在短板

一是资源利用率不高。安宁河流域钒钛磁铁矿属高钛型铁矿，矿相特殊，钙镁含量高，钒、钛资源提取难度大，受制于技术、资金、人才等因素，钒、钛利用率提高难，伴生的钪、镓、铬等尚未综合利用。钒、钛综合利用率虽然近年来有较大幅度提升，但当前分别只有44%和29%，利用率依然不高，低品位矿、表外矿和尾矿利用不够。

二是产业链存在薄弱环节。流域内钒钛产业大部分仍处于产业链前端，钒钛企业中矿采选、钛渣等初级原料企业占比约80%，钛白粉、钛金属、钒制品等深加工企业占比不足20%，技术水平不高，产品附加值低，同质化严重。氯化法钛白粉等鼓励发展产业产线布局尚未形成规模，下游涂料行业缺失，钛金属的锻压、轧制环节链缺失，钛材加工产业较为薄弱，钛设备、钛制品产业薄弱。钢铁、钛化工、钛金属等下游产业产能不足，铁、钛资源就地转化率不高。

三是关键技术待突破。基础研究、应用研究、加工工艺依然存在关键技术难题，如超塑性成型技术、低成本化加工制备技术、高效短流程钛合金加工技术。在航空航天级钒铝合金、高档氯化钛白、航空高档钛合金无缝管、钛及钛合金紧固件棒材产品、粉末冶金钛及钛合金零部件、3D打印等钒钛领域还存在卡脖子问题。

四是部分政策与钒钛产业发展不适应。例如，安宁河流域钒钛产业发展与钢铁产业发展紧密联系，但当前钢铁行业属于限制产能行业；低钒合金产品是受国家鼓励的固废资源综合利用项目，但由于目前该类产品无国家、行业以及协会标准，容易与生铁产品混淆，不利于产业政策的认定。

3. 文旅产业发展水平不高

一是旅游要素供给有短板。吃：缺乏特色餐饮街区，地方餐饮品牌影响力号召力不强。住：星级酒店屈指可数，没有一家五星级酒店。行：交通通达性不足，机票贵、火车慢、公路易中断等问题对文旅产业发展存在较大影响。游：周边旅游资源吸引力不够，缺乏精品旅游线路，更多的是一日游、二日游。购：旅游商品缺乏品牌效应，缺乏叫得响、卖得好的特色商品。娱：文化体验产品，特别是夜间娱乐消费业态亟待丰富。医：康养医疗设施建设多以专科或便民门诊为主，集医疗、康复、保健、养生、养老于一体的医疗康养产业体系尚未建立。

二是旅游资源开发不充分。安宁河流域文化厚重，历史遗迹丰富，旅游资源富集，但缺乏活态化，缺少形成产业的手段，流域内水果、阳光、花卉、工业、文化等特色资源尚未转化为产品优势和经济优势；流域内还没有一家 AAAAA 级景区，景区建设待加强；旅游线路建设仍处于原始状态，大多处于散点游、自驾游等初级阶段；知名度高的景区和旅游线路不多，尚未形成叫得响的流域旅游大品牌。

（三）要素供应紧张

1. 土地指标不足

当前，安宁河流域巩固脱贫攻坚、推进乡村振兴、完善公共服务和基础设施建设对土地指标需求大，用地指标不足一定程度上制约了基础设施建设、重大基础设施实施、产业项目落地，影响了安宁河流域的发展。主要表现在设施农业用地指标缺乏，管理弹性不够，仓储、物流、加工用房等配套设施建设受限；工业园区用地指标不足，园区发展面临无地可用的状况；水利设施建设用地面积大，建设困难。

2. 能源使用紧张

安宁河流域属于后发地区，当前正处于大力发展工业的阶段，流域内工业的主力钒钛、稀土相关产业都属于高耗能行业，而流域内"双高"控制基础差，也并未享受生态利益补偿机制带来的能耗指标倾斜，限制了钒钛、稀土等产业的发展。安宁河流域是我国重要清洁能源输出基地，为全国能源安全和绿色低碳发展做出了重要贡献，但留存本地的电量指标偏少，导致电价高，用电受限，企业用电成本甚至比周边地区还要高 0.3 元/度左右。

3. 人才资源缺乏

安宁河流域教育资源不足，人才培育规模和层次都难以满足当地发展需要；位置偏远，大部分地区生活条件不好，待遇不高，引进人才难，留住人才更难。调研中多个部门都反映本系统人才缺乏，流失率高，严重影响了工作开展。

（四）脱贫成果仍需巩固

1. 脱贫人口收入还较低

据省乡村振兴局数据，2021 年安宁河流域 11 个县（市、区）脱贫人口人均纯收入仅有 11150 元，只相当全省农村居民人均可支配收入的 63.4%，流域内农村居民人均可支配收入的 53.7%。其中，米易县、西昌市、盐源县、会东县、喜德县、冕宁县 6 个县人均纯收入低于全省脱贫人口人均纯收入（11073 元）；会东县、冕宁县脱贫人口人均纯收入低于 10000 元。在收入总量不高的同时还存在结构不优

问题，脱贫人口家庭务工收入占比 54.63％，一旦由于疫情、灾情等因素影响无法外出务工，存在家庭收入骤减的风险。

2. 脱贫产业带动群众增收效果不佳

发展的脱贫产业技术普遍薄弱，技术、设施、营销、人才等存在短板，产业链和价值链较短，农产品加工转化率较低，农村一二三产业融合发展水平不高，部分龙头企业与农户之间利益联结机制不完善，带动农户增收能力较弱。如：抽查盐源县 276 户脱贫户（含监测户），59.40％的表示对脱贫攻坚期间政府帮助发展的产业现状表示收益不高；抽查喜德县 154 户脱贫户，只有 12.29％的表示产业发展较好，77.36％的分红不足 100 元/年。

3. 乡村建设和乡村治理还有差距

因历史欠账原因，农村基础设施短板仍然较多，村庄道路、供排水、供变电、公共服务等基础设施还存在不少薄弱环节，特别是县、村连网路、产业路需要进一步加强建设。农村人居生环境存在短板，无害化卫生厕所覆盖率不高，农村生活污水有效处理率、设施覆盖率还较低；农村生活垃圾收运处置体系建设还有很大提升空间。高寒高海拔等特殊地区农村改厕、污水、垃圾处理还没有适宜的技术模式。移风易俗还需久久为功，部分农户家庭卫生和个人卫生习惯差，垃圾乱倒、污水乱排等现象突出，薄养厚葬、高额彩礼等陈规陋习久治难愈，禁毒防艾、无序超生等社会治理问题还需下大力气持续整治。

（五）生态环境承压较大

1. 生态环境脆弱

安宁河流域地处长江上游，是长江流域重要的生态功能区，也是典型的干热河谷生态脆弱区，属于易破坏、难治理区域，多数区县位于生态脆弱性评价重度区域，存在山体保水保土能力弱、山坡植被覆盖率低、水土流失严重等问题。

2. 环境风险突出

流域内矿石开采加工企业多，工业固废渣场和尾矿库较多，矿渣及尾矿废水含有大量的重金属元素，环境风险较高，一旦发生尾矿库溃坝等突发性污染事故，对水环境和土壤环境质量都会造成影响。

3. 面源污染严重

安宁河流域内农作物总播种面积大、种类多，毁林开荒、陡坡耕种、顺坡耕作等现象依然存在，化肥、农药施用，农业面源带来氨氮和总磷污染对水环境质量影响较突出。农药的使用和工业"三废"的排放还造成流域内部分地区土壤铅、镉、砷等重金属超标。

四、安宁河流域经济高质量发展的对策建议

（一）加大交通设施建设力度

以畅通对外大通道为重点，建成南连滇中城市群、北达成渝地区双城经济圈的运输大通道，增强区域参与外部经济大循环的能力，适度增强内部互联互通能力。

1. 加快交通基础设施建设

铁路方面，争取将成昆复线运行时速提升至 200 千米，推进宜西攀高铁、大丽攀高铁、攀昭铁路等项目的的规划建设。公路方面，尽快开工建设已纳入规划的 G7611 线西昌至昭通、G7611 西昌至香格里拉、G4216 宜宾新市至攀枝花 3 个国家高速网项目，力争开工建设会理至禄劝高速公路。区域大通道。加快推进乐山至西昌、马边至昭觉段建设，力争开工建设德昌至会理高速公路，德昌至会理、西昌至宁南、会理至禄劝、金口河至西昌、攀枝花至盐源、会东至会泽、会理至米易 7 个省高速网项目。支持流域内部分道路的提档升级建设和旅游环线建设。水运方面。推动乌东德、白鹤滩、溪洛渡枢纽等下游翻坝转运设计和建设。推进长江溪洛渡至水富航道建设，提升金沙江航运能力。加快推进凉山港宁南港区古家坪作业区、扇子坪作业区，会东港区甘盐井作业区、黄草坪作业区、河门口作业区，会理港区鱼鲊作业区建设。航空方面，推进西昌青山机场改扩建，加快攀枝花机场迁建项目规划和会东机场建设，促成红格机场落地建设。

2. 探索发展"路衍经济"

支持安宁河流域将交通建设与土地等资源综合开发，创新试点开展"交通＋光伏""交通＋农业""交通＋旅游"等深度融合发展，探索发展"路衍经济"，充分发挥流域内资源优势，多渠道解决交通建设筹资难题。

（二）推进农业现代化发展

聚焦打造全省"天府第二粮仓"，提升农业基础设施水平增强，增强产业化发展能力，提高农产品供给能力，加快建设粮食生产和特色农产品产业带。

1. 加快构建区域水网

加快建设骨干水网。建设一批、开工一批、谋划一批重点水利工程，加快形成以安宁河为自然基础，构建以金沙江干热河谷水资源配置工程、"引雅济安"工程

和"北水南用"工程为输水主通道，大桥水库、米市水库、和平水库、跃进水困、胜利水库、大竹河水库、梅子箐水库、马鞍山水库和晃桥水库等为调蓄工程的流域骨干水网，从根本上突破水资源制约瓶颈。完善小微水利工程。根据二半山区农业分布状况，建设一批与大中型水利工程相衔接的小微型水利工程，解决好用水的最后一公里问题。

2. 大力提升农业发展基础

按照"旱涝保收、宜机作业、节水高效、稳产高产"的要求，在新建重大水利工程沿线，同步规划、同步建设一批高标准农田；在现有水利工程沿线，完善渠系管网，建设提灌站，推进高标准农田提档升级。同时，实施优质粮食、烤烟、蚕桑、畜牧（水产）基地建设项目。

以整地、种植、植保、收获、秸秆处理、采摘后运输为重点环节，大力发展智慧农业、数字农业，建设一批农业生产机械化示范区，支持有条件的县争创全国主要农作物生产全程机械化示范县。

聚焦提升农产品附加值和流通效率，大力实施农产品产地初加工项目，在原产地新建一批农产品清洗、整理、分级、包装等商品化处理设施，在产业集中区加快建设农产品冷链物流中心。

3. 促进农业产业化发展

支持安宁河流域立足现有特色农业产业基础以及特有的光热资源优势，按照现代特色农业"布局区域化、基地规模化、建设规范化、生产标准化、产业产业化、产品市场化"的"六化"建设标准，开展现代农业示范区建设。大力扶持和发展农业龙头企业，加快培植出一批辐射面广、带动力强的农业龙头企业，积极推动发展家庭农场，大力发展农民专业合作组织，积极培育农业社会化服务组织，不断提高农业生产的组织化程度。推进区域内特色农产品商品化处理能力，加大农产品精深加工开发力度，拓宽农产品销售渠道和销售模式，加强农产品流通信息服务，补齐二、三产业短板。

4. 加强农产品品牌建设

依托特色农业，加强无公害农产品、绿色食品、有机农产品和农产品地理标志"三品一标"建设。提升审核监管质量，对已获认定的农产品产地开展严格的环境监测、评估和产品验证检测，建立安宁河流域农产品和食品安全信息追溯体系，实施安宁河流域特色农产品品牌创建工程，制定融合区域优势、文化特色、健康养生等元素的安宁河流域农产品整体品牌形象标识。组织相关农产品生产企业、合作社、基地成立安宁河流域农产品品牌联盟，通过行业自律，诚信经营，打造放心农产品品牌的良好形象。

5. 坚持"以粮为主"的总要求

按照"以粮为主、粮经统筹、种养循环、五良融合"的总体要求，加大资金项目扶持，分类建设粮食、经作、畜牧（水产）园区。坚守基本农田红线，深入实施"藏粮于地、藏粮于技"战略，突出支持粮食生产，把河谷平坝作为粮食优先发展区，严格落实种粮补贴、三大主要粮食作物完全成本保险等惠农政策，提高种粮积极性。

（三）提升钒钛产业发展能级

要以创新为引领，加强产业技术攻关，着力提升资源综合循环利用水平，提高产品精深加工能力，积极开拓产品应用领域，努力推动安宁河流域钒钛产业发展能级提升。

1. 提高资源利用率

开展钒钛磁铁矿中伴生稀散和贵金属元素资源潜力评价及开发利用关键技术研究，提高资源综合利用率。重点推进对铬、钴、镍、铜、硫工业化回收利用，争取对钪资源工业化利用取得重大进展，对铌、钽、铂族、锰等共、伴生资源取得积极进展。

2. 补强钒钛产业链

对照产业政策和供需匹配关系，系统梳理链条，确定产业发展思路。加强钒钛采选、冶炼、深加工以及配套产业布局，按照"打造世界级钒钛产业基地"定位要求，进行顶层设计。制定实施钒钛产业发展路线图，与周边区域就钒钛产业开展区域经济协作，逐步形成产业链分工合理、配套协作、循环集聚发展格局。

3. 培育高端产品

进一步延伸钒钛钢铁产业链，提高产品附加值，打造一批产品档次高、技术创新能力强、具有品牌优势的钒钛产品。重点推广和普及含钒高强度抗震钢筋的应用，推进钒在钢中的扩大应用，扩展钒在非钢领域的应用；加快高品质含钒钢和海洋工程、大飞机制造、医疗器械用钛及钛合金材料应用研究，扩展钒钛产品市场空间。

4. 加大技术创新力度

一是推进创新平台建设。充分利用国家钒钛重点实验室、四川省钒钛新材料制造业创新中心、四川钒钛材料工程技术研究中心等平台，加快技术攻关，突破"卡脖子"技术，为产业发展提供技术支撑。二是培育高新技术企业。积极支持符合条件的钒钛钢铁企业，申报高新技术企业，增强产业发展内生动能。三是推进关键技术攻关。组织优势企业，凝练一批国家需国家纳入"十四五"计划支持的重大项目，积极向国家部委汇报对接，争取国家重大科技计划支持。四是加快产品研发生产。依托资源和技术优势，开发重大装备、新能源储能电池、轨道交通及机械基础用高合金钢、纯净钢等含钒新材料；加快研发钛卷、钛带、钛管等关键制备技术以及 3D 打印用球形钛粉关键技术、氢化钛粉制备技术；瞄准军工、航空、生物医用、汽车等领域，开发航空航天及大飞机制造、海洋工程、船舶制造、医疗器械、高端消费品等增材制造专用钛及钛合金材料及深加工制品。

5. 加大政策支持力度

一是支持安宁河流域承接省外钢铁产能转移，破解钒钛产业与钢铁产能不匹配问题。二是推动制定低钒合金行业标准及协会标准。三是支持高钛渣冶炼过程中产生的生铁等附产品除了铸造行业消化外，剩余部分允许攀西国家级试验区内的钢铁企业使用。四是支持试验区铸造高炉企业按照"一事一议"原则配备提钒转炉提钒后再生产铸造生铁。五是支持将钒钛产业纳入专项统计，加强对钒钛产业综合分析和运行监管。

（四）进一步加强文旅资源开发水平

坚持规划引领、文旅融合，补齐产业发展短板，打造世界级康养旅游目的地。

1. 提升旅游配套服务能力

一是构建"快进慢游"交通网络。加快对外大通道建设，完善流域内景区引导标识系统等旅游公共服务设施，推动沿线道路景观化发展，增加道路沿线主要景点的观景设施和临时停靠点，提升沿线景区道路等级，增强可进入性，打造一批道路等级高、道路风景好的旅游道路，积极融入大香格里拉精品旅游线路，构建"快进慢游"交通网络。二是提升要素综合配套水平。以天府旅游名县、全域旅游示范区创建为抓手，加强旅游规划与经济社会发展规划、国土空间规划等规划的衔接，推动安宁河流域公共服务设施旅游化；按照主客共享、适度超前的原则，深入实施旅游厕所革命、标识系统完善、景区停车场建设和 Wi-Fi 覆盖旅游公共服务"四大提升"行动，进一步完善一站式游客集散中心和旅游咨询服务中心。三是推进智慧旅游发展。以"智游天府"为依托，大力发展智慧旅游。积极运用人工智能、虚拟现实、5G＋8K 超高清、VR/AR 等新技术，丰富技术应用场景，开发数字景区、数字博物馆、线上演艺等新产品，推进超高清、虚拟现实与增强现实规模化应用，提升文博游、节会游、民俗游、工业游等文化体验和沉浸式体验，引导和培育网络消费、体验消费、智能消费等新模式。

2. 促进"旅游＋"融合发展

一是推动"旅游＋文化"融合。深化文化体制改革，加强文艺院团建设，激发文艺人才创新创作活力，积极开发旅游演艺项目，建设集合文创商店、特色书店、小剧场、文化娱乐场所等多种业态的消费集聚地。推动旅游与非物质文化遗产保护传承相结合，持续举办"约德节""姊妹节""刨汤节""双黑节"等乡村文化旅游活动，加大油底肉、米易红糖、彝族漆器、苴却砚、绿陶等非物质文化遗产特色商品研发。二是推动"旅游＋工业"融合。充分挖掘三线建设工业遗产、航天城、大型水电站等核心资源，开发三线红色游、航天游、水电游线路，推动"旅游＋工业"发展。三是推动"旅游＋农业"融合。从品牌化、本土化、个性化、互动化四个方面推进"旅游＋农业"。加大乡村旅游重点镇（村）、田园综合体、省级示范休闲农庄、农业主题公园、省级乡村旅游精品特色业态经营点等系列品牌创建力度，鼓励已建项目不断提档升级，打造系列具有文化特色的乡村酒店、客栈、民宿、农家乐、自驾游（微）营地等。打造安宁河谷平原、冶勒牧羊小镇、盐源柏林湖苹果庄园等田园乡愁体验型度假产品，做大做强"彝族村""冕宁十里樱桃长廊""会理古桥榴香"等乡村旅游品牌。四是推动"旅游＋运动"融合。充分利用现有米易皮划艇训练基地、红格训练基地等竞训基地和场馆设施，积极申办棒垒球、曲棍球、皮划艇激流回旋等国内外高水平赛事，打造金沙江、二滩库区、米易迷阳湖水上运动品牌，举办国家登山健身步道联赛、山地户外运动等系列活动。五是推动"旅游＋医疗"融合。依托现有医疗机构，结合区域医疗中心建设，鼓励发展中医养生馆、中医养生街区，重点发展中医健康咨询评估、中医特色健康体检、中医营养饮食、中医保健等治未病服务，打造一批慢性病康复理疗、中医养生、现代医美等特色医疗品牌，推动"旅游＋医疗"融合发展。

3. 推动精品旅游开发

一是推进重点旅游区建设。推进彝海等有条件的旅游景区创建国家 AAAAA 级旅游景区，推动各区县建设全域旅游示范区，加快各景区提档升级速度，建设一批新的高等级旅游项目。二是培育精品旅游线路。围绕"阳光之旅、健康之城、幸福乡村、自驾营地"四张特色牌，抓好旅游线路包装、推介，强化与"攀大丽香"旅游"金三角"联盟市州交流合作，重点培育三线建设、民族风情、清凉夏季、冬日暖阳等特色精品旅游线路。三是加强旅游品牌创建。大力开展天府旅游名县、名镇、名村、名品创建，大力推进 A 级景区和国家、省级旅游度假区创建，打响安宁河流域旅游特色品牌。

（五）强化要素资源保障

上级支持和自身挖潜并重，保障安宁河流域要素高质量发展所需生产要素。

1. 挖掘土地潜力

实施城市更新行动计划，利用老旧厂房发展重点产业，制定腾退低效产业空间招商地图，深化"亩均论英雄"和工业用地"标准地"等改革，强力推进批而未供和闲置土地处理工作，持续提高土地利用效率。加大土地整治项目实施力度，通过土地整治新增部分耕地。适当增加安宁河流域的土地指标，适当放宽管理权限，允许在流域内自由调配。

2. 保障发展用能

扩大留存电规模，将流域内符合一定条件的工业园区、资源综合利用项目全部纳入直购电、水电消纳示范区、低谷弃水点等电价扶持政策范围。适度放松钒钛稀土战略资源产业发展能耗与环境容量指标约束，将能耗指标单列，将清洁能源减少的碳排放指标按一定比例返还支持地区发展。支持开发碳汇资源，建设碳汇储备基地，建立生态碳汇交易市场。

3. 健全人才机制

依托高等院校和科研机构，设立专业研发机构，加强联合攻关协调，围绕提高自主创新能力和促进产业结构升级，大力发展科技服务业，发挥科技支撑作用。加大人才培养教育工作，实施急需紧缺专业技术人才援助行动和高层次专业技术人才重点培养工程，争取国家提高艰苦边远地区津贴标准，加大工资收入分配政策倾斜力度，提供在成都购房资格等优惠政策，形成"招得进、留得住、用得好"的人才工作局面。

（六）进一步巩固脱贫成果、推进乡村振兴

1. 持续巩固拓展脱贫攻坚成果

完善和落实防返贫监测帮扶机制，精准确定监测帮扶对象，精细开展监测帮扶。巩固"三保障"和饮水安全成果，牢牢守住不发生规模性返贫的底线。支持凉山彝族自治州创建巩固拓展脱贫攻坚成果同乡村振兴有效衔接示范区。加大易地扶贫搬迁后续扶持，在3000人以上安置点建设现代产业园区。扎实抓好2个乡村振兴重点帮扶县和128个乡村振兴重点帮扶村工作，用足用活国省支持政策，加快补齐区域性发展短板。强化后评估考核结果运用，推动各项工作落地落实。

2. 突出抓好脱贫人口增收

加大中央和省级财政衔接资金支持力度，指导管好用活资金。产业发展方面，对原有的帮扶产业、帮扶园区，坚持长期培育支持、发展壮大；优先扶持低收入、

无稳定主导产业带动的村产业发展；积极推动特色优势产业提质增效，加强全产业链支持，全面提高特色优势产业质量效益和竞争力；完善联农带农机制，继续推广用好"天府乡村"公益品牌，重点宣传推介攀枝花水果、凉山彝族自治州高原蔬菜等产品，助推凉山彝族自治州扩大"中国现代农业硅谷"知名度与影响力。就业帮扶方面，强化对农户务工情况的动态摸排和监测分析，提高就业组织化程度，借助东西部协作、省内对口帮扶、万企兴万村等平台，全力拓宽就业渠道，特别是在基础设施涉农项目建设中广泛采取以工代赈方式，统筹用好公益岗位，千方百计把就业稳住，确保每个有劳动力的脱贫家庭至少有1人稳定就业。

3. 务实推进乡村建设

大力开展乡村建设行动，深入实施农村人居环境整治"五大提升行动"。抓好乡村治理，推广应用积分制、清单制等创新经验，全力推动农村移风易俗，促进乡村治理工作向纵深推进。支持安宁河流域有条件的县优先开展农村人居环境整治试点，促进农村环境持续改善；支持攀枝花市在乡村治理中深入推广积分制、清单制等创新经验，创建一批全国乡村治理示范村镇。

（七）促进绿色低碳发展

结合安宁河流域资源禀赋、产业结构的实际，促流域绿色低碳发展，推动环境质量持续改善，促进人与自然和谐发展。

1. 加强工程开发环境保护

强化水电工程环境管理，优化工程开挖工艺，有效减少新增水土流失，防治工程地质灾害。及时开展施工迹地、取弃土场的植被恢复，美化环境；加强金沙江梯级电站开发地质灾害预测及预防体系建设，确保地质环境的稳定性和生态环境的持续性。加强矿山环境恢复治理，重点实施太和铁矿、拉拉铜矿、白马铁矿、拉克矿山、新九工矿区等矿山环境恢复治理工程和牦牛坪稀土矿区环境恢复治理工程，开展矿区植被恢复、环境污染治理和地质灾害防治等工程建设。

2. 大力推进污染防治工程

落实水污染防治行动计划，强化饮用水水源和良好水体保护，防治地下水污染；促进工业企业污染深度治理，推进城镇生活污水处理设施全覆盖；全力做好农村水环境治理工作，结合新农村建设治理农村生活污水，逐步解决农村生活污水合理排放问题。大力开展重金属污染土壤修复改良工程，加强搬迁企业基地及其周边重金属污染土壤的修复改良，开展周边农田修复和治理；积极推动农药、化肥、地膜的减量使用。强化大气污染治理，严格限制高污染燃料的使用，积极推动重点污染企业的能源转化；以有色、黑色金属冶炼及压延加工业、非金属矿物制品业等行业为重点，控制二氧化硫、氮氧化物排放总量，开展清洁生产审计，降低排放强度；继续加强工业园区、金属冶炼及压延重点企业等大气污染整治重点的监管，加大对国控、省控和州控重点大气污染源的在线连续监测。

负责人：李雪峰（西南财经大学）
成　员：周作昂（四川省统计局）
　　　　戚军凯（四川省统计局）
　　　　王丹美亚（四川省统计局）
　　　　王　慧（西南财经大学）
　　　　贾　晋（西南财经大学）
　　　　刘嘉琪（西南财经大学）

安宁河流域粮食产业高质量发展研究

粮食安全是"国之大者"，是国家安全的重要基础。在新时代打造更高水平的"天府粮仓"是党中央赋予四川的又一全新战略定位。安宁河流域①是四川省仅次于成都平原的第二大平原，自然条件优势明显、资源禀赋独特、产业特色鲜明，是攀西经济区发展条件最好、人口分布最密集、产业集中度最高的区域，具备高质量发展现代农业的资源优势和产业发展基础。将安宁河流域打造成"天府第二粮仓"，推动粮食产业高质量发展，夯实粮食安全基础，是推动安宁河流域巩固拓展脱贫攻坚成果同乡村振兴有效衔接、促进安宁河流域高质量发展的重要抓手。

从大食物观的角度出发，粮食产业高质量发展不仅包括粮食、油料，还包括生猪、蔬菜、水果等重要农产品的供给保障。

一、安宁河流域具备粮食产业高质量发展的良好基础

（一）自然资源丰富

安宁河流域自然资源禀赋得天独厚。光热条件优越，年日照时数 1600～2600 小时，年均气温 17℃～21℃，无霜期 300 天以上。土地资源较为充裕，流域面积 36662 平方千米，现有耕地 577 万亩，林地 3620 万亩，园地 372 万亩。降水丰沛，多年平均降水量在 1000mm 以上，流域北部（上游）降水量大，多在 1800mm 以上，南部（下游）降水量为 1100～1300mm，中部降水量多在 1100mm 以下。

（二）粮食产量稳步增长

2010—2021 年，安宁河流域粮食播种面积从 31.2 万公顷增加到 37.1 万公顷，增长了 18.9%，年均增长 1.6%；粮食产量从 165.8 万吨增加到 186.9 万吨，增长了 12.7%，年均增长 1.1%（如图 1 所示）。分品种来看，2010—2021 年，稻谷播

---

① 安宁河流域包括凉山彝族自治州的西昌市、会理市、德昌县、会东县、宁南县、喜德县、冕宁县、盐源县和攀枝花市的仁和区、米易县、盐边县，共 11 个区（市、县）。

种面积从 7.8 万公顷减少到 5.9 万公顷，产量从 57.2 万吨减少到 46.2 万吨，分别减少了 24.4% 和 19.2%；玉米播种面积从 7.6 万公顷增加到 14.3 万公顷，产量从 37.0 万吨增加到 78.3 万吨，分别增长了 88.2% 和 111.6%；豆类播种面积从 2.0 万公顷增加到 2.2 万公顷，产量从 3.7 万吨增加到 4.5 万吨，分别增长了 10.0% 和 21.6%；薯类播种面积从 6.6 万公顷减少到 4.2 万公顷，减少了 36.4%，而产量从 27.9 万吨增加到 36.2 万吨，增长了 29.7%；油料作物播种面积从 1.8 万公顷减少到 1.3 万公顷，产量从 3.2 万吨减少到 2.9 万吨，分别减少了 27.8% 和 9.4%（如图2、图3所示）。2021 年，安宁河流域粮食播种面积占全省的 5.8%，其中，稻谷播种面积占 3.1%，玉米占 7.8%，豆类占 3.6%，薯类占 3.3%，油料作物占 0.8%；粮食产量占全省的 5.2%，其中，稻谷产量占 3.1%，玉米占 7.2%，豆类占 3.1%，薯类占 6.5%，油料作物占 0.7%（见表1）。

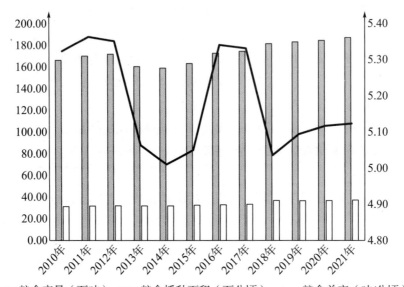

图 1　2010—2021 年安宁河流域粮食产量、播种面积、单产变化趋势

资料来源：各区（市、县）历年统计年鉴。

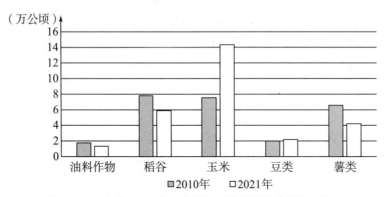

图 2　2010 年和 2021 年安宁河流域分品种粮食播种面积

资料来源：各区（市、县）历年统计年鉴。

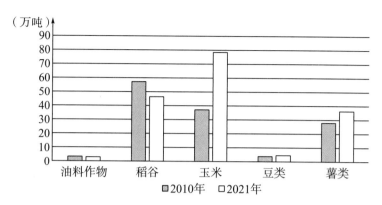

图 3　2010 年和 2021 年安宁河流域分品种粮食产量

资料来源：各区（市、县）历年统计年鉴。

表 1　2010—2021 年安宁河流域主要粮食品种增长率及在全省占比

粮食品种	播种面积			产量		
	2010 年（万公顷）	2021 年（万公顷）	在全省占比（%）	2010 年（万吨）	2021 年（万吨）	在全省占比（%）
粮食	31.2	37.1	5.8	165.8	186.9	5.2
稻谷	7.8	5.9	3.1	57.2	46.2	3.1
玉米	7.6	14.3	7.8	37.0	78.3	7.2
豆类	2.0	2.2	3.6	3.7	4.5	3.1
薯类	6.6	4.2	3.3	27.9	36.2	6.5
油料作物	1.8	1.3	0.8	3.2	2.9	0.7

资料来源：四川省统计局。

（三）立体特色农业加快发展

安宁河流域具有良好的特色农业产业发展基础，优质粮食、错季蔬菜、特色水果、生态畜牧等特色产业带已初步形成，是国家南菜北运基地、南方优质高原水果基地，拥有省星级现代农业园区 3 个、国家级和省级农业产业化龙头企业 52 户。2021 年，安宁河流域蔬菜产量 404.2 万吨，占全省的 9.3%，水果产量 255 万吨，占全省的 18.5%。

2022 年 6 月 30 日，"中国凉山·安宁河现代农业硅谷"重大项目集中签约仪式在西昌市举行。促进要素集聚，凝聚创新动力，把安宁河谷打造成全国乃至全球具有较大影响力和知名度的"中国现代农业硅谷"，也为早日把安宁河谷建成"天府第二粮仓"增添了动力。

二、安宁河流域粮食产业高质量发展面临的问题

(一)粮食生产能力提高受限

1. 现代种业的行业集中度不够

安宁河流域有部分地区具有高海拔、低纬度的特征,适宜的种子品种较少。当地水稻品系由于种植年限较长,出现了品系混杂、部分品系退化现象严重、抗逆性和丰产性严重降低等问题。流域内缺乏竞争力强的制种企业,且制种企业规模小,行业集中度低,发展缓慢。种子研发周期长、成本高,部分为委托制种,相对于跨国企业的相同品质的种子价格较高,竞争力弱。流域内蔬菜、水果种子使用的几乎都是跨国企业的培育种,国产种子竞争力弱。

2. 水利基础设施薄弱

安宁河流域水资源丰富但立体分布不均,农田水利设施短板突出。一是有效灌溉面积覆盖率低。2021 年,安宁河流域农田有效灌溉面积占比仅为 50% 左右,尤其是脱贫群众集中居住的二半山以上区域,缺水问题十分突出。以农业用水保障为例,在安宁河流域现有 257 万亩有效灌溉面积中,有 140 万亩需进一步改善提升。二是农田基础设施依然薄弱。部分地区的农田缺乏必要的机耕道和灌溉渠系,农业靠天吃饭问题仍未解决。三是已成农田水利设施老化失修,带病运行。同时,农田水利设施行业监管主体责任不明确,经费保障严重不足,渠系配套率低、效益发挥率低的问题非常突出。

3. 高标准农田建设补助资金不足

据测算,四川省平原、丘陵、山区高标准农田建设亩均投资成本分别为 7400 元、9600 元和 11200 元。目前四川省实行的高标准农田建设补助标准为 3000 元/亩,此标准在基础条件较好的平原地区尚能基本满足建设要求,但在耕地条件较差的地区,改造成本至少需要 7000 元/亩,补助资金与实际投入需求有很大差距,无法满足建设要求,造成不少已建成的高标准农田达不到标准,更无法进行农田损毁和山区撂荒地修复。目前中央下达的转移支付补助资金按照新建高标准农田任务进行测算,并集中用于新建高标准农田建设,无法满足农田损毁修复方面的需求。例如,西昌市高标准农田约 350 万亩,占耕地面积的 40%,但仍有很多农田因资金短缺导致水利设施年久失修、老化严重。粮田特别是山区县的梯田和山垅田基础设施有待加强,排灌不畅,造成部分地方的边远山垅田撂荒。

4. 粮食生产机械化水平不高

2021年，全省主要农作物耕种收机械化水平达到65%，但不同作物、不同区域、不同环节之间的机械化水平差距较大、发展很不平衡。水稻、小麦生产综合机械化水平已分别达到78.45%和82.16%，但玉米、油菜、马铃薯综合机械化水平分别仅为39.05%、58.14%、11.93%；成都平原区粮食综合机械化水平已经达到79%，但丘陵地区仅为59%，攀西地区仅为36%，远远低于全省平均水平。粮食生产机械化水平相对较低的主要原因有四。一是"无机可用"问题突出。主要粮食作物播栽、管理、收获等环节缺乏适宜机具，适合丘陵、山区作业的小型通用机械缺乏。二是农机作业差。农机化作业通行道路建设滞后，装备"下田难""有机不好用"等问题突出。三是政策扶持力度不够。中央财政对于农业机械化的政策支持只有农机购置与应用补贴一项，而且补贴标准总体偏低，大多数农机都是补贴30%，市县普遍对农业机械化投入较少。四是设施用地难落实。粮食规模经营主体普遍需要配建保鲜冷藏、晾晒存贮、农机库房、加工存储等设施，但由于规划约束或缺乏设施用地指标等原因，导致部分项目无法落地。

5. 种植业结构性矛盾突出

安宁河流域粮食作物和经济作物间套种分布范围从坝区到山区，海拔差距大，区域分布广，农作物套种技术缺乏系统研究，技术支撑不足。流域内的大豆主要在经济作物中套种，近年来进行了玉米大豆带状复合种植，但效果并不理想。如在烤烟地开展大豆、粮食套种，导致粮食生产布局零乱，间套种品种搭配优势不突出，部分山区间套种品种退化严重，栽培管理技术粗放，病虫害防控措施不力，致使农作物间套种的产量、产值出现较大差异。

6. 农户的种粮积极性不高

调动粮食生产者积极性的基础在于确保种粮者的利益。但由于农业生产资料和劳动力价格的上涨，导致种粮收益低，农民种粮积极性下降。根据对西昌市、冕宁县等地部分农户的调查，2021年水稻生产成本约1330.24元/亩，其中，种了、化肥成本439.94元，亩均粮食净收益仅39.1元左右，这仅相当于烟叶种植收益的1/3、葡萄种植收益的1/10，而且远低于外出务工的收益。随着候鸟式农业劳动力数量的增加，一定程度上种粮已成为一种副业，粮食生产也主要限于满足家庭口粮之需。种粮收益低、外出务工人数增加、农业劳动力老龄化等正在成为粮食生产的一大隐患。

（二）粮食仓储流通能力不足

1. 仓储流通设施条件较差

安宁河流域自然条件特殊，粮食应急保供任务重。由于粮食仓储的特殊性，粮食仓储企业多分布于城郊或区、县偏僻场所，甚至部分粮食仓储企业分布于乡镇，交通不便。而且粮食仓房老化、设备陈旧、布局不合理，严重影响粮食的储存安全、质量安全，粮食应急保供难度大。当前，国际国内环境复杂性严峻性不确定性上升，粮食安全风险加大，安宁河流域粮食仓储设施条件亟待改善，粮食储备保障能力急需提高。

2. 粮食企业经营状况有待改善

近年来，由于地方储备粮轮换出入库费用不断上涨，新陈粮食价差过大，但储备粮轮换的财政费用补贴标准偏低，导致承储企业储备粮轮换价差亏损严重。而且，粮食、油料、生猪、蔬菜等重要农产品初加工多，精深加工少，高附加值产品少，很大程度上成为农产品的原料供给者。农产品加工企业中具有竞争力的龙头企业数量偏少，缺乏具有行业领先地位的本土企业，引领带动能力偏弱。

3. 绿色仓储项目申请难度较大

安宁河流域光热资源丰富，适合发展"仓顶阳光"光伏绿色智能仓储项目。但由于中央财政拨款有限，地方财政自筹资金困难，无法满足光伏等新能源仓储项目的建设，资金紧缺下粮食仓储高质量发展进度缓慢。并且"仓顶阳光"项目发电量少，新能源技术含量高，日常维护费用高，且发电后不能并网进行价值转换。安宁河流域仓储系统正在不断升级迭代，从普通仓容到绿色低温仓储，但当前的人才队伍水平、资金投入与行业发展新趋势，特别是与数字粮库、智慧储粮等高质量发展方式转变不相适应。

（三）粮食加工业明显滞后

1. 加工企业规模小且加工品质不高

目前，安宁河流域成品粮油加工企业"小、散、弱"的局面普遍存在，市场竞争力弱，缺乏具有产业带动能力的大型成品粮油龙头企业，粮食初加工、粗加工产品多，缺乏市场竞争力。产品品牌影响力仅限于县域、市域辖区内，知名品牌少。根据对冕宁县的调查，粮食加工以小企业为主，大多是家庭作坊，加工规模小，加工能力相对较低。中小粮油加工企业发展正面临资源环境约束加大、要素成本上升等挑战，提档升级面临瓶颈约束。

2. 粮油加工出品率不高，市场竞争力不强

流域内的粮油加工企业由于规模小，技术水平较低，加工整体出品率相对较低，大米出米率、小麦出粉率与加工量存在一定差距，生产加工数量越多，造成的加工损失就越大。但企业为了满足市场消费升级的需要，增加销售量，也存在过度加工的现象，这不仅需要投入更多的生产经营成本，还无法提高设备使用寿命。

三、安宁河流域粮食产业高质量发展的对策

（一）统筹协调粮食生产与特色农业发展

1. 坚持粮经统筹、因地制宜

严格落实粮食安全党政同责，全面压实市（州）、县（市、区）粮食安全责任，充分考虑不同区位资源条件和发展定位，支持因地制宜发展粮经统筹、做强做优特色产业。

2. 坚持数量和质量并重

严守粮食安全底线，既要千方百计稳面积、稳产量，保障粮食等重要农产品供给充足，也要注重质量效益，大力推广优良品种和高产高效技术，积极发展绿色、生态、高效农业，提高农产品加工水平和品牌影响力，实现品种培优、品质提升和品牌打造，整体提升粮食产业综合效益和竞争力。

3. 坚持市场机制和行政推进相结合

既要充分尊重市场规律，发挥市场机制的调节作用，用经济效益调动农户的种粮积极性；也要用好行政推动，不把粮食当作一般商品，不只算经济账，而是要定目标，下任务，坚决推动粮食生产，保障粮食安全。

4. 坚持突出重点和面上推进相结合

既要充分发挥产粮大县的支撑作用，重点支持产粮大县提高产量，也要统筹兼顾，支持其他区县发挥优势，共同扛起粮食安全责任。既要坚持粮食适度规模经营发展方向，大力培育粮食规模经营主体，也要加快发展粮食生产社会化服务，完善联农带农机制，带动小农户进入现代农业发展轨道。

（二）实施粮食生产能力提升行动

1. 加强高标准农田建设

深入实施"藏粮于地、藏粮于技"战略，强化短板弱项，坚持新增建设和改造提升并重，加强集中连片高标准农田建设，对新建的高标准农田严格落实投入要求和建设标准，对不达标的已建高标准农田加快推进改造提升。对不同地形分类制定高标准农田建设的内容和标准，探索实行差异化投入补助。加快中低产田改造和撂荒地专项整治，深入实施耕地地力提升行动，促进粮食扩面增产，持续提高粮食综合生产能力。全面压实耕地保护责任，坚决遏制耕地"非农化"，防止"非粮化"。启动开展改造提升，推广直接还田种粮、粮经轮作种粮、间套作种粮等方式。加强农业面源污染全面防治，深入实施"一控两减三基本"①，实施化肥农药减量行动，推动畜禽粪污资源化利用。支持秸秆综合利用新技术产业化发展，加强农药包装废弃物和地膜回收处置能力。综合考虑生态条件、地形坡度、土层厚度等因素，重点在仁和、米易、盐边、西昌、德昌、冕宁、盐源等县（市区）有序实施垦造水田。

2. 加快推进水利工程建设

统筹实施水资源配置工程，全面提升灌溉保障供水能力。启动实施小型农田水利建设提升工程，建立健全项目建设管护机制，推进"五小"（小水窖、小水池、小塘堰、小泵站、小水渠）建设，突出加强丘陵、山区山坪塘、蓄水池、提灌站建设，尽快解决农田灌溉"最后一公里"问题。

3. 加强农业机械化建设

在粮油生产大县，整县推进全程机械化先行县建设，引导建设一批集"耕种管收、集中育秧、烘干仓储、加工销售、农资服务、技术示范"于一体的"全程机械化＋综合农事"服务中心。以现代农业园区为引领，推进丘陵山区粮食生产机械化先导区建设，推进农机研发制造推广"一体化"，着力破解制约丘陵山区粮食生产机械化发展的"机、地、人、物"等瓶颈问题。创新完善农机购置与应用补贴政策，争取把粮食生产机具购置补贴比例提高到50%。实施"五良融合、宜机改造"项目建设，在沿江沿河沿湖丘陵地区大力推进机耕道路、农机作业下田坡道建设，着力解决农机"通行难、下田难"问题。

4. 加大政策支持力度

全力支持"中国凉山·安宁河现代农业硅谷"建设，重点在高标准农田、发展

---

① "一控"是指控制农业用水总量和农业水环境污染，农田灌溉用水水质达标。"两减"是指化肥、农药减量使用。"三基本"是指畜禽粪污、农膜、农作物秸秆基本得到资源化、综合循环再利用和无害化处理。

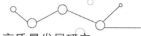

优质水稻、培育创建现代农业园区、打造现代玉米种业基地、高层次人才引进和培育等方面予以指导和支持，助力安宁河流域打造"天府第二粮仓"。

5. 推进粮食生产方式变革

在确保粮食播种面积只增不减、总产量保持稳定的前提下，大力推广旱地粮经复合、粮经作物生态立体种植等模式，建设粮食集中发展基地。因地制宜发展油菜、花生、大豆等优质油料作物，推广玉米大豆带状复合种植。探索数字赋能，加快信息技术在农业中的应用。

6. 打造特色种植养殖基地

凉山苦荞麦年均产量达 12 万吨，约占全国总产量的一半左右，占全世界的三分之一以上。凉山苦荞加工企业已近 30 家，已经开发出多个系列、上百个品种，产品畅销全国各主要城市和港澳市场，并已出口欧盟、美、加、日、韩、俄罗斯、新加坡、泰国等多个国家。四川环太实业有限责任公司目前已经拥有环太、螺髻山、彝人部落、邛海等苦荞优势品牌，先后获得多项国家专利，产品品种高达上百个，多数产品均获"有机、绿色"双项认证。作为凉山的特色产业，因缺乏政策支持而发展缓慢。建议将荞麦生产纳入粮食补贴范畴，重点支持安宁河流域苦荞产业发展壮大。发展错季蔬菜，在平坝河谷地区发展冬春蔬菜，在二半山和高山等区域发展夏季蔬菜，建设南菜北运基地。突出温带早熟水果、亚热带晚熟水果特色，因地制宜发展早春枇杷、晚熟芒果、晚熟葡萄、优质苹果、优质石榴等特色水果。发展适度规模养殖，加快生猪、肉牛、肉羊等畜牧业产业转型升级。

7. 加强种质资源保护与利用

实施种业提升行动，大力开展引种育种攻关，有序推进生物育种产业化应用。以西昌市为依托，建设玉米优势制种产业带。以需求为导向，加大以政府为主导、社会力量广泛参与的多元投入力度，加强农业科研、成果转化和推广体系建设，加快优质、高产、专用粮食品种的选育，推动粮食种业发展，强化粮食品牌建设。

（三）实施粮食仓储流通能力提升行动

1. 完善粮食收储制度

深化粮食储备安全管理体制机制改革，增加地方粮食储备规模，优化调整储备布局，完善储备费用动态调节机制，增强粮食收储调控能力。鼓励符合条件的多元市场主体参与地方粮食储备相关工作。推广运用节粮减损新技术、新装备，引导农户科学储粮。加强粮食购销、储备管理、监测预警等重点工作，完善产销合作，运用轮换吞吐、库存拍卖和预期管理等手段，保障粮食市场供应充足、价格稳定、运

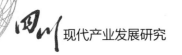

行平稳。强化重要农产品的应急储备。适应粮食需求变化和应急需要，合理确定成品粮油储备规模。成品粮油储备一般应达到10~15天的应急供应量。

2. 加强仓储基础设施建设

提档升级仓储设施，加快推进智能、低温和绿色仓库等现代仓储设施建设，重点加强粮油生产大县（市、区）、城镇人口密集区、灾害频发地区和关键物流节点的仓储能力建设，完善收储网点，提升收储网点的收购、储备、保供综合能力。加快推进老旧仓房的维修改造与升级，切实改善仓储条件，提高仓储和应急保供能力。

3. 提升粮食流通能力

支持大型加工企业完善散粮接收系统，提升散粮设施对接能力；应用现代化物流模式，发展多元化运输，完善产品配送系统；鼓励加工企业积极参与社会化、专业化分工，将物流业务外包给第三方物流企业。积极推广应用粮食流通新技术，采用标准化、高效低耗新装备，提高粮食中转效率，减少粮食中转和运输损失。

4. 强化应急能力储备

加强政策支持和资金投入，重点培育发展一批大型龙头加工企业。按照区域日均粮油消费需求量，建立一定比例的粮油应急加工能力储备。加大成品粮油应急低温储备库建设的支持力度，严格落实储备任务，确保每个县保有一定数量的成品粮油应急储备。

（四）实施粮食加工能力提升行动

1. 促进粮食加工企业提档升级

加快扶持一批优质特色粮食加工企业进行技术升级改造，倒逼落后产能退出，引领新老产业协调发展、新旧动能有序转换。扶持一批具有核心竞争力、行业带动能力的大型骨干加工企业和成长性好、特色鲜明的中小加工企业。

2. 加快发展农产品精深加工与转化

统筹推动粮食精深加工与初加工、综合利用加工协调发展，增加专用型、功能性食品有效供给。围绕粮油主产基地，发展粮油产地初加工，加大烘干仓储设备投入。鼓励引导大型龙头企业发展粮油精深加工，招引一批大企业大集团，鼓励加工企业开发符合市场需求的主食加工产品。支持开发稻谷、油菜籽副产物等粮食精深加工产品，提倡稻谷、小麦等口粮品种适度加工。推动地方特色粮油食品产业化，加快发展地方特色产品和名优特色产业。积极发展冷链物流和产品加工配送。扶持

蔬菜初加工企业向粉末蔬菜、营养物质提取等精深加工方向发展，生产除脱水蔬菜、速冻蔬菜、洁净蔬菜外的菜汁饮料、美容蔬菜等精深加工产品。加大对屠宰、肉制品加工企业的扶持力度，推进生猪、牛羊屠宰、精细分割、精深加工、产品研发等发展，支持开发系列化、全营养、精包装、易贮存的精深加工产品。

3. 加快推进"三链协同"和"五优联动"

以需求为导向，推动粮食产业链、价值链、供应链"三链协同"和产购储加销"五优联动"，是促进粮食产业高质量发展的有效路径。延伸产业链方面，充分发挥粮食加工转化引擎作用，通过健全完善粮食产购储加销体系，推进粮油加工向深层次延伸，提高粮食综合利用率和产品附加值。提升价值链方面，坚持绿色化、优质化、特色化、品牌化发展理念，优化粮食种植结构，开发绿色优质粮油产品，打造地方特色粮油产品，培育粮油区域公共品牌，不断增加多元化、个性化、定制化产品供给。打造供应链方面，积极引导粮食企业全面融入双循环新发展格局，深化粮食产销合作，拓展粮食供给渠道，不断增强粮食供给保障能力。

负责人：汪希成（西南财经大学）

成　员：车茂娟（四川省统计局）

谢小蓉（西南财经大学）

罗　叶（凉山州农业科学院）

王丹美亚（四川省统计局）

阿则晓龙（凉山州农业科学院）

谢冬梅（四川财经职业学院）

何柏宏（西南财经大学）

四川省清洁能源装备产业发展研究

近年来，随着全球气候变暖加剧，环境问题日益严峻，各国对清洁能源①的开发利用也越来越重视，绿色低碳已成为全球能源发展不可逆转的大趋势。随着国务院印发的《2030 年前碳达峰行动方案》等"1＋N"政策体系的陆续出台，中国的碳达峰路径日趋明确。该方案明确提出，推动西南地区水电与风电、太阳能发电协同互补，大力推动天然气与多种能源融合发展，因地制宜建设天然气调峰电站，到"十五五"西南地区以水电为主的可再生能源体系基本建立。

四川省作为中国最大的清洁能源基地，始终坚持国家所需与四川所能相结合，着力推进水风光多能互补一体化发展和天然气规模化开发，致力于打造国际一流的清洁能源装备②制造基地，加大政策支持力度，助推清洁能源装备产业的集群式、规模化发展，不仅为四川乃至全国清洁能源产业的发展提供了较好的支撑，也为四川经济发展作出了贡献。但也要看到，四川清洁能源装备产业发展还存在产业结构有待调整、市场竞争力有待提高、产业链配套能力有待提升等问题，亟待采取更加务实有效的措施加以解决，这对进一步发挥四川产业优势，建设以德阳为中心的世界级清洁能源装备制造产业基地，引领四川推动绿色低碳优势产业高质量发展，在全国率先实现碳中和的目标具有十分重要的意义。

一、四川清洁能源装备产业发展现状

（一）产业规模国内领先

2021 年，四川装备制造产业实现营业收入 7950.7 亿元。其中，能源装备制造

---

① 根据国家统计局《节能环保清洁产业统计分类（2021）》，清洁能源产业是指为全社会提供清洁能源产品或服务的产业，包括核电、风能、太阳能、生物质能、水力发电、智能电网、其他清洁能源，以及传统能源清洁高效利用产业等 8 大领域。

② 清洁能源装备指贯彻于清洁能源的勘察开发、能源转换、输配送等环节的相关装备。本报告结合四川省情特点，主要研究水电、风电、光伏、天然气、氢能五大清洁能源装备产业，以及支撑清洁能源装备产业发展的储能产业。

业产值超过 3000 亿元，约占国内全行业总产值的 1/5。四川省是中国最大的发电机组生产地，产量连续 17 年世界第一，2021 年产量规模占全国的 23.3%，远超黑龙江的 13.1% 和上海的 9.6%（见表 1）。

表 1　2021 年全国及主要省份发电机组年产量情况
单位：万千瓦

全国	四川	上海	黑龙江	江苏	天津
15954.6	3718.9	1537.5	2096.1	1473.3	916.5

从清洁能源装备产业规模看，全国约 40% 的水电机组、16% 的风电装备、8% 的晶硅电池组件及光伏电站装备来自四川制造。同时，四川省的多晶硅电池生产基地全球最大，天然气成套开发装备国内领先，重型燃气轮机等 15 项产品国内市场占有率第一。从各类产品产量排名来看，四川水电机组国内第一，风电机组国内第六，太阳能电池国内第四，多晶硅国内第三（见表 2）。清洁能源装备产业已成为全省装备制造业的重要支柱之一，四川省也成为全国清洁能源装备制造的重要基地之一。

表 2　2021 年四川主要清洁能源装备发展情况

产业类别	主要产品	代表厂商	产量	行业地位
水电	水轮发电机组	东方电机	810 万千瓦	国内第一
风电	风力发电机组	东方风电	337 万千瓦	国内第六
太阳能	太阳能电池	通威太阳能	2470 万千瓦	国内第四
	多晶硅	永祥新能源	6.5 万吨	国内第三

（二）产业呈现集群发展

目前四川省着力打造以成都、德阳为核心的清洁能源装备产业集群，聚焦水能、风能、天然气、核能、生物质能、地热能等开发利用，推进发电机组、输变电设备、天然气（页岩气）开采高端成套装备、输配送装备、储能设施、热泵等能源装备发展。全省重点打造两大清洁能源装备产业集群，即成德高端能源装备产业集群，集聚发展水电、风电、天然气等清洁能源装备产业；成乐眉光伏产业经济走廊，着力发展太阳能电池片等光伏装备产业。此外，前瞻布局氢能产业，打造"一轴、一港、一区、三路"的氢能产业基地。

1. 成德高端能源装备产业集群成型成势

2020 年，成德高端能源装备产业集群拥有能源装备企业 2686 户，其中规模以上企业 759 户，实现产值 2108 亿元，产业总产值占全国该产业总产值的 22.0%，占四川省装备制造产业的 28.8%。2021 年，成德高端能源装备产业集群成功入选

25 个国家级先进制造业集群，全面覆盖水电、风电、光电、气电、核电、氢能、地热等清洁能源产业领域，已形成坚实的清洁能源装备产业基础，发电设备产量居世界第一。2019—2021 年，成德集群共攻克 424 项核心技术，其中 68 项达到国际一流水平，21 项填补国内空白，131 项重大技术装备获得国家、省首台套认定，创新能力大幅提升（见表 3）。

表 3　成德高端能源装备产业集群技术领先情况

产业类别	典型产品/产能	领先优势
水电	单机百万千瓦水轮发电机组	全球最大
风电	13MW 直驱式海上风力发电机组	亚洲单机容量最大
	海上风力发电机组 IEC 设计认证	国内首家获此资质
气电	F 级 50MW 重型燃气轮机	国内首台
	6000HP 电动压裂设备	全球技术最成熟
氢能	1000 套氢燃料电池生产线	西部首条产线
	100kW 氢燃料电池冷热电三联供系统	国内首套

其中，德阳是我国重要的重大技术装备制造业基地和全国三大动力设备制造基地之一，被联合国列为"清洁技术与新能源装备制造业国际示范城市"，已集聚东方电机、东方汽轮机、国机重装、四川宏华等一批国内一流、世界知名的能源装备制造企业，清洁能源装备制造实力雄厚，在国家能源装备制造版图和国家能源安全战略全局中具有举足轻重的地位。德阳已把清洁能源装备作为城市发展的首位产业，是我省建设国际一流的清洁能源装备制造基地的主要承载地。2021 年，德阳市清洁能源装备产值达 570 亿元，较 2015 年翻一番。2022 年 8 月，德阳成功举办世界清洁能源装备大会，在清洁能源装备产业的发展道路上又向前迈进了一大步。

2. 成乐眉光伏制造产业经济走廊初具规模

四川省正加快建设以成都为核心的光伏高端能源装备引领区，推动成乐眉晶硅光伏产业一体化发展。2021 年，成都光伏产业产值 150 亿元，同比增长约 35.0%。成都的光伏产业目前以电池片和组件生产为重点，拥有晶硅和碲化镉薄膜两条技术路线，集聚通威太阳能、成都中建材、通合新能源等 20 余家重点企业，形成以金堂、双流为核心的制造产业布局。

乐山发展光伏产业的资源优势得天独厚，有盐卤矿储量 170 亿吨、烧碱产能 45 万吨、三氯氢硅和液氯产能 10 万吨，以及工业硅（产能 30 万吨）、氯气等配套协同，满足了晶硅光伏全产业链发展需求。乐山已将光伏产业作为"一号工程"全力发展，2020 年 11 月，乐山被中国有色金属工业协会授予"绿色硅谷"称号，高纯晶硅产量问鼎世界第一。2021 年，乐山晶硅年产量再创新高，达到 11.4 万吨，

27 户多晶硅光电信息产业企业产值达到 359.6 亿元，同比增长 91.2%。其中，5户光伏主产业链企业产值达到 214.5 亿元，同比增长 168.8%。

眉山则依托眉山天府新区、甘眉工业园区，以通威太阳能为龙头，加快硅片、电池片、组件、太阳能电力设备等配套成链，支持开展屋顶分布式光伏开发试点，实施一批光伏建筑一体化项目，推动成乐眉晶硅光伏产业一体化发展。通过加快通威太阳能全球创新基地等项目建设，推动晶硅光伏产业高端化发展和关键环节技术更新，持续降低生产能耗和成本，从而加快晶硅光伏产业延链升级。2021 年，通威太阳能眉山基地实现产值 101 亿元，成为眉山市第一家百亿企业。

3. "1113" 氢能装备产业布局稳步推进

四川省氢气来源多样，尤其是丰富的可再生能源资源为氢能及燃料电池产业的发展提供了有力支撑。可再生能源制氢、工业副产氢、化石能源制氢等方面都有庞大的氢源基础。目前四川已掌握氢燃料电池、氢源制备、加氢储氢装备等核心技术，聚集氢能产业链企业及科研院所 100 余户，覆盖氢气制备、储运、加注、检测、燃料电池、整车制造及加氢站建设等主要环节。同时，四川的氢能利用已初具规模，成都客车、南充吉利、中植一客已有多款氢燃料客车进入国家目录公告，成都大运、新筑通工、雅骏汽车等也在加快氢燃料客车、氢燃料物流车研发。根据《四川省氢能产业发展规划（2021—2025 年)》，川渝两地将联手构建 "1113" 的氢能产业发展格局，即 "成都—内江—重庆发展轴" "川南氢港" "攀西示范区" "绿色氢路"。

在构建氢能产业发展集群方面，各市结合自身的发展禀赋，构筑氢能产业生态体系，积极寻找商业化突破口。宜宾、泸州借力沿江港口优势开展氢能港口装备制造，内江与东方电气全面合作，以创建国家燃料电池汽车示范城市为突破口，加快推进在焦炉煤气制氢、威远页岩气制氢、氢气存储、氢能分布式能源和基站备用电源、氢康养等方面的项目合作。

（三）重点领域竞相发展

在清洁能源装备产业领域，四川省已形成水电、风电、太阳能、天然气等多点开花的发展格局，各个重点领域竞相发展，各有特点。其中，四川省水电装备产业处于发展成熟期，国际、国内需求相对稳定；风电、太阳能相关装备发展势头正盛，产能与技术优势有望厚积薄发；天然气开发及气电装备已成为我国化石能源低碳发展的中流砥柱（见表 4）。

表 4　四川省清洁能源产业重点领域发展概况

重点领域	产业规模及市场地位	产业链覆盖度	过去十年增速（％）
水电	高	高	2
风电	中高	中高	15
太阳能	高	高	33
天然气	高	高	2.6

1. 水电装备产业稳定发展

经过 70 年快速发展，四川省水力发电机组产量全国第一，水电装备产能产量大幅提高，凭借水电资源与装备技术优势，一跃成为全国清洁能源大省。从水电装备产业看，四川省水电装备拥有混流式、贯流式、轴流式、抽水蓄能等多种类型，产品规格齐全，技术水平世界领先，世界最大单机容量 100 万千瓦水轮发电机组在金沙江白鹤滩水电站成功安装。2021 年全国水电机组产量 2017.8 万千瓦，而省内企业的水轮发电机组产量就达到了 810.1 万千瓦，约占全国产量的 40％。

2. 风电装备陆上海上全面覆盖

从陆上风电装备看，四川省拥有全行业种类最多、最齐全的直驱和双馈产品，产品涵盖 1.0 兆瓦～4.5 兆瓦系列的陆上风电机组。伴随我国陆地风电资源开发逐渐接近饱和，风电产业增长的重心也转移到了海上。相较于陆上风电，海上风电对零部件可靠性的要求更高。目前四川省已初步形成了可应用于海上的风电电机、发电机控制装置、增速器、变速箱及整机制造的全产业链布局。2021 年，省内企业对外销售风电机组的装机容量达 337 万千瓦，全球排名第 10、国内第 6。

3. 晶硅光伏制造产业国内领先

四川省具有全国最完整的光伏产业链，覆盖光伏产业从原材料生产到光伏发电工程的各个环节。四川省拥有全球最大硅料生产基地、全球最先进太阳能级晶硅制造核心技术、全球晶硅光伏领域 5 家头部企业，晶硅光伏产业实力强劲，太阳能电池制造业发展迅速。2021 年，全国多晶硅产量约 50 万吨，占全球产量的七成以上，四川多晶硅产量则占全国产量的 13.0％，仅次于新疆和云南。得益于多晶硅产能产量优势，四川省乘势加快发展太阳能电池制造业，协鑫科技、通威股份、隆基绿能、天合光能、晶科能源等多家光伏龙头企业已落户四川，大规模产能投资建设正加快推进中。

4. 天然气装备产业成套化发展

四川盆地常规天然气、页岩气资源量均居全国之首。2021 年，四川规模以上企业天然气产量达到 522.2 亿立方米，占全国总量的 25.2%，页岩气产量 143.4 亿立方米，较 2016 年增长 3.1 倍。丰富的天然气资源优势推动着四川省天然气装备产业持续发展。天然气开采装备方面，四川省具有天然气勘探开发的全部工程技术与装备，覆盖钻井、压裂、井下工程、输送、天然气处理等各个环节，具备页岩气开发一体化解决方案能力，已形成以德阳广汉为中心的油气装备制造产业集群，带动一批配套企业发展，供应链自主可控率超过 90%。天然气发电方面，四川省具有全国一流的燃机发电成套装备制造能力，覆盖完整的燃机设计、制造总装、系统集成和实验验证体系，F 级重型燃机市场占有率居国内第一。

（四）链主企业引领发展

四川省内多家链主企业，在推动全省清洁能源装备产业发展壮大的过程中发挥了重要的引领作用。东方电机的水电装备在国内市场稳居第一，全产业链在成渝地区共汇集 6000 多家相关企业；东方风电的风电装备业务快速发展，在德阳市内年采购金额约达 40 亿元，协同产业链打破了诸多国外技术垄断；通威太阳能的电池片出货量连续 7 年全球第一，其规模化发展已在成都、眉山两地集聚数十家光伏产业相关企业；宏华集团的成套钻机、电动压裂设备推动天然气资源加快开发，在省内带动了 400 余家企业配套发展，形成了涵盖油气装备产业链"钻、采、输、控"的天然气装备制造业集群（见表 5）。

表 5　四川清洁能源装备链主企业发展情况

链主企业	控股公司	重点产品	产业链引领作用	省内布局	行业地位
东方电机	东方电气	水力发电机组	产业链汇集了 1.6 万多家企业，其中成渝地区一共有 6000 家	德阳	多年稳居全国第一
东方风电	东方电气	风力发电机组	充分发挥链长作用，在德阳市年采购金额约 40 亿元，并协同产业链打破了诸多国外技术垄断	德阳	全球市场第二梯队
通威太阳能	通威股份	多晶硅、太阳能电池	作为成都光伏产业的链主企业，以双流和金堂为核心承载地，吸引集聚 20 余家重点企业	成都、乐山、眉山	太阳能电池产量全球第一
宏华集团	东方电气	天然气开发装备	省内 400 家配套企业共生发展，形成了涵盖油气装备产业链"钻、采、输、控"的天然气装备制造业集群	成都、德阳	成套钻机、电动压裂设备全球第一

二、四川清洁能源装备产业发展的机遇和有利条件

发展清洁能源装备产业是我国迈向能源安全、能源强国的必由之路，是应对全球气候变化、实现双碳目标、推动经济社会绿色发展的重要战略举措。国家高度重

视并大力支持清洁能源装备产业的转型升级发展，已将清洁能源装备产业纳入战略新兴产业范围。在全球能源产业加快绿色发展的宏观趋势下，在国家大力支持清洁能源发展的政策导向下，四川省发展清洁能源装备产业拥有巨大的空间。凭借良好的能源装备产业基础，四川省本地及周边可辐射的清洁能源消费市场潜力巨大，各项产业基础资源要素保障到位，具备打造世界级清洁能源装备产业集群的良好条件。

（一）国家和省支持清洁能源产业发展的政策叠加，为四川清洁能源装备产业发展提供了有力支撑

根据我国国民经济"七五"计划至"十四五"规划，国家对清洁能源行业的支持政策经历了从"开始有计划发展"到"大力发展"再到"深入变革"的变化。近年来，国家先后出台多项规划政策，鼓励发展清洁能源及相关产业。2021年，中共中央、国务院发布了《关于完整准确全面贯彻新发展理念做好碳达峰碳中和工作的意见》，提出了我国非化石能源消费比重在2030年达到25%左右，在2060年达到80%以上的宏伟目标。《2030年前碳达峰行动方案》《"十四五"现代能源体系规划》《"十四五"可再生能源发展规划》等文件均提出要壮大清洁能源产业，大力实施可再生能源替代，加快构建清洁低碳、安全高效的能源体系。

作为清洁能源大省和国家"西电东送""川气东送"的战略枢纽，四川也先后出台了多项规划、政策文件，支持清洁能源产业加快发展。《四川省"十四五"能源发展规划》总体提出加快构建清洁低碳、安全高效的能源体系，高质量打造国家清洁能源示范省和全国优质清洁能源基地。《四川省"十四五"可再生能源发展规划》《培育壮大清洁能源产业方案》《四川省氢能产业发展规划》等一系列文件进一步细化了对清洁能源产业各个领域的发展引导（见表6），以促进相关产业发展，并明确了将"双碳"指标、产业收入纳入市（州）绩效考评，为清洁能源装备产业的做大做强提供了良好的政策引导环境。

表6　2020—2022年四川省出台的清洁能源产业相关政策（部分）

时间	政策文件名称
2020年	《四川省氢能产业发展规划》（2021—2025）
2020年	《关于促进氢能产业高质量发展的若干意见》
2021年	《四川省关于做好天然气分布式能源发展有关事项的通知》
2021年	《四川省"十四五"光伏、风电资源开发若干指导意见》
2021年	《中共四川省委关于以实现碳达峰碳中和目标为引领推动绿色低碳优势产业高质量发展的决定》
2021年	《四川省可再生能源电力消纳保障实施方案（试行）》
2022年	《四川省碳达峰碳中和"1＋N"政策体系编制工作方案》

续表6

时间	政策文件名称
2022 年	《成渝地区双城经济圈碳达峰碳中和联合行动方案》
2022 年	《四川省"十四五"能源发展规划》
2022 年	《四川省"十四五"可再生能源发展规划》
2022 年	《四川省"十四五"电力发展规划》
2022 年	《关于进一步规范风电建设管理有关事项的通知》

（二）国际国内对清洁能源装备需求市场潜力巨大，为四川清洁能源装备产业发展提供了广阔空间

根据《2022 年 BP 世界能源展望》预测，在一次能源消费结构"快速转型"的情景下，可再生能源预计将在 2035 年左右超过石油，成为全球第一大能源消费来源（如图 1 所示）。

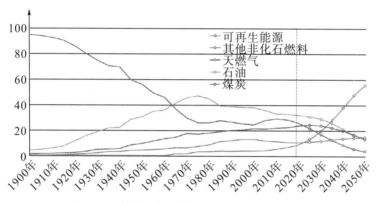

图 1　一次能源在"快速转型"情景里的占比

风能与太阳能发电快速增长。根据英国石油公司 BP 预测，到 2050 年风能与太阳能装机容量总和将比 2019 年增长 15 倍多，将逐渐主导全球电力系统。新型经济体在新增的风能与太阳装机容量中占比将超过 3/4，仅中国就占 1/4。天然气成为化石能源清洁发展主力。根据中国石油经济技术研究院发布的《2050 年世界与中国能源展望》，全球天然气消费占一次能源消费比重将由 23％升至 2050 年的 30％，天然气将在 2025 年前后超过煤炭成为第二大能源。此外，生物质能源、氢能等清洁能源，也将在未来几十年中持续快速发展，其中氢能使用量将增长 4 倍以上，2050 年在全球能源总需求中的占比有望达到 10％～20％。

作为四川省的优势产业之一，清洁能源装备产业经过 30 多年的发展，已建立了良好的市场基础，在全球能源产业结构加快转型的趋势下，在我国"双碳"战略

的背景下，四川结合"一极一源"①的新定位和自身的资源禀赋，整合西部地区的清洁能源优势，确立以水电和天然气为主体，全面发展风能、太阳能等清洁能源装备产业，不断拓宽清洁能源装备的目标市场区域，不仅能满足国内市场需求，还能满足其他发展中国家、新兴市场国家的需求，甚至部分发达国家的需求。目前，东方电气、通威股份、宏华集团等链主企业，每年装备产品出口规模可达百亿元。随着四川省进出口商品集散中心的加快建设、西部陆海新通道及中欧班列规模的扩大，"四川造"清洁能源装备迈向更广阔的国际舞台。

（三）四川产业基础和资源优势突出，为清洁能源装备产业发展提供了有利条件

四川作为全国清洁能源发电装备种类最齐全的制造基地之一，已建成长寿命高温材料国家重点实验室、国家能源大型清洁高效发电设备研发中心高温部件实验室、国家燃气轮机工程中心等各类创新平台 80 余个，培育和集聚了一批创新型人才，拥有清洁能源装备领域创新型人才 5 万多人，具备水、风、光、气、核、煤六电并举的研发能力。

同时，四川省作为全国优质清洁能源基地和国家清洁能源示范省，清洁能源资源禀赋强，2021 年全省清洁能源装机占比、发电量占比均超过 85%。水电方面，截至 2020 年底，全省水能资源技术可开发量达 1.48 亿千瓦，占全国的 22.2%；2021 年，全省水电装机容量 8947 万千瓦，居全国第一。风电、光伏方面，"三州一市"②属于全国太阳能资源一类和二类地区，开发前景广阔；2021 年，风电、光伏装机容量分别为 527 万千瓦、196 万千瓦，较 2016 年分别增长约 3.2 倍、6 倍。天然气方面，全省累计探明储量 5.2 万亿立方米，居全国第一；2021 年全省规模以上企业天然气产量达到 522.2 亿立方米，占全国总量的 25.2%，居各省市第一位，其中页岩气产量 143.4 亿立方米，较 2016 年增长 3.1 倍，且未来增长潜力巨大。

此外，四川锂矿资源储量丰富，占全国总量的 57%，居全国之首，现已具备采矿权的矿石储量达到 1.58 亿吨，为清洁能源配套的储能产业发展提供了有力的资源支撑。成都、遂宁、宜宾三地着力建设锂电产业基地，天齐锂业、宁德时代、中创新航、蜂巢能源等锂电产业龙头齐聚，全省已拥有锂矿采选、基础锂盐、电池材料、动力电池、新能源汽车及动力电池回收利用等产业链上下游企业近 100 户，有利于推动以锂电池为代表的新型储能产业与清洁能源产业协同发展。

三、四川清洁能源装备产业发展面临的问题

我省清洁能源装备产业已取得一定综合优势，政策环境导向明确，产业发展条

---

① "一极一源"指带动全国高质量发展的重要增长极和新的动力源。
② "三州一市"：凉山彝族自治州、甘孜藏族自治州、阿坝藏族羌族自治州和攀枝花市。

件俱佳，正处在快速发展的黄金周期。但不能忽略当前产业发展中所面临的问题，尤其是在重点领域发展、新兴领域布局和产业发展能力提升三个方面，仍需加强统一规划引领，加快关键环节突破，切实增强清洁能源装备产业链的整体实力。

（一）风电、光伏重点领域发展有待升级

2060 年碳中和目标达成时，预计国内风电、光电装机容量占比达 70％左右，成为电力供应端的两大主力。根据《四川省"十四五"能源发展规划》，对各类电源建设的基调分别为水电有序开发、风光等新能源加快发展、火电结构优化。无论从全国能源结构趋势来看，还是从省内电源建设导向来看，四川清洁能源装备产业的产品供给与未来以风光为主导的市场需求都存在差异，需推动风电、光电两大重点领域的装备制造业加快发展，扩大规模。

1. 风电机组市场份额与生产能力均不占优

风电装备制造产业整体虽然在国内具有比较优势，但风电机组的整机制造与领先省份相比差距较大。从市场份额看，四川风机整机制造处于第二梯队，其中，陆上风电机组市场份额约占 6％，位于全球第 9 位、国内第 5 位；海上风电机组市场份额约占 7％，仅约为上海的 24％、广东的 27％。从产业比重看，东方电气作为四川风电装备制造产业的链主企业，2021 年风电机组产量在其所有发电机组中占比不到 10％。

从产能情况看，环渤海、长三角、西北区域已是国内主要的风电装备制造企业聚集地。截至 2022 年 5 月，全国已有超过 146 处风机整机制造厂房基地，覆盖 28 个省级行政区，其中内蒙古、山东、甘肃、河北、江苏分布最多，共 60 处，四川省内仅两处。

2. 光伏产业布局较单一，同质化竞争严重

单晶硅片替代多晶硅片是过去 5 年光伏行业最大的变革，单晶硅片的市场占有率已从 2016 年的不到 20％迅速提升到目前的 90％。从产业布局看，我省企业多集中在最上游的多晶硅料和太阳能电池片领域，对单晶硅片和电池组件的布局速度较慢，2021 年开始新增的单晶硅片产能尚未释放。此外，我省企业在光伏玻璃、光伏逆变器、光伏发电系统、光伏生产设备等关键环节的布局也还不多。

从电池技术看，国内主流厂商均主攻 HJT、TOPCon 两大电池技术，同质化竞争激烈；省内重点企业通威股份研发的 HJT、TOPCon 电池最高转换效率为 25.45％，而陕西、江西、江苏三省重点企业已分别达到了 26.50％、25.70％、25.50％（见表 7）。

表 7　国内主流厂商电池技术研发最高转换效率

厂商名称	所在省份	电池技术	光电转换效率（实验室）
隆基绿能	陕西省	HJT	26.50%
晶科能源	江西省	TOPCon	25.70%
天合光能	江苏省	i-TOPCon	25.50%
通威太阳能	四川省	HJT、TOPCon	25.45%

（二）新兴领域前瞻布局有待加强

从清洁能源构成看，氢能作为重要的二次能源，是未来能源消费中的重要组成部分。从清洁能源支撑看，储能与风电、光伏等清洁能源发展相辅相成，新型储能是构建新型电力系统的重要技术和基础装备。制氢加氢装备、新型储能装备都属于清洁能源装备产业的新兴领域，我省已制定《四川省氢能产业发展规划（2021—2025 年)》，部分市（州）也出台了配套支持政策，但和其他省份相比，并未显现出特色与优势，且对新型储能的发展规划与引导也有待加强。

1. 氢能产业发展各省市竞争激烈

据不完全统计，国内至少有 13 个省份制定了 2025 年氢能发展目标，其中北京、河北、山东、上海四地计划推广燃料电池汽车均为 1 万辆，四川该目标为 6000 辆。产业支持政策方面，目前已有 14 个省市推出了相应的氢能补贴政策，其中浙江省支持力度最大、覆盖范围最广，从省到市县层面都给予大量支持，温州、宁波、舟山等地都先后发布相关政策，嘉兴补贴力度较大，对氢能重点领域的创新奖励补贴最高达 1 亿元。这些区域性的规划和政策将加速当地对制氢加氢及相关装备产业的吸引力，区域竞争日趋激烈，对四川建设氢能装备产业集群的挑战巨大。

2. 储能规划与支持政策还需补齐

2022 年 1 月，国家发改委和能源局印发了《"十四五"新型储能发展实施方案》，以推动新型储能规模化、产业化、市场化发展。在此导向下，浙江、江苏、安徽、河南、河北等省份制定了新型储能发展专项规划或实施方案，12 个省份提出了 2025 年储能发展规划，其中青海、甘肃规划目标最高，均为 6 吉瓦，广西、浙江、河北、山东、青海、等省份发布了 2022 年新型储能示范清单，储能规模合计超过 11 吉瓦。截至 2021 年末，新型储能项目分布前五的省份为山东、江苏、广东、湖南和内蒙古。

从储能产业现状看，四川并不占优，没有一家装机规模排名前十位的储能技术和逆变器提供商。四川在省"十四五"能源发展规划中提出促进氢能及新型储能产业发展，但并未明确储能发展目标，没有公示省级新型储能示范项目，相应的产业支持配套政策也不完善。

（三）重要产业环节发展能力有待提升

当前我省清洁能源装备产业处于快速发展阶段，主要以生产制造环节为主，涉及研发设计、运营维护的企业数量偏少、能力较弱，本地配套率不高，产业链整合能力不强，与京津冀、长三角、珠三角等先进区域存在一定差距。

1. 研发环节能力不平衡，体系不健全

一是链主企业研发实力强劲，但中小企业自主创新能力较弱。省内清洁能源装备产业的链主企业研发投入水平位居行业前列，但中小企业多布局在基础铸锻件、普通结构件等中低端产品及简单机加工环节，自主创新能力较弱，部分关键环节仍存在"卡脖子"问题，大功率齿轮箱、轴承、变桨偏航等核心零部件依赖进口。

二是"产学研用"创新体系不健全，科研转化效率不高。川内的国家级创新中心、科研院所等创新载体较为缺乏，"产学研用"联合创新体系和技术平台建设相对滞后，基础共性技术研究不足。在清洁能源装备领域，川内企业与高校、科研院所开展创新合作的比重整体不高，以企业为主体、产学研结合的产业技术创新体系尚未形成。

2. 生产环节配套不完善，企业实力不强

一是中小企业生产配套能力不强。四川全省能源装备整机及配套企业超过3300户，但产业链配套的中小企业整体呈小散弱状态，"强链、补链、延链"工作有待加强。

二是本地化的生产配套比例不高。以德阳市为例，其清洁能源装备产业链主企业的本地配套率不足30%，"有主机、缺配套"的现象较为明显，尚未完全形成链主企业引领、中小企业配套发展的专业化协同发展局面。

三是"专精特新"企业数量较少。在四川省第四批138家"专精特新"企业中，仅有5家涉及清洁能源装备相关业务，相较于信息技术、食品饮料、新材料等支柱型产业领域，我省清洁能源装备领域的"专精特新"企业数量总体偏少，且主要分布在输配电、储能等中下游环节。

四、省内外清洁能源装备产业发展案例启示

（一）东方电气：同心多元化战略推动发展

东方电气是我省清洁能源装备企业发展的代表，1958年首先进入水电设备领域，1964—1966年分别进入火电、气电及核电业务，到"九五"期间，东方电气仅有火电和水电两大类产品，其他业务规模很小。近年来，东方电气为适应能源市

场发展趋势，克服国内火力发电设备产能过剩，自身业务结构过度依赖传统能源装备，产品种类较少，抗风险能力较差等问题，提出了多元化经营以抵御市场风险的战略发展思路，开启了跨能源领域转型发展之路，形成了以核心技术为主的同心多元化发展。

1. 企业基本情况

中国东方电气集团有限公司（以下简称东方电气）创立于 1958 年，是中央管理的涉及国家安全和国民经济命脉的国有重要骨干企业，为我国提供了大约 1/3 的能源装备，也是全球最大的发电设备制造和电站工程总承包企业集团之一，是唯一"六电并举"（水、火、风、光、核、氢）的能源装备制造企业，发电设备产量连续 17 年位居世界前列。从 1987 年开启海外发展历程，东方电气已在海外承建能源项目 100 多个，业务涵盖发电、输变电、轨道交通等领域，产品和服务遍布全球 70 个国家和地区，海外电站装机容量超过 8400 万千瓦。

2. 发展举措与成效

根据国家电力结构调整、西部开发水能和风能等新能源的政策导向，东方电气 2004 年进入风电业务，2006 年又相继进入了电站环保、太阳能产业，2010 年启动氢燃料电池研发工作，并积极投入潮汐发电、储能电池等新兴领域。

一是继续夯实水电装备市场地位。东方电气作为水电装备的领军企业，持续巩固与国机重装、中电建成勘院、西南电力设计院等装备制造企业、勘测设计施工机构的项目合作关系，在核心的坝工技术、水电设备研制领域，形成了规划、设计、施工、装备制造、运行维护等全产业链高水平整合能力。随着市场的发展，国内水电装备产量不断向头部企业集中，2021 年东方电气、哈尔滨电气承接了国内大部分百万级大型水电项目和 30 万级抽水蓄能项目，产量占比接近 90%。2021 年，东方电气的水轮发电机组销量近 1196 万千瓦，同比净增 113.4%。

二是大力发展风电装备全产业链业务。东方电气近年来持续在风电领域加大投资力度，整合旗下经历 10 余年发展的风电业务资源，组建成立风电产业一体化专业公司，与三峡集团联合投资建设海上风电总部基地。在核心风机产品与技术方面，已拥有双馈型和直驱型两种技术路线，全球业绩超过 10000 台风电机组，国内装机容量排名前五，在产业链上带动国机重装、四川矿山机械、东树新材料等一批川内企业联动发展。在风电未来的重点领域方面，2021 年东方电气 13 兆瓦海上风电机组正式下线，10 兆瓦海上风电机组实现批量交付和投产，7 兆瓦海上风电批量并网运行，产品技术具有优势，市场规模持续扩大。2021 年，东方电气的风力发电机组销量近 336 万千瓦，同比增长 17.8%。

三是持续整合国内优质能源装备资源。7 月 5 日，经国务院批复，东方电气正式成为宏华集团的控股股东，川内两大能源装备企业的强强结合，将进一步推动双方在天然气、海上风电等清洁能源装备领域的全链条深入合作。基于充足的天然气资源、强大的产能和技术优势等，"东方电气＋宏华集团"具有一体化发展天然气和海上风电装备产业的良好条件。

总的来看，东方电气以成熟、先进的火电、水电技术为基础，坚定推动产业结构清洁化发展，加快迈向清洁能源领域，实现了风电、光伏等可再生能源的快速发展，通过同心多元化战略落地，持续整合能源装备产业资源，已形成以技术为核心切入点，水电、火电、气电、核电、风电和氢能多元化发展的产业格局，不断巩固作为国内三大能源装备产业集团之一的行业地位，迸发出新的产业发展潜力和竞争优势。近年来，在同心多元化战略的推动下，东方电气的可再生能源板块业务增长迅猛。2021年东方电气可再生能源营业收入达151.4亿元，占比31.7%，较2016年提升7.7个百分点，而火电装备营业收入占比已降至30%以内。

2021年，东方电气实现营业总收入478.2亿元，同比增长28.3%，对四川省的工业经济总量贡献率达3.2%，发展增速远高于四川省规模以上工业增加值9.8%的增速。近年来东方电气充分利用已有市场和技术优势，实施综合统效式发展，推动同心多元化战略成功落地，为全省推动能源装备企业发展提供了重要示范。

（二）隆基绿能：纵向一体化战略提升发展优势

隆基绿能[①]是陕西省的一家清洁能源装备制造企业，也是全球最大的单晶硅光伏产品制造商。该公司经过2013年及2022年两次大的战略调整，聚焦科技创新，构建了单晶硅片、电池组件、工商业分布式解决方案、绿色能源解决方案、氢能装备五大业务板块，形成了支撑全球零碳发展的"绿电＋绿氢"产品和解决方案，致力于成为全球最具价值的太阳能科技公司。隆基绿能的发展路径和经验值得四川学习借鉴。

1. 企业基本情况

隆基绿能公司成立于2000年，主营业务为单晶硅棒、硅片、电池和组件的研发、生产和销售，以及光伏电站开发、建设及运营业务等，已形成了从单晶硅棒/硅片、单晶电池/组件到下游单晶光伏电站应用的完整产业链，其中，单晶硅片和单晶组件业务是公司的核心制造业务。

2. 发展举措与成效

2012年前，隆基绿能始终专注于单晶硅棒、硅片的研发、生产和销售，在其他主要光伏企业进行纵向一体化扩张时仍坚持专业化战略定位，取得了单晶领域技术、成本等多方面的领先优势，75%～80%的产品出口海外。受国际形势及反倾销政策的影响，尽管隆基绿能的单晶产品在度电成本上已显露优势，但在全球的市场

---

① 《隆基绿能科技股份有限公司2021年年度报告》。

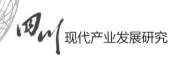

份额却逐年下降。与此同时，国内光伏下游厂商更倾向于低门槛的多晶路线，促使隆基绿能开始进军下游市场，推行纵向一体化战略。

一是纵向并购整合下游产业链。在自身单晶硅片赛道优势的基础上，隆基绿能通过收购浙江乐叶光伏，将产业链延伸至组件业务；同时投资新建西安隆基清洁能源有限公司，全面开展光伏电站的项目开发及工程总承包业务。目前隆基绿能已构建了从硅片制造到电站开发的光伏产业链全布局，从太阳能硅材料专业化制造商逐渐向全球领先的太阳能电力设备公司转型。在硅片和组件两个环节，隆基绿能均是全球最大的制造商。

二是向外推行"光伏＋"发展模式。借助在光伏领域的产业发展优势，隆基绿能不断拓展"光伏＋"应用场景，目前正向 BIPV（光伏建筑一体化）和光伏制氢能"光伏＋氢能"等新兴市场布局，开始从光伏材料龙头率先向绿色能源龙头迈进。同时，还与不同行业的合作伙伴共同探索实践，形成"光伏＋行业"全场景解决方案，包括"光伏＋交通""光伏＋工业""光伏＋建筑"等。

三是长期持续的高研发投入。隆基绿能长久持续地通过押注单晶硅技术路线，为其带来了以量产为核心的利润，2013 年开始围绕单晶赛道进一步延伸全产业链一体化布局，2022 年开启绿能战略布局光伏应用场景。持续专注于主业的高额度研发投入是隆基绿能在市场竞争中获胜的关键，据美国行业资讯机构 PV－Tech 调查，自 2017 年起，隆基绿能便成为全球光伏行业研发投入最大的公司，每年投入超过美国前两名公司的总和。从 2012 年上市至 2021 年，隆基绿能累计研发投入超 123.6 亿元，累计获得各类专利 1387 项，授权专利数量是通威股份的两倍多。

2021 年，隆基绿能实现营业总收入 809.3 亿元，同比增长 48.3%，对陕西省的工业经济总量贡献率高达 7.2%，发展增速远高于陕西省规模以上工业增加值 7.6% 的增速。其中太阳能组件在隆基绿能中的比重已超过 72.2%，达到 584.5 亿元，增速 61.3%。隆基绿能深耕光伏产业，一手抓资本运作，一手抓技术创新，迅速成长为单晶技术路线下国内光伏产业的后起之秀，其纵向一体化发展的成功经验具有很高的参考价值。

（三）陕西省：推进清洁能源装备产业发展的举措

为推动传统能源低碳发展，加快提升清洁能源占比，近年来陕西省通过规划引领、政府扶持等举措，大力推动清洁能源及相关产业发展，已初步形成清洁能源装备产业集群，并推动产业链条不断延伸，加快能源结构、产业结构、技术结构和消费结构调整步伐，相关经验值得四川省学习借鉴。

1. 陕西省能源概况

陕西省传统化石能源富集，煤炭储量全国第四、产量全国第三，长庆油田、延长油田在国内十大油田中各占一席。陕西省能源消费结构中，煤品、油品合计占比超过 80％，能源结构转型压力巨大。党的十八大以来，陕西省面对能源供需格局新变化、能源发展新趋势，以清洁能源装备产业为重要抓手，不断推进能源供给侧结构性改革，清洁能源的发展动力愈加强劲，消费占比显著提升。

2. 发展举措与成效

一是高度重视规划引领，加强产业布局。陕西省"十四五"发展规划提出要提升能源产业高端化水平，建设清洁能源保障供应基地，并将光伏、氢能、风能三大能源纳入战略性新兴产业范围加快发展，直接将隆基光伏电池和组件、榆林科创氢能新城、安康先进储能产业园等清洁能源装备项目纳入产业集群重点项目建设名录。光伏产业方面，2021 年 9 月陕西省印发《整县（市、区）推进屋顶分布式光伏发电试点工作方案》，大力支持省内企业参与试点项目。氢能产业方面，2022 年 8 月陕西省连续发布《"十四五"氢能产业发展规划》《氢能产业发展三年行动方案（2022—2024 年）》《促进氢能产业发展的若干政策措施》，产业规划、工作方案与配置政策齐发，加快推动氢能产业规模化发展。

二是着力实施项目牵引，加强集群发展。陕西省陆续实施整县（市、区）推进屋顶分布式光伏发电试点、氢能百千万工程等重大清洁能源项目，支持相关重点企业成势发展，推动相关产业集群式发展。光伏产业方面，陕西省支持隆基绿能的单晶硅片、单晶电池产能持续扩张，推动西安成为全国单晶硅的发祥地和单晶硅片的主产地，并形成以高新区、经开区、航天基地、西咸新区为格局的光伏产业集群，已具备较为完整的太阳能光伏全产业链。

三是大力培育链主企业，加强全面支持。2020 年 8 月，陕西省政府与隆基股份签署战略合作协议。根据协议，双方将在光伏装备制造、清洁能源开发利用等领域开展深层次合作，促进陕西省光伏及相关产业的快速发展。具体来看，陕西省政府部门、国企、高校、银行等优质平台也不断加强与隆基的深度合作，例如陕西发改委联合隆基绿能承办全省光伏整县推进培训会、陕西煤业成为隆基上市公司重要股东、西安交大与隆基共建零碳能源研究院，在人民银行西安分行的支持下，隆基绿能成功发行西北地区首单民营企业债券，实现融资 5 亿元。

截至 2021 年末，陕西省光电装机容量 1313.72 万千瓦·时，较 2012 年增长 656 倍，占比由 0.1％提高至 17.2％；风电装机容量 1021.32 万千瓦·时，较 2012 年增长近 70 倍，占比由 0.6％提高至 13.4％；非化石能源消费比重较 2012 年提高 5.5 个百分点。总的来看，陕西省聚焦光伏、风电、氢能三大清洁能源领域，强化规划引领、政策支持和项目合作，实现了清洁能源装备与清洁能源生产的相互促进发展，值得四川参考借鉴。

（四）对四川清洁能源装备产业发展的启示

他山之石，可以攻玉。通过对省内外清洁能源标杆企业的案例分析，陕西省清

洁能源装备产业发展经验可以为四川发展清洁能源装备产业提供启示与借鉴：

1. 坚定能源装备产业清洁化发展的决心，早规划、快发展

从省内发展态势看，2021年东方电气"零碳"发电装备在装备制造板块中的比重已超过60%，风电、太阳能等新能源产业营业收入同比增长66.5%。东方电气同心多元化战略推动自身产业规模不断扩大、结构不断调整，可助力四川省在国内可再生能源装备市场竞争中抢夺一席之地。从外省发展情况看，陕西等传统能源大省、江苏等清洁能源强省，皆大力推进清洁能源及相关装备产业做大做强。四川清洁能源装备产业要抓住国家"双碳"战略启动初期的发展势头，延续"2022世界清洁能源装备大会"热度，尽快形成整体发展规划，统筹引领省内清洁能源装备企业加快发展。

2. 坚定技术创新驱动清洁能源装备发展的信心，重投入，强引领

链主企业自身的核心技术迭代能力和战略机遇把握能力是引领产业链发展的关键所在。省内链主企业东方电气每年研发投入约占收入规模的5%，"十三五"期间累计获得国家科技进步特等奖、一等奖、二等奖各1项，省部级各类奖励65项，形成了技术引领性强、行业影响力大、"补短板"贡献度高的十大科技创新成果，进一步巩固了能源装备领军企业的竞争优势，并牵引省内相关配套企业转型发展。外省标杆企业隆基绿能深挖陕西741厂、西安理工大学的半导体核心技术潜力，走通单晶技术路线，攻克金刚石线切割技术，构筑起光伏产业核心竞争优势，由技术创新驱动企业快速发展。四川要聚焦产业链关键技术环节，坚定支持企业提升清洁能源装备研发能力，发挥好东方电气、通威太阳能、国机重装等链主企业的技术优势，基于省内高校资源建好产学研一体化创新平台，加强研发与生产、市场协同，带动全省产业链不断完善强化，推动清洁能源装备产业高质量发展。

3. 坚定清洁能源装备走多元化发展道路的恒心，重点布局，多点开花

东方电气"六电并举"的多元化发展战略是其业绩稳健增长的重要根基，既符合能源产业的发展趋势，也符合其固有的市场和技术优势。陕西省则重点聚焦光伏、风电、氢能三大清洁能源领域，着力打造产业集群，加快重点项目落地。从全省范围看，也应坚持走多元化的清洁能源装备发展道路，一方面符合四川省水力、天然气、地热等资源丰富的禀赋优势，另一方面也是国家建设现代能源体系规划对能源大省四川提出的必然要求。尤其是在2022年夏季持续高温的考验下，水力发电受到极大影响，全省大范围限电，暴露了我省能源结构不尽合理的短板，亟待通过多元化能源的合理布局和相应装备技术的加快发展，增强全省能源供应安全性，助力国家"双碳"战略达成。

五、四川清洁能源装备产业发展建议

（一）加强能源网络统筹建设，加快融入国内国际市场

一是统筹构建适应国内大循环的能源网络体系。四川省要以建设成为兼顾发电成本低、电网稳定性好的清洁能源供应基地为目标，充分发挥清洁能源资源优势和装备制造业基础优势，以能源输送网络链接国内供需市场，拉动清洁能源装备相关产业发展。一要发挥水电、天然气资源优势，加强电网、气网建设，加快西电东送、西气东输进度，连接国内能源市场的生产端和消费端，解决绿色能源供给问题，扩展清洁能源国内市场空间；二要统筹考虑风电、太阳能的电源点接入电网，重点解决电网建设与风光能电源点建设的时间错配问题，提升对可再生能源的外送能力；三要加快省内能源网络的建设与完善，结合省内社会经济发展和各市（州）产业发展需求特点，加快水、风、光互补的相关基础设施建设，持续提升本地的清洁能源消纳能力，释放本地市场对清洁能源装备的需求；四要探索通过清洁能源输送重点项目，带动相关装备产品配套销售与服务的市场拓展模式，组建省内的清洁能源装备企业联合体，共同参与国内重大能源开发与输送项目。

二是切实提升畅通国内国际双循环的门户枢纽功能。随着区域全面经济伙伴关系协定（RCEP）的签署，四川省融入国内国际双循环面临新的市场机遇。四川省可牢牢把握当前水电、太阳能、天然气等清洁能源装备在全球的竞争优势，抓住全球制造业分工调整和我国高端装备大发展的战略机遇期，依托西部陆海新通道和中欧班列，通过政策引导推动省内清洁能源装备企业"走出去"，深化与国际客户在清洁能源装备产品、技术、服务与工程建设等方面的交流合作。在四川省清洁能源装备产业转型升级发展过程中，引导川内企业在智能制造、绿色制造方面走出一条具有中国特色的发展道路，提升中国装备在全球市场的影响力。

（二）加强产业规划高位引领，加快重点突破多元发展

2022年，在德阳落幕的"2022世界清洁能源装备大会"是对四川乃至中国清洁能源装备产业的发展产生深远影响的一次盛会。省委领导指出，在四川未来发展蓝图中，要培育壮大清洁能源及其支撑、应用产业，打造世界级优质清洁能源基地。因此，要统筹规划，高位引领，结合四川实际，深入分析清洁能源装备制造产业的发展趋势，全面研究国家清洁能源装备制造产业的宏观环境与政策措施，利用好成渝地区双城经济圈建设等国家战略红利，充分发挥四川清洁能源装备产业的优势，鲜明提出建设世界级清洁能源装备产业集群的战略目标，高起点、高标准编制清洁能源装备产业发展规划，瞄准"双碳"目标导向下的能源市场需求特征，明确水、风、光、气等清洁能源装备的发展导向，提出产业结构重点突出、产业环节定

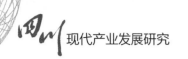现代产业发展研究

位明确的发展建议，引领全球清洁能源装备制造产业发展。

清洁能源装备涉及的产业类别多，产品门类多，细分市场多，水电、风电、太阳能、天然气、氢能等各个细分领域的产业发展成熟度、市场与客户特征、技术创新要点大不相同，必须更加清晰地梳理各个重点领域的现状特点与发展思路，合理制定规划目标与转型升级发展策略，推进各个能源装备重点领域、核心环节取得突破。水电领域紧扣国内市场金沙江上游、雅砻江中游、黄河上游等项目机遇，以及"一带一路"海外市场机遇，提前对接顶层项目计划，以市场为牵引，以成熟技术为支撑，推动水电装备稳健发展。风电、光伏领域进一步挖掘省内资源开发空间，优先就地就近开发利用，加快风机轴承等核心部件国产化，加速大尺寸光伏电池等关键技术迭代，着重提升市场能力和商业模式创新，推动风机、硅片、电池片等扩大规模、抢占市场。天然气领域要加强从资源端到应用端的产业整合，打造川内天然气开发利用一体化运作商业模式，以此引领天然气能源装备广泛应用和交钥匙服务模式在全国推广。其他新兴能源领域加快前瞻谋划、因地制宜、有序发展，重点通过体制机制创新，大力鼓励社会资本进入和民营企业参与，加快提升氢能、地热、生物质能源等技术创新能力，加快补齐新型储能发展规划与支持政策，持续培育适应未来清洁能源需求的市场主体。

此外，在各个清洁能源装备重点领域独立发展的基础上，应加强各个产业领域的统筹发展，通过资源互补、能力协作，促进清洁能源装备产业整体要素资源优化配置与综合竞争力提升。例如，推动水电与风电、太阳能发电协同互补，开展风电、光伏、地热发电制氢示范，加强新型储能项目对"弃水、弃风、弃光"的消纳等，通过试点项目运作，带动相关清洁能源装备联合设计，提出整体解决方案。

（三）加强产业集群整体打造，加快提升产业综合能力

四川省清洁能源装备产业链的综合竞争力不强，其重要原因之一就在于各个企业、机构各自为战，缺乏对产业要素资源在空间上、链条上的有效整合与利用。基于此，应进一步提升成德高端能源装备、成乐眉晶硅光伏两大产业集群的能级，增强对要素资源的聚合效应，并通过平台支持，促进各个产业园区、重点企业的产业链能力提升。

一是建好产业集群发展的园区与空间。产业园区对于聚合装备制造业的技术、产能、人才等优势要素资源作用巨大，目前省内已形成两大清洁能源装备产业集群，应进一步借势，聚力打造高品质的清洁能源装备产业园区和承载空间。通过产业园区和承载空间的规划建设落地，促进各个清洁能源装备产业在川内的一体化发展，把各地零散的物流资源整合起来，形成资金、劳动力、技术等生产要素在各地的自由流通，加强清洁能源装备产业在各个园区的协同发展，提升装备研发、制造、销售各个环节的协作效率。

二是建好服务产业集群的平台与机制。建立清洁能源装备基础资源信息平台，

全面梳理各个重点领域的产业图谱和产业链关系，有效识别产业薄弱环节，通过信息搜集、整理、分析，加强对清洁能源装备重要行业市场信息的整合与共享，助力相关企业、机构找准市场定位，并基于关键信息精准构建科研、市场等深度合作关系。建立清洁能源装备产业的产学研合作平台，服务好重点企业、机构，为其提供全流程的项目合作服务，结合清洁能源装备产业政策，鼓励民营企业主导、参与清洁能源装备产学研合作，积极对接省内涉及能源、机械等相关专业的高校、院所资源，联合加快推动对清洁能源装备重点、难点、弱点的技术攻坚与模式突破。

（四）加强技术和商业模式融合创新，加快突破竞争格局

一是鼓励技术创新，打破同质化竞争态势，抢占市场份额。加强核心关键技术投入引导，加大对清洁能源装备产业链缺失环节、"卡脖子"技术的投入，加快推动清洁能源装备及关键零部件技术实现革命性突破，例如突破晶硅电池生产高档设备、薄膜电池工艺的生产设备与工艺限制，解决页岩气电动压裂泵液缸可靠性的问题等。促进清洁能源装备新产品、新技术示范项目落地，例如太阳能光热发电项目、风光电制氢项目、地热分布式能源项目等，支持有条件的区域建设有利于清洁能源装备示范应用的硬件环境与软件条件，共同建设清洁能源装备实验测试场地等。

二是鼓励商业模式创新，打破市场空间限制，延展市场边界。依托现有产业基础和技术优势，四川省有条件成为新时代能源转型的集成服务商，即覆盖业务咨询、规划设计、装备供应、工程建设、运营维护等多个环节，为各个区域市场的客户提供清洁能源整体解决方案。针对资源禀赋在外，省内没有本地市场优势的清洁能源装备，如海上风电机组及桩基产品，可针对当前装备制造环节属地化发展趋势，提前策划、转变模式，一方面依托现有产业优势聚焦海上风电新材料、系统集成、数据运维、测试分析等高附加值环节的本地化发展，由装备制造商向集成服务商转型；另一方面可与沿海的船舶海工企业广泛合作，整合低附加值的桩基产品产能，提升海上钢结构产品的设计能力，通过有限的资源投入，撬动巨大的生产能力。针对资源禀赋在内，省内有明显生产要素优势的清洁能源，如晶硅原材料，可通过较低的碳价碳税进一步赋能生产制造环节，进一步放大"四川造"的成本竞争优势。

负责人：周渝岚（成都百生市场调查有限公司）
成　员：范伊静（四川省统计局）
　　　　黄盛奎（成都百生市场调查有限公司）
　　　　孟凡云（成都百生市场调查有限公司）
　　　　侯浙燕（成都百生市场调查有限公司）
　　　　傅昕莼（成都百生市场调查有限公司）
　　　　杨皓文（成都百生市场调查有限公司）

三重压力下四川现代产业发展的问题与对策研究

——以四川光伏产业为例

2021 年下半年以来，中国经济面临的下行压力有所加大，第三季度 GDP 增速的两年平均值降至 4.9%，比第二季度的两年平均值下降 0.6 个百分点，降幅偏大。2021 年底中央经济工作会议指出，当前我国经济发展面临需求收缩、供给冲击、预期转弱三重压力，2022 年的《政府工作报告》再次把三重压力列为当前需要应对的主要问题和挑战。探索化解三重压力的有效方式和路径成为当前的一项重要任务。然而面临"三重压力"，国内光伏产业却逆势增长，2021 年我国光伏制造端（多晶硅、硅片、电池、组件）产值突破 7500 亿元，光伏产品（硅片、电池片、组件）出口额超过 280 亿美元，新增装机达到 54.88 吉瓦，累计装机突破 300 吉瓦。发展光伏产业成为破题经济"三重压力"的关键路径之一。

一、研究背景

（一）光伏产业的相关概念

光伏（Photovoltaic，PV），全称太阳能光伏发电系统，其技术原理是利用光生伏特效应，即太阳能照射不均匀半导体或半导体与金属结合部位产生电位差现象，通过太阳能电池板（组件）、控制器、逆变器等电子元器件构成的发电装置，将光能直接转换为电能。光伏产业，即围绕光伏发电领域的技术研发和市场应用，所形成或衍生的各产业链条集合，相较于传统发电产业，具有能源丰富、形式简洁灵活、过程清洁安全、建设周期短等优势，是一种融合新能源、新材料、新技术、新应用的战略性新兴产业。产业特性上，光伏发电采用可再生能源，且开发应用过程清洁、安全，整体具备"绿色产业"特征，符合"双碳"发展目标。地理落位上，基于光伏发电原理，发电系统理论上可设立于太阳光照射范围内，分布不受地域限制。载体空间上，太阳能电池板（组件）等关键装置体积小、重量轻，且可与建筑物结合构成一体化发电系统，不需要单独占地，节约土地资源。经济效益上，发电系统无须预埋架高输电线路，建设周期短、成本低，且能源转换过程不涉及机

械运动，结合自动控制等前沿技术可保障日常稳定运行，人工维护成本低。社会效应上，主要体现在满足偏远地区用电、解决大量就业、活跃民营资本和拉动社会投资等方面。

（二）光伏产业链的构成

光伏产业链以硅为主线，包括硅料、硅片、电池、组件和发电系统等多个环节，结合当前光伏技术和产业发展现状，可将其划分为上、中、下游。

1. 上游

上游包括硅料、硅片两大环节，主要负责晶体硅原料采集、加工和硅片制造，涉及多晶硅制备、单晶硅拉棒、多晶铸锭和晶硅切片等多种技术。总体来看，硅料环节为典型的重资产环节，资金要求较高，投产周期较长；硅片环节资本密集，技术要求较电池环节偏低。

2. 中游

中游负责关键组件的研发制造等，主要包括电池加工和组件封装。电池作为光伏产业的核心技术环节，其光电转换率及发电性能直接决定了光伏发电项目的整体发电水平和盈利能力。我国光伏电池依材料类型不同可分为晶硅电池和薄膜电池两大主要类别，其中晶硅电池在技术和制造工艺方面发展更为成熟，当前占国内市场份额最大，为光伏发电领域的主流方向。相较于上游，组件环节呈劳动密集型，单位产能投资和技术含量偏低，国内行业市场份额相对分散。

3. 下游

下游为系统集成和应用环节，主要包括集中式光伏和分布式光伏两类应用形式。集中式光伏规模较大，一般选址在郊区或丘陵、沙漠等偏远地带，接入高压输电系统供给远距离负荷；分布式光伏多于用户场地附近建设，强调就地消纳，一般设于工业厂房、商业建筑、农业设施、市政等公共建筑、边远农牧区及海岛地区。

（三）全球光伏产业发展情况

1. 发展历程

全球光伏产业发展历程大致可分为四个阶段：欧洲主导的产业快速成长阶段、稳步上升的产业过渡阶段、多国并起的产业新兴阶段和中国引领的产业成熟阶段。

欧洲主导的产业快速成长阶段（2000—2011年）。2000年，德国实施《可再生能源法》，确立新能源的优先权和上网电价补贴，同时采取多项措施控制温室气体排放，刺激光伏产业快速增长。意大利、西班牙等国相继出台政府补贴政策，降低光伏发电成本，扩大光伏商业化规模。2000—2011 年，以德国、意大利、西班牙三国为代表的欧洲地区成为全球光伏发电核心区域。根据欧洲光伏产业协会发布的 *Global Market Outlook for Photovoltaics Until 2015*，截至 2011 年 5 月，全球光伏发电装机总量由 1.5 吉瓦增至 39.5 吉瓦，年均复合增长率高达 38.7%，产业发展呈强劲态势。

稳步上升的产业过渡阶段（2011—2013 年）。2011 年末的欧债危机迫使欧洲各国调整产业政策，降低政府补贴，光伏市场出现萎缩，加之行业急速扩张造成产能严重过剩、供需失衡，市场波动加剧，打断了光伏产业迅速发展的良好势头，行业进入优胜劣汰阶段。具有技术优势、规模优势的领军企业推动生产技术更新迭代，发电成本持续降低，投资回报趋于平衡，产业整体呈稳步上升态势。

多国并起的产业新兴阶段（2013—2016 年）。我国自 2013 年起陆续出台《国务院关于促进光伏产业健康发展的若干意见》《国家发改委关于发挥价格杠杆作用促进光伏产业健康发展的通知》等产业政策，确保市场稳定运行，国内光伏发电装机连年高涨。日本以"政府鼓励扶持、企业主动跟进、全民积极参与"为基本思路，在"阳光计划""新阳光计划"以及多项激励政策的支持下，经过十多年的发展，已形成在全球范围内颇具竞争力的光伏产业。2006—2016 年，美国联邦政府及各州政府出台的各种利好新能源政策，使得美国光伏装机年均增长率达 68%。截至 2016 年底，美国光伏装机量异军突起，排在中国、日本和德国后，成为世界第 4 位。同时，印度、南非、智利等新兴市场竞相崛起。

中国引领的产业成熟阶段（2017 至今）。IEA（International Energy Agency，国际能源署）数据显示，2017 年，德国光伏电力占比下降到 5.9%，市场出现疲软；日本光伏装机量同比降低 24%，市场需求降低；美国新增光伏装机量同比下降 29.8%，分布式光伏市场开拓乏力；中国新增光伏装机量全球占比 51.5%，占据全球主导地位。现阶段，各国对光伏发电的投资建设稳步提升，根据欧洲光伏产业协会数据，2020 年全球累计太阳能光伏电站装机量达 773.2 吉瓦，相较于 2008 年，累计增长超过 45 倍。我国光伏产业处于绝对领先地位，拥有全球最大光伏发电全产业链集群、最大应用市场、最多发明和应用专利等。公共卫生政策的制定代表了最广大人民群众的健康权益，其首要目标就是切实提高最广大人民群众的健康水平。在健康中国建设的新时代，更要把人民健康放在优先发展的战略地位，以普及健康生活、优化健康服务、完善健康保障、建设健康环境、发展健康产业为重点，加快推进健康中国建设，努力全方位、全周期保障人民健康，切实提高人口健康水平。

2. 市场现状

总量稳步提升。IEA 数据显示，2011—2020 年全球光伏累计装机容量连年稳步增长。2011 年全球光伏装机容量约 72 吉瓦，2020 年新增装机容量为 181.9 吉

瓦，累计装机容量突破 760 吉瓦，较上一年的新增量提升 86.4%、累计量增幅 31.4%。其中，吉瓦（GW）级市场数量逐年增加。CPIA（China Photovoltaic Industry Association，中国光伏行业协会）数据显示，2018—2021 年，全球光伏吉瓦级市场数量分别为 11 个、17 个、18 个和 20 个，中国市场占比分别为 43%、23.9%、35% 和 34%，位居首位。根据 IEA 统计数据，截至 2020 年底，全球有 20 个国家或地区的新增光伏容量突破 1 吉瓦，规模居全球前 3 位的分别是 48.2 吉瓦的中国、19.6 吉瓦的欧盟和 19.2 吉瓦的美国。

行业集中度较高。从光伏产品制造业分布来看，全球光伏产业生产制造重心集中在亚洲地区，其中中国为组件最大生产国。CPIA 数据显示，2020 年，包括中国大陆、韩国、印度以及东南亚各国在内的亚太地区光伏组件产能约占全球总产量的 95.7%，中国大陆 2020 年组件产量达到 124.6 吉瓦，占全球总量比例超过 70%。

发电成本持续下降。受益于光伏技术进步、规模化经济效应、供应链竞争加剧以及电站开发商经验积累的影响，近十年间全球光伏发电成本迅速下降。根据 IRENA（International Renewable Energy Agency，国际可再生能源署）相关报告，2010—2019 年全球光伏发电加权平均成本由 37 美分/度大幅下降至 6.8 美分/度，降幅达 82%；2019 年新投产的大规模光伏发电项目中，有超过一半的发电成本低于最便宜的化石燃料发电成本。2020 年，全球光伏发电最低中标电价由位于葡萄牙的光伏项目创造，中标电价达到了 0.0112 欧元/千瓦·时（约 1.32 美分/千瓦·时），比 2019 年最低中标电价降低了 0.324 美分/千瓦·时，降幅达到 19.7%。当前，全球部分资源优良、建设成本低、投资条件好的地区已率先实现光伏发电平价，全球光伏产业已由政策驱动发展阶段正式转入平价上网的过渡阶段。

市场前景巨大。IRENA 预测，2050 年光伏发电装机容量将达到 8519 吉瓦，2025 年光伏发电将达到总电力需求的 25%，是 2017 年光伏发电总量的 10 倍以上。在光伏的带动下，可再生能源发电能力在 2019 年至 2024 年间将增长 50%，增长量为 1200 吉瓦，其中光伏发电将占到增长量的 60%。到 2024 年，可再生能源在全球发电中的比例将从目前的 26% 上升到 30%。

（四）中国光伏行业发展情况

1. 发展历程

从市场规模来看，中国光伏行业发展历程可划为行业起步阶段（2000—2011 年）、产能过剩阶段（2012—2015 年）、快速发展阶段（2016—2018 年）和成熟阶段（2019 年至今）。从市场驱动因素来看，中国光伏行业发展历程可划为发展探索阶段（2004—2010 年，年均增速 13.64%）、产业调整阶段（2010—2013 年，年均增速 -3%）、补贴政策阶段（2013—2018 年，年均增速 53.4%）、补贴退潮阶段（2018—2020，年均增速 -24%）和平价阶段（2020 年至今）。

受益于欧洲光伏商用市场需求，中国光伏企业开始摸索发展，由于初期产能不多、经验不足，国内行业呈现"两头在外，拥硅为王"的特征。2011 年受金融危机、欧债危机等后续影响，再加上欧美开始针中国光伏企业展开反倾销和反补贴调查，国内光伏企业受到严重冲击。此后，国家开始通过补贴和内需扶持光伏行业，光伏企业抓住机遇，加快技术创新降低成本，提高发电效率，扩充自身实力。2014 年，中国光伏行业开始高速发展，新增装机容量达 12 吉瓦，同比增长 232%，占全球新增份额的 1/3，接近欧洲 2013 年新增装机容量总和。全球光伏市场重心从欧洲逐步转向亚洲，中国超越老牌光伏重地德国，成为全球最大光伏市场。此后，中国创造了三个世界第 1：光伏制造世界第 1、光伏装机量世界第 1、光伏发电量世界第 1。近年来，光伏产业日渐成熟，户用市场蓬勃发展，全球市场需求回升趋势显著，国家逐渐减少补贴。从 2020 年开始，光伏行业凭借成本优势和规模优势，推动发电成本进入平价时代，完成从政府推动到市场驱动的发展转化。当前，光伏产业已成为我国推动能源结构转型、实现"双碳"目标的重要保障。

2. 市场现状

从发电量来看，随着光伏发电的不断普及，装机量持续提高，光伏发电量也在不断增长。2020 年我国光伏发电量为 2605 亿千瓦·时，同比增长 16.2%，占总发电量的比重为 3.5%。

从装机情况来看，我国光伏累计装机量连续六年居全球首位。2019 年全国光伏发电累计装机达到 204.3 吉瓦，同比增长 17.3%，其中集中式光伏 141.67 吉瓦，同比增长 14.5%；分布式光伏 62.63 吉瓦，同比增长 24.2%。截至 2020 年，我国光伏市场累计装机量达到 253 吉瓦。我国光伏新增装机量连续 8 年位居全球首位，2020 年，全国光伏新增装机 48.2 吉瓦，其中集中式光伏电站 32.68 吉瓦、分布式光伏 15.52 吉瓦。从新增装机布局看，中东部和南方地区占比约 36%，"三北"地区占 64%。

从户用光伏装机情况来看，2019 年我国户用光伏装机新增规模为 4.18 吉瓦。全国累计纳入 2020 年国家财政补贴规模户用光伏项目装机容量为 10.12 吉瓦。户用光伏新增已超过 10 吉瓦，年增幅超 100%。

二、"三重压力"下四川光伏产业发展情况

（一）"三重压力"的主要表现

需求收缩。根据国家统计局数据，2021 年中国经济三大需求增速呈现显著差异。出口保持较快增长，2021 年 1—11 月出口总额累计增速达到 21.8%，两年平均增速高达 12.4%，这主要与全球经济复苏和中国产业链优势与韧性得到充分发

挥等因素有关。相比之下，消费与投资增速在受到新冠肺炎疫情冲击之后恢复得较为缓慢。消费方面，2021 年 1—11 月，社会消费品零售总额同比增长 13.7%，两年平均增速仅为 4.0%，与出口的较高增速形成了鲜明对比。前三季度全国居民人均消费支出同比实际增长 15.1%，两年平均实际增速为 3.7%，显著低于人均GDP 增速。投资方面，2021 年 1—11 月，全国固定资产投资累计同比增长 5.2%，两年平均增速为 3.9%，同样处于偏低水平。其中，支撑投资主要力量的基础设施投资在 1—11 月仅同比增长 0.5%，两年平均增速为 0.8%。房地产开发投资增速的回落势头也较为明显，2021 年 1—6 月房地产开发投资累计额的两年平均增速为8.2%，而 1—11 月的两年平均增速已降至 6.4%。

供给冲击。供给冲击通常是指影响企业生产成本与生产能力的不利冲击。2021年，在全球经济的影响下，中国经济面临的供给冲击显著加大，体现为以下三个方面。一是受国际大宗商品价格大幅上升的影响，煤炭、石油等上游产品的价格大幅上涨。10 月份 PPI 同比涨幅达到了 13.5%，创下 21 世纪以来的最高涨幅，其中，煤炭开采和洗选业、石油和天然气开采业的 PPI 同比涨幅分别高达 103.7%、59.7%。原材料价格的大幅上涨导致企业尤其是下游中小企业的生产经营压力显著增加。截至 2021 年 10 月末，以中小企业为主的私营企业亏损数量比 2020 年同期增加了 3.6%。二是在煤炭价格大幅上涨与能耗双控等因素的影响下，2021 年下半年电力供应整体趋紧。由此，部分地区一度出现限电情况，这导致企业生产受到一定影响，生产约束加大。三是受全球供应链恢复缓慢的影响，国际物流费用大幅攀升，波罗的海干散货运价指数（BDI）在 2021 年 10 月份一度触及 5600 以上的高点，而 2020 年末该指数仅为 1400 左右。全球物流成本的大涨导致外贸企业普遍面临"增收不增利""有单不敢接"的困境。

价格指数方面，国家统计局数据显示，2022 年 1 月，全国居民消费价格指数（CPI）同比上涨 0.9%。其中，城市上涨 1.1%，农村上涨 0.4%；食品价格下降3.8%，非食品价格上涨 2.0%；消费品价格上涨 0.4%，服务价格上涨 1.7%。全国工业生产者出厂价格（PPI）同比上涨 9.1%，环比下降 0.2%；生产资料价格上涨 11.8%，影响工业生产者出厂价格总水平上涨约 8.85 个百分点。其中，采掘工业价格上涨 35.0%，原材料工业价格上涨 18.2%，加工工业价格上涨 7.0%。生活资料价格上涨 0.8%，影响工业生产者出厂价格总水平上涨约 0.20 个百分点。其中，食品价格上涨 0.5%，衣着价格上涨 1.4%，一般日用品价格上涨 1.3%，耐用消费品价格上涨 0.6%。价格水平上涨的冲击会直接或间接作用于经济中的大部分市场主体，影响不容低估。

预期转弱。预期转弱是指部分市场主体对未来经济前景和市场前景的信心不足，投资意愿不强。2021 年，中国经济在面对疫情冲击的情况下仍实现了 8.1% 的增长，但两年累计复合增长率仅为 5%。这表明中国经济告别了进入 21 世纪以来12 年的超高速增长周期和进入新常态以来的中高速增长周期，正式进入了中速经济增长的新周期。就居民预期而言，根据中央银行的调查统计，2021 年第三季度居民的收入信心指数、收入感受指数、就业感受指数与就业预期指数全面下行，分别从第二季度的 51.0%、51.2%、44.0% 和 52.2% 下降至第三季度的 49.5%、49.7%、40.8% 和 49.4%，各项指数均处于 50% 的临界线以下。消费者信心指数也有所下行，在 2021 年 6 月达到了 122.8 之后，7 月降至 117.8，11 月略回升至120.2，但仍处于近年来的同期较低水平。就企业预期而言，制造业企业和非制造业企业的生产经营活动预期指数分别从年内最高的 59.2% 和 64.0% 降至 11 月的53.8% 和 58.2%。央行统计的第三季度企业家宏观经济热度指数也没有延续 2020年新冠肺炎疫情以来持续回升的态势，而是较第二季度下降了 2.3 个百分点。

（二）"三重压力"下四川光伏产业存在的问题

1. 产业链条不够完整，尚未形成统一合力

一是环节配套仍然缺乏。首先，光伏组件制造规模较小，我国光伏组件出口约占全球份额的七成左右，主要分布在江浙地区，四川"三州一市"（甘孜藏族自治州、阿坝藏族羌族自治州、凉山彝族自治州和攀枝花市）作为网源，反而需要将江浙一带的终端产品买回，导致成本叠加，压缩利润空间。其次是工业硅缺乏，目前全国工业硅的生产主要集中在新疆、内蒙古、云南等地，受产量制约，四川全省还有约 40 万吨/年的工业硅缺口，2022 年以来，工业硅价格已从 2 万元/吨涨至 9 万元/吨，且多从外省采购。再次是碲化镉薄膜发电玻璃产能严重不足，未形成规模化生产，导致成本偏高。同时，晶硅光伏各环节从建设到投产周期长短不一，组件仅需 3~6 个月，但硅料扩产周期要两年，省级层面缺少统一规划和安排，各环节尚未形成统一合力，容易造成供需错配。

二是产用脱节，制造端与市场无法有效衔接。目前我国晶硅产品主要应用于光伏发电领域，据 CPIA 数据统计，2021 年全国光伏电站累计装机容量 2.68 亿千瓦、占电力总装机的 11%，四川省光伏电站累计装机 191 万千瓦、仅占全国光伏电站装机总量的不到 2%，开发规模总体偏小，一定程度上制约了晶硅光伏产业的发展，作为光伏制造的大省、强省，四川光伏发电的应用示范效应尚未显现。同时，光伏发电交易市场存在无序竞争，四川上网电价均价为 0.23 元/千瓦·时，但是部分地区光伏上网交易电价高达 0.86 元/千瓦·时，低至 0.147 元/千瓦·时，虽然后者被相关部门喊停，但客观反映了交易电价存在"内卷"现象。这种非良性竞争脱离市场规律，将对四川光伏产业健康发展带来极其不利的影响。

2. 创新体系不够健全，技术瓶颈有待突破

一是高能级创新平台建设不足。截至目前，四川仅有成都双流光伏产业园和乐山五通桥光伏产业园两个大型功能性平台（金堂光伏产业基地与绵阳科技城光伏产

业园区正在建设中），入驻企业数量偏少，配套设施质量不高，虽然已建成较为完善的空间载体系统，但投融资服务、知识产权等创新服务功能集成发展不足，园区促进转型升级能力不强。以乐山五通桥光伏产业园区为例，因不是省以上认定的合规园区，不具备申报四川省化工园区的基本条件，部分属于化工产业的晶硅光伏产业前端环节的硅料、拉棒切方的重大项目难以落地，同时，项目投资主要通过市、区两级以组建基金及国有企业直接融资等方式筹措解决，受地方财力及融资政策等影响，缺口仍然较大，产业基金融入缺陷明显。

二是产学研深度融合不足。研究机构能级还需提升，目前省内仅有以西南石油大学光伏产业技术研究院与四川省光伏建筑一体化系统工程技术研究中心为代表的研究型机构十余所，技术人才缺乏，原始创新动力不足；校企合作平台建设有待加强，省内高校仅有电子科技大学拥有较为健全的校企合作平台与学科平台，如"电子科技大学应用化学中心"与"电子科技大学—晶澳太阳能有限公司新型钙钛矿－硅基叠层太阳能电池联合实验室"等，产学合作协同培育人才能力不足，制约科研成果顺利转化。

3. 要素保障不够全面，发展需求难以满足

一是项目用地需求受到制约。作为产业布局重点的"三州一市"地区大多位于生态示范区，受生态红线影响，制约了产业园区的扩产扩能，项目集约化、规模化发展受阻，规模效应难以发挥。此外，国土空间管控制约项目建设的道路、输电线路等配套工程，在项目本身切实可行的前提下，配套设施落地困难将导致项目整体停摆。

二是行业技术人才供给不足。从全国来看，光伏行业年均新增人才需求 9.3 万人，年均新增人才供给量只有 4 万人。四川方面，人才供给面临的巨大缺口与光伏产业形成的巨大体量不符，光伏科研人才培养不足，四川大学、电子科技大学、西南交通大学等头部高等院校尚未设置相关专业，技能人才缺口较大，专业师资、教材缺乏；现有研发力量分散，有研发中心、企业技术中心、工程中心的企业占比不到 20％；省级层面尚未设立专门针对光伏产业的研究机构，行业领军人才缺乏。

三、发展思路及政策建议

（一）发展思路

1. 指导思想

以习近平新时代中国特色社会主义思想为指导，完整、准确、全面贯彻新发展理念，在深刻变革背景下抢抓全球光伏产业发展机遇，发挥四川可再生能源大省优

势，统筹兼顾光伏研发端与应用端前沿突破，积极打造密切协同、错位发展、互惠共赢的产业生态体系，擦亮四川"制造强省"名片。

2. 发展目标

紧密衔接国家、省、市培育壮大光伏产业工作部署，贯彻落实《中共四川省委关于以实现碳达峰碳中和目标为引领推动绿色低碳优势产业高质量发展的决定》文件精神，推动生产、支撑、应用全链条能级提升，加快形成集中布局、集群成链、集约高效产业发展格局，将光伏产业培育成符合国家绿色低碳发展方向、奠定四川未来产业地位的战略性支撑性产业。

（二）政策建议

1. 内培外引补链强链，推动产业提质增效

一是培育本地链主能级提升。成眉乐地区已集聚通威永祥、协鑫集团、晶科能源、隆基、天合光能等链主企业，成为产业集群发展的核心区域。提升本地链主能级首先要突出项目支撑，通过"硅料＋电池或组件"模式，抓好协鑫、通威等链主企业重大项目建设，巩固前端优势。同时要完善基地配套，稳抓通威高效能晶硅产业园与绵阳市科技城光伏产业基地建设，坚持适度超前、对标补短，完善园区道路、电力、给水、环保等传统基础设施，同步配套 5G 网络、大数据、人工智能等新型基础设施，以及物流中心、人才服务、技术创新、市场营销等生产性服务配套设施。

二是招大引强补齐链条短板。在梳理全省光伏产业链全景图和重点企业名录的基础上，聚焦万亿产业目标，开展精准招商，重点瞄准光伏切片、电池、组件、光电信息材料等利润高、附加值高、能耗低的产业，积极对接中环、晶澳、江苏鑫华、黄河水电、德国瓦克、日本德山等国内外知名企业来川投资建厂，补齐在晶硅光伏、晶硅半导体等组件生产方面的短板，构建以晶硅材料为主、以硅产物循环利用为辅、以电子级高纯晶硅信息化为高端延伸的闭环系统。

三是统筹兼顾完善环节配套。稳步扩大工业硅产能，加硅料环节投入，补齐40 万吨产量缺口，降低对外省的依赖程度。合理引导产业发展方向。强化产业各环节在省级层面的协同规划，发布权威性产业链目录，努力克服多晶硅、切片、电池片、组件四个环节建设周期长短不一致、衔接不顺畅的问题，根据产量规划引导产业链各环节合理发展。

2. 强化原始创新驱动，加快产业技术变革

一是做优一批技术研发平台。结合深化科技创新体制改革，实施高新技术企业倍增计划、科技型中小企业和"专精特新"企业培育计划，鼓励光伏龙头企业牵头

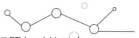

组建创新联合体，支持与高校、科研院所携手共建重点实验室、工程（技术）研究中心、企业技术中心，推动光伏产业知识产权高质量创造运用，着力培育引进光伏领域的"高精尖缺"人才和高水平创新团队。

二是引导院校企地协作攻关。制定半导体硅材料技术攻关清单，支持通威永祥等骨干企业和四川大学、电子科技大学等高校加快突破关键核心技术。支持有条件的企业、高校院所开展技术分析研究，建立公共技术服务平台。

三是畅通科研成果转化渠道。加快建设光伏专业化中试研发平台，做优一批成果转化示范项目，培育一批光伏领域新型产品，理顺"研发设计—项目化—产业化"创新链条。

3. 协同跟进要素保障，落实产业精准配套

一是优化国土空间规划引领。发挥规划引领作用，推进国土空间规划年度重大项目库建设。统筹用地指标，优化存量建设用地配置，挖掘存量建设用地潜力，通过对批而未供和闲置土地盘活利用，着力破解当前空间规模不足与存量盘活利用的难题。坚持成果导向，深入推进节约集约用地，推动土地向光伏产业园区重大优质项目倾斜，提高光伏园区开发投资强度和产出效益。

二是加快组建专项产业基金。政府统筹协调，引导建立光伏产业专项发展基金，进一步提升产业园区招商引资比较优势，共同推进晶硅光伏产业做大做强。持续提升国企融资能力，推动市属国资国企与市内外金融机构形成常态化对接机制，搭建面向光伏企业的"一站式"投融资服务体系，通过流动贷款、债券融资、融资租赁等渠道筹集园区及项目建设资金，吸纳社会资本进入，进一步增强企业在川投资信心和对外招商引资的吸引力。

三是着力平衡区域能耗供需。首先要统筹好自用与外送、水电与光伏及风电的关系，电网企业应根据光伏、风电基地规划同步建设配套送出工程，保障基地项目发电上网需要。其次要充分利用国家"十四五"跨省区输电工程调度协调机制，争取与在电力市场上有绝对话语权的大渡河、华电、大唐、中电建、华能等集团的战略合作，锁定中长期合作时间和优先购电量，保障制造端企业用电需求，继续用足用好精准电价、水电消纳等"电改"政策，探索完善产品销售价格与电价补贴联动机制，平衡"网源"地区与研发制造端集聚地区的能源消耗供需差异。

负责人：田　华（西华大学）

成　员：刘后平（成都理工大学）

陈　杰（四川省社科院）

苟晓峰（成都理工大学）

谯可卓（四川大学）

范伊静（四川省统计局）

"十四五"时期四川省生物医药
创新发展路径研究

生物医药产业包括生物医药、医疗器械、健康产品、医疗服务、健康管理、养生保健等与人类健康密切相关的领域，被称为"永远的朝阳产业"，是高科技行业"皇冠上的明珠"。加快发展生物医药和大健康产业，对稳增长、调结构、兴产业、促改革、惠民生具有重要意义。

一、生物医药产业背景

（一）国际背景

国际技术创新衍生新赛道，逆全球化重塑产业格局。全球生物医药产业主要集聚分布在美国、欧洲、日本、中国等国家，其中，美国的生物医药产品在全球市场中占据主导地位，生物医药总产值约占 GDP 的 20％以上，研发实力和产业发展均领先于其他国家；英国在生物医药技术研发领域有 20 余位科学家获得诺贝尔奖，也是世界生物医药的主要研发国，所生产的生物医药制品占全欧洲的 40％以上；世界第二大人口大国印度，其生物医药已成为世界非专利药的生产中心；澳大利亚也正在建设"全球生物技术之都"。上述这些国家生物技术产业发展迅速，主要得益于：顶级科研和人才资源提供的强大创新能力；政府财政和政策扶持等多元化的支持强化了成果转化能力；生物医药科技园配套设施完善，园区内的文化、教育、娱乐设施齐备，具备良好的工作和居住条件。

全球生物医药产业发展趋势如下：生物医药技术不断创新突破。生物技术快速革新，不断衍生前沿空白领域，我国有望卡位细分赛道，实现跨越式发展，可围绕脑机接口、基因疗法、细胞治疗、新型疫苗等领域，加快布局，制胜未来的生物医药发展大势。新技术跨界融合催生新业态。在新冠肺炎疫情的催化下，互联网技术加速迭代，不断催生新业态新模式，可把握产业数字化转型机遇，加速推进 BT＋IT 跨界融合，积极布局医疗级智能穿戴设备、互联网医疗等领域。逆全球化加速创新要素回流。受逆全球化浪潮影响，国内医药产业稳定蓬勃发展吸引跨国高端人

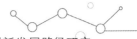

才加速回流，应抢抓创新要素回流机遇，积极主动推出极具吸引力的人才接应机制，引入高新区目前短缺的细分领域领军人物，带动产业跨越式发展。贸易争端加速供应链重构和国产化进程。2019 年我国医药保健产品进口额高达 718.61 亿美元，同比增长 42.5%，进口依赖性高居不下。2020 年 3 月国务院发文《关于继续执行研发机构采购设备增值税政策的公告》，鼓励国产采购，国产化将成为重要发展趋势；同时，中美贸易争端将促进我国加强与欧洲的贸易合作，成都"一带一路"节点城市作用将进一步凸显，有望在进口大品种药物、重大医药产业装备中寻求承接国产化的机会。

（二）国内背景

国内政策改革蕴含新机遇，健康新需求促进内循环。进入 21 世纪，中国开始面临人口和健康形势的压力：人口基数大，患者众多；疾病范围广，包括癌症、心血管疾病、肝炎等；步入老龄化社会，据估计，2020 年老年人口将达到 4.43 亿，老年保健和老年病的问题较为严重。这些问题逐渐得到了国家的高度重视。2016 年以来国务院以及相关单位出台了一系列生物医药领域改革政策，鼓励新药创制与国际发展（见表 1）。

表 1　国家层面生物医药产业相关政策汇总情况

发布部门	发布时间	政策名称	主要内容
国务院办公厅	2016 年 3 月	《促进医药产业健康发展的指导意见》	以临床用药需求为导向，在肿瘤、心脑血管疾病、糖尿病、神经退行性疾病、精神性疾病、高发性免疫疾病、重大传染性疾病、罕见病等领域，重点开发具有靶向性、高选择性、新作用机理的治疗药物，重点仿制市场潜力大、临床急需的国外专利到期药品。加快新型抗体、蛋白及多肽等生物药研发和产业化
中共中央国务院	2016 年 5 月	《国家创新驱动发展战略纲要》	适应大科学时代创新活动的特点，针对国家重大战略需求，建设一批具有国际水平、突出学科交叉和协同创新的国家实验室。加快建设大型共用实验装置、数据资源、生物资源、知识和专利信息服务等科技基础条件平台
工业和信息化部	2016 年 10 月	《医药工业发展规划指南》	提高抗体药物、肿瘤免疫治疗药物等生物技术药物的研发和制备水平，加快临床急需的生物类似药和联合疫苗的国产化。加强医疗器械核心技术和关键部件开发，提升集成创新能力和制造水平。突破共性关键技术，推动重大创新和临床急需产品产业化
科技部	2017 年 7 月	《生物技术研究开发安全管理办法》	为规范生物技术研究开发活动，增强从事生物技术研究开发活动的自然人、法人和其他组织的安全责任意识，避免出现直接或间接生物安全危害，促进和保障生物技术研究开发活动健康有序发展，有效维护生物安全，制定本办法

续表1

发布部门	发布时间	政策名称	主要内容
国家统计局	2018年11月	《战略性新兴产业分类（2018）》	分类内容涵盖国家战略性新兴产业"十三五"规划的产品和服务。该分类明确了国家九大战略性新兴产业，生物产业作为战略性新兴产业之一，具体包括生物医药产业、生物医学工程产业、生物农业及相关产业、生物质能产业、其他生物业等分支
国务院	2019年6月	《国务院关于实施健康中国行动的意见》	要求推动全国居民健康素养水平到2022年不低于22%，到2030年不低于30%，健全全社会落实预防为主的制度体系，持之以恒加以推进，努力使群众不生病、少生病，提高生活质量
发改委、工信部、财政部等多部委	2019年8月	《促进健康产业高质量发展行动纲要（2019—2022年）》	支持前沿技术和产品研发应用。发挥部门合力，增强科研立项、临床试验、准入、监管等政策的连续性和协同性，加快新一代基因测序、肿瘤免疫治疗、干细胞与再生医学、生物医学大数据分析等关键技术研究和转化，推动重大疾病的早期筛查、个体化治疗等精准化应用解决方案和决策支持系统应用
国务院联防联控机制	2020年4月	《关于进一步做好疫情期间新冠病毒检测有关工作的通知》	要求提高新冠病毒检测能力，结合疫情防控和检测需求，加强医疗卫生机构实验室建设
卫生部药典委员会	2020年7月	《中华人民共和国药典》	新版《中国药典》分为四部出版，其中三部对生物制品的生产和质量控制提出了通用性技术要求，为生物医药企业标准化和规范化生产提供指导意见
国家药品监督管理局药品审评中心	2020年8月	《新型冠状病毒预防用mRNA疫苗药学研究技术指导原则（试行）》	本指导原则是根据新型冠状病毒肺炎疫情防控应急工作需要，基于对此类疫苗有限的科学认知水平起草，用于指导应急状态下mRNA疫苗研制，特别是提供菌毒株、细胞基质以外的生产用其它原材料的来源及质量标准。生产用原材料应符合现行版《中华人民共和国药典》相关规定或与国际通行要求一致。如所用主要生产用原材料系采用重组技术或生物/化学合成技术自行制备（如mRNA疫苗生产中使用的体外转录体系中的工具酶等），需提供相应的生产工艺和质量研究资料
国家药品监督管理局药审中心	2020年8月	《新型冠状病毒预防用疫苗研发技术指导原则（试行）》	依据新型冠状病毒的特点，对既往的指导原则进行了梳理，对药学、药理毒理、临床专业相关要求进行了全面的整合，形成了针对新冠疫苗研发技术完整的指导原则
科技部	2020年12月	《长三角科技创新共同体建设发展规划》	聚焦公共安全、食品安全、民生保障、生态环境、智裁城市、智裁医疗等社会发展领域，优化区域科研力量布局，完善民生领域科研体系。加大民生领域科技投入，加强检测试剂、疫苗和生物药物、新型化学药物制剂研制，共同加强传染病防治药物、罕见病药物和高性能医疗设备研发，提高疫病防控和公共卫生领域研发水平和技术储备能力

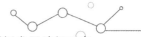

续表1

发布部门	发布时间	政策名称	主要内容
国家发展改革委	2021年1月	《国家发展改革委关于修改产业结构调整指导目录（2019年本）的决定》	鼓励重大疾病防治疫苗、抗体药物基因治疗药物、细胞治疗药物、重组蛋白质药物、核酸药物，大规模细胞培养和纯化技术、大规模药用多肽和核酸合成、抗体偶联、无血清无蛋白培养基培养、发酵、纯化技术开发和应用，纤维素酶、碱性蛋白酶、诊断用酶等酶制剂，采用现代生物技术改造传统生产工艺
国家药监局	2021年2月	《疫苗生产流通管理规定（征求意见稿)》	构建科学、有效的疫苗生产流通监督管理体系，依法对疫苗的生产、流通管理活动进行规范
国务院	2021年3月	《中华人民共和国国民经济和社会发展第十四个五年规划和2035年远景目标纲要》	聚焦新一代信息技术、生物技术、新能源、新材料、高端装备、新能源汽车、绿色环保以及航空航天、海洋装备等战略性新兴产业，加快关键核心技术创新应用，增强要素保障能力，培育壮大产业发展新动能。推动生物技术和信息技术融合创新，加快发展生物医药、生物育种、生物材料、生物能源等产业，做大做强生物经济
国家发展改革委	2021年3月	《"十四五"生物经济发展规划》	推动基因检测、生物遗传等先进技术与疾病预防深度融合，开展遗传病、出生缺陷、肿瘤、心血管疾病、代谢疾病等重大疾病早期筛查，为个体化治疗提供精准解决方案和决策支持。加快疫苗研发生产技术迭代升级，开发多联多价疫苗，发展新型基因工程疫苗、治疗性疫苗，提高重大烈性传染病应对能力等方向
国家发展改革委、工业和信息化部	2021年10月	《推动原料药产业高质量发展实施方案的通知》	开发一批高附加值高成长性品种，突破一批绿色低碳技术装备，培育一批有国际竞争力的领军企业，打造一批有全球影响力的产业集聚区和生产基地。原料药产业创新发展和先进制造水平大幅提升，绿色低碳发展能力明显提高，供给体系韧性显著增强，为医药产业发展提供坚强支撑，为国际竞争合作锻造特色长板
工业和信息化部等十部门	2021年12月	《"十四五"医疗装备产业发展规划》	发展新一代医学影像装备，推进智能化、远程化、小型化、快速化、精准化、多模态融合、诊疗一体化发展，发展新型体外诊断装备、新型高通量智能精准用药检测装备，攻关先进细胞分析装备，提升多功能集成化检验分析装备、即时即地检验（POCT）装备性能品质
国家药监局等八部门	2021年12月	《"十四五"国家药品安全及促进高质量发展规划》	深入实施中国药品监管科学行动计划。统筹推进监管科学研究基地和重点实验室建设，开展监管科学等研究。将药品监管科学研究纳入国家相关科技计划，重点支持中药、疫苗、基因药物、细胞药物、人工智能医疗器械、医疗器械新材料、化妆品新原料等领域的监管科学研究，加快新产品研发上市

续表1

发布部门	发布时间	政策名称	主要内容
工业和信息化部、国家发展和改革委员会等九部门	2022年1月	《"十四五"医药工业发展规划》	支持建设新型病毒载体疫苗、脱氧核糖核酸（DNA）疫苗、信使核糖核酸（mRNA）疫苗、疫苗新佐剂和新型递送系统等技术平台，推动相关产品的开发和产业化、提高疫苗供应链保障水平。支持疫苗企业和重要原辅料、耗材、生产设备、包装材料企业协作，提高各类产品质量技术水平

通过对全国生物医药园区的293家孵化器和77家加速器及在孵企业9750家单位进行数据统计，结果显示我国生物医药园区产业的总产值已占全国生物医药产业总量的38.42%，生物医药园区主要集中于东部沿海地区的浙江、江苏、广东等省份，以及中部地区的安徽、河南、江西等省份。具体看呈现以下发展两种趋势。国家医改政策频出推动行业增长模式升级。围绕"降价格、提质量"的核心目标，国家陆续出台两票制、上市许可持有人制度、一致性评价、带量采购等一系列医改政策，医保资金不断向创新药倾斜，医药行业迎来"摩尔定律"，以市场和营销驱动规模化增长模式不再可行，医药企业面临收入、利润被压缩的现实困境，唯有主动创新，提升产品质量，扩充产品管线，提高整体核心竞争力，以应对日益激烈的市场竞争。健康消费升级激活市场需求。随着人口老龄化的加剧及居民健康意识的提升，健康消费需求不断扩大，2019年我国居民人均医疗保健支出达到1902元，同比增长12.9%；医疗保健支出占人均消费支出的比重达到8.8%，较上年同期提高0.3个百分点，居民消费结构转型升级促进我国生物医药市场加快增长，预计2030年将达到16万亿元。

二、四川省生物医药产业现状

四川省委、省政府高度重视生物医药产业发展，早在2015年，四川省就在《关于加快医药产业创新发展的实施意见》中提出，要抢占生物制药制高点，力争到2020年医药工业销售收入达到2500亿元，包含生产、流通和服务业全口径医药产业规模迈上5000亿元台阶，将四川打造成为中国重要的医药产业创新高地、现代中药产业基地和健康服务业基地。按照省委打造"5＋1"现代产业体系总体部署，近年来，四川省先后出台《四川省中医药大健康产业"十三五"发展规划》《生物医药产业培育方案》《"健康四川2030"规划纲要》《四川省五大新兴先导型服务业发展工作推进方案》等系列促进产业发展的相关规划文件，完善了顶层设计。省直有关部门和各地也相继出台了支持健康产业发展的政策措施，建立了生物医药产业联系机制，健康产业人才培养、学术研究等基础性工作进一步加强，引领生物医药产业高质量发展，努力提升产业的整体实力和技术水平。表2为省级层面生物医药专业相关政策汇总。

表2　省级层面生物医药产业相关政策汇总

发布部门	发布时间	政策名称	主要内容
省政府	2015年3月	《四川省人民政府办公厅关于加快医药产业创新发展的实施意见》	提出要抢占生物制药制高点，加快培育针对慢性疾病的蛋白质和多肽药物、基因工程药物等产品研发及产业化，重点发展细胞治疗、基因治疗、精准医疗等新技术与装备
省政府办公厅	2016年9月	《四川省中生物医药服务发展规划（2016—2020年)》	提出到2020年，全省基本建立具有四川特色的中生物医药服务体系，中生物医药服务水平显著提高，实现人人基本享有中医药服务。大力推进中医药服务和产品国际化，在国内外具有较强影响力，成为我省健康服务业的重要组成部分和促进四川经济社会发展的重要力量，实现从中医药大省向中医药强省转变
省委省政府	2017年2月	《"健康四川2030"规划纲要》	提出坚持"以基层为重点，以改革创新为动力，预防为主，中西医并重，将健康融入各项政策，人民共建共享"的卫生与健康工作方针，通过倡导健康观念、普及健康生活、优化健康服务、完善健康保障、建设健康环境、发展健康产业，全方位、全生命周期维护和保障人民健康，大幅提高人民健康水平
省政府办公厅	2017年4月	《关于促进生物医药产业发展的实施意见》	提出"突破干细胞和免疫细胞等细胞治疗产品的质量控制和规模化生产瓶颈，促进注射用重组甲状旁腺激素、注射用重组抗肿瘤融合蛋白等产品开发提速"
省生物医药产业机制办公室	2019年3月	《生物医药产业培育方案》	将细胞治疗产业作为一项重要内容进行了安排部署，明确提出要"推动新型抗体、抗体药物偶联物（ADC)、蛋白及多肽、基因治疗、细胞免疫治疗等生物药研发"
省政府办公厅	2022年3月	《关于支持医疗健康装备产业高质量发展的若干政策措施》	提出要加强核心技术攻关、加快创新平台建设、提升临床研究能力、支持加大研发投入、加大智能装备开发、加强创新成果转化、支持新业态新模式、支持企业登峰发展、培育特色产业集群、优化审评审批服务等多项举措

　　四川省深入推进供给侧结构性改革，着力构建"4+6"现代服务业体系，深化五区协同发展，大力实施"八大行动计划"，重点培育生物医药产业发展，推动医疗康养服务业创新发展，推进川药全产业链融合发展，为构建门类齐全结构优化的健康产业体系营造了良好有序的产业发展环境。

　　一是发展基础坚实牢固。我省中药材资源丰富，是全国重要的中药材主产区之一，资源蕴藏量、常用重点药材品种数、道地和大宗药材品种数量居全国前列。健康制造业聚集发展态势明显，以成都医学城、成都天府国际生物城、资阳"中国牙谷"为代表的医疗器械、医疗耗材生产制造工业园区发展迅速。健康服务业高质量发展取得重大进展，健康服务业规模化、连锁化、专业化发展程度显著提升。基本医疗服务网络不断完善，社会办医服务能力明显增强，智慧医疗、远程医疗、健康管理等新业态加快发展。

二是体制机制逐步健全。四川省委、省政府高度重视生物医药产业发展，先后出台《"健康四川2030"规划纲要》《四川省五大新兴先导型服务业发展工作推进方案》等促进产业发展的政策文件，有关部门和各地也相继出台了支持产业发展的政策措施，产业人才培养、学术研究等基础性工作进一步加强。医药卫生体制改革深入推进，在全国创新开展医疗机构、医务人员、医疗行为"三医"信息监管，群众就医经济负担不断减轻，医疗保障水平不断提高、服务便捷性进一步提升。

三是发展动力活力强劲。2020年，已建成国家重点实验室2个、国家临床医学研究中心2个、国家干细胞临床研究机构3个、国家卫生健康委临床重点专科57个，建成四川省精准医疗中心1个、四川省精准医学应用工程实验室1个、省级临床医学研究中心28个、省级医学重点学科（专科）740个，产业研发能力持续提升。大力推广"互联网＋医疗健康"模式，建成互联互通的省、市、县三级全民健康信息平台，医疗健康大数据应用中心加快建设，生物医药产业区域协同创新发展功能布局正加快形成，健康产业发展后劲十足。

四是开放合作不断拓展。区域交流合作不断深入，围绕推进成渝地区双城经济圈建设，签订《川渝卫生健康一体化发展合作协议》，积极推动与云南、贵州等毗邻省份医疗机构开展专科联盟建设，打造面向"一带一路"的国际医疗消费中心成都核心。推动中医药国际化进程，在"一带一路"沿线国家开办中医医疗机构，输送和培养国际交流人才，国际知名度和影响力进一步提高。

三、重点案例分析

（一）国内外生物医药产业先进地区

1. 美国波士顿区域

（1）区域介绍

美国波士顿位于美国东北部大西洋沿岸，作为世界"生物技术圣地"，其医药健康产业发展水平处于世界领军地位，是东海岸医药健康的"硅谷"。自20世纪70年代起，美国波士顿的医药健康产业逐步发展成为全球最具规模的医药健康的创新区域，波士顿模式成为各国竞相效仿的成功典范。

（2）发展经验

区域企业面向差异化诉求协同合作。大型医药公司具有丰富的临床经验、管理与商业化能力，但受限于专利壁垒及短期获利目标，在需要探索的创新突破领域有所保留，而以创新为主的初创公司具有成本较低的创新成果。通过收购等方式，大型医药公司可缩短研发周期，加快创新成果产业化进程；中小型创新企业可通过阶段性成果交易，为后续创新研发提供资金保障。

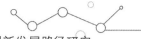

围绕核心科研机构打造产业社区。波士顿地区以麻省理工学院、哈佛大学、波士顿大学、新英格兰医学中心等全球顶尖的生物科研机构为中心构建创新产业社区。麻省理工学院利用联邦政府重建剑桥城的机会，在靠近校园的肯德尔广场地区建造研发中心、打造周边社区配套设施，形成企业与学校紧密关联的产业社区，实现办公、生活、实验空间的共享，以麻省理工学院为中心的肯德尔广场地区已聚集生物技术相关公司超过 1000 家，有力带动波士顿医药健康产业集群式发展。

2. 英国剑桥

（1）区域介绍

英国剑桥科技园位于世界技术中心之一的英国东南部的剑桥郡，依托剑桥大学这一地区研究活动的核心，形成了以大学、新兴公司和大型跨国公司密切协作的产业网络开展业务的极具创新特色的经济形态，并不断吸引着来自全世界的投资。

（2）发展经验

提升园区服务能级，促进产业链要素融通。剑桥生物医学园区的管理服务机构把园区内各要素有机黏合在一起，并不断拓展与园区外其他集群、园区、机构的联系与合作，促进与其他国家的交流，培育和经营了剑桥生物医学科技园区的小生态，积极推动园区区外各类集群合作大生态的建立。

数字化赋能产业平台，信息化驱动医药健康发展。当前，生命科学和医药健康的创新发展已经呈现数据密集和大数据驱动的趋势，剑桥生物医学园区的发展得益于其大数据系统的建设，坐落在英国剑桥南部的欧洲生物信息研究中心（EBI）是欧洲分子生物学实验室的一部分，同时也是世界上最大的生物信息数据中心之一，目前保存有 20PB 的数据量，包括基因组信息、蛋白质信息、小分子数据等。

3. 日本神户

（1）区域介绍

日本神户医疗产业园区于 2002 年落成，经过多年的发展，该医疗园区汇聚了10 余所日本尖端医疗研究机构，同时有近两百家医疗器械、制药、再生医疗等领域的企业和团体在岛上扎根；神户医疗产业城从园区构想、基础设施到产业配套设施，再到下游应用，逐步形成了"全产业链"的发展格局，极大地提高了神户的医疗水平，成为日本关西地区医疗集群的核心和标杆。

（2）发展经验

"官产学""协同组合"运营管理。神户产业园由中央政府、当地市政府以及众多民营企业共同出资成立，"协同组合"来负责运营管理。此种方式极大地节约了政府管理成本，园区以"协同组合"为最高管理机构，组织成员分别由区内每个企业的理事长担任。日本政府倡导和推进政府研究机构、民间企业、大学这三方之间的合作和交流，先后制定了研究交流促进法、前沿研究、省际基础研究和地域流动研究制度等。日本 80％以上的科研投资来自民营企业，65％以上的研究人员也在民营企业，民营企业对生物技术的发展起着支撑作用。

技术创新方向评估与统筹协调。自 1971 年以来，每五年由日本科技部科学技术政策研究所主持和开展一次技术展望活动，参与者以各领域专家、商界人士、决策者和记者等为主，评估各种前沿科技项目的未来发展方向，并开始制订和实施前瞻性计划，通过技术预见和有效评估，有利于确定重点资助项目，有效规避风险。日本全国 70 多家大企业、50 家公司和 20 家大型设备制造厂为减少重复研究，提高科研效率，联合组成了生命科学委员会。

4. 北京中关村生命科学园

（1）区域介绍

北京中关村生命科学园是首都发展知识经济的对外窗口，是国家发改委批准、北京市委、市政府打造的国家级生物技术和新医药高科技产业的创新基地。园区以我国 863 计划生物领域重大项目为主要依托，在北京地区形成生物领域创新资源的战略整合。园区以北京生命科学研究所、北京市药品检验所为基础支撑平台，以北大国际医院为临床试验平台，依托生物芯片北京国家工程研究中心、蛋白质药物国家工程研究中心等 7 个国家级工程化产业项目和美国健赞、瑞士先正达、丹麦诺和诺德等 8 家国际著名生物技术企业的研发中心，将建成集生命科学研究、企业孵化、中试与生产、成果评价鉴定、项目展示发布、风险投资、国际交流、人员培训于一体的国际一流的生物技术园区。经过多年发展，中关村生命科学园创新潜能逐步释放，已初步形成从基础研究到终端医疗全产业链资源聚集的专业化园区。截至 2021 年，生命园已聚集了北生所、脑科学中心等一批顶级研发机构，汇集了一批顶尖科学家和 200 多名高层次人才，入驻了近 500 家创新型医药健康企业。

（2）发展经验

集聚"产学研"领军单位。在源头创新上，聚集了中科院、中国军事医学科学院、北大、清华和北京生命科学研究所等国家顶尖的研究机构；在技术支撑体系上，设有生物芯片国家工程研究中心、国家蛋白质组研发及工程中心、世界生物信息学中国节点等，并正在与官方配合建设大型公共实验室；在产业化资源上，汇集了扬子江集团、江中制药集团和养生堂等国内知名企业，吸引了诺和诺德等著名跨国公司；在临床试验和研发上，将建设由北大国际医院和协和医学中心组成的亚洲最大的医学中心。

战略"留白"预留前沿规划空间。生命科学园规划占地总面积为 249 公顷，其中，一期工程占地 130 公顷，设计为研发、中试、孵化基地，建筑面积 54 万平方米；二期 119 公顷，规划定位于医疗服务及产业化用地；三期将重点建设"健康、人才、科技金融、创研、智造"五大功能区，规划面积超过 360 万平方米。三期将建设生命科学金融中心标志性建筑群，建设生命科学博物馆和国际会展中心，布局

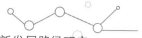

技术转移中心和国家级审评中心；同时建设面向多层次人才的青年公寓、公租房、海外专家公寓等项目，并实施酒店式管理，为高端人才提供舒适的居住环境；还规划了若干教育配套设施，在区域内建设幼儿园、小学，并为高层次人才提供舒适的智慧商业服务体验和健康管理服务。

5. 上海张江

（1）区域介绍

上海张江医药健康产业园被外界誉为"张江药谷"，是由国家科技部、卫健委、药监局、中科院、中国工程院与上海市签约共同打造的"国家上海医药健康科技产业基地"，重点集聚和发展生物技术与现代医药产业领域创新企业。张江集聚近7万医药健康从业人员，在新药研发、工艺开发、质量管理、商业流通等环节吸引了一大批专业人才，并拥有中国 1/4 的生命科学与医学领域院士，布局 30 多家重大科技基础设施和国家战略科技力量，已建或拟建的医药健康相关大企业开放创新中心超过 10 家。

（2）发展经验

优化审批制度，打造创新高地。张江赋能了最具创新性的制度突破，贯穿研发创新、审评审批、产业化等产业发展的多个环节，包括药品上市许可持有人制度、医疗器械注册人制度、创新药物及医疗器械审评审批制度改革、医药健康试验用研发材料便捷通关等多项制度创新。2020 年 12 月 22 日，国家药品监督管理局药品审评检查长三角分中心、医疗器械技术审评检查长三角分中心正式在张江科学城挂牌。创新审评制度改革、创新工作机制、创新服务发展在张江落地实现。

突破空间限制，跨域跨境发展。以张江为公司总部的医药健康企业在长三角地区辐射溢出项目超过 200 个，张江企业在全球开展的创新药中心临床试验项目超过 50 个。张江企业跨境 License－out 日趋活跃，2020 年全年张江跨境医药技术许可交易量占全国的比重近 30％，也创下了单项合作潜在价值近 30 亿美元的纪录。张江医药健康产业园区已有超过 35 家企业在国内外资本市场上市。2020 年融资额超过 320 亿元，比 2019 年的 110 亿元增长近 3 倍。2021 年前三季度融资额已超 270 亿元。

（二）成都高新区生物医药产业创新发展现状

1. 顶层设计持续优化

2016 年成都高新区与双流区合作共建成都天府国际生物城，迈出"飞地"合作新模式第一步。2017 年，高新区以"人城产"营城理念为引领，启动并完成"4 链一体系一社区"生物产业生态圈体系构建及高新区生物产业发展规划，明确将"生物医药、生物医学工程、生物服务、健康新经济"作为四大主攻方向，着力打

造功能配套完善、彰显文化风貌、体现生态宜居的产业园区，并且以重大新药创制国家科技重大专项成果转移转化试点示范基地等为平台支撑，加快推动重大项目建设，累计引进项目 150 个，总投资超过 1100 亿元，独立城市建设初显成效。同时，积极探索异地孵化等多种区域协同发展模式，陆续与广安医药产业园、内江高新区、宜宾高新区建立合作，实现资源互补协同发展。2018 年，成都高新区发布全市首个围绕生态圈（功能区）设立的专项政策——《成都高新区关于构建生物产业生态圈（产业功能区）促进生物产业发展的若干政策》，从做强做优产业链、激活完善创新链、强化供应链、创新金融链等 6 方面，重点围绕产业生态圈打造，给予区内企业支持。2022 年 5 月，高新区发布《关于生物医药产业建圈强链发展政策》，包括做强产业链、培育创新链、稳定供应链、配置要素链、提升价值链 5 个方面，结合国内外生物医药产业发展趋势，重点以破解产业发展痛点难点为导向，旨在通过加大政策支持力度和优化服务，加快推动成都高新区生物医药产业高质量发展，形成具有国际竞争力和区域带动力的生物医药产业体系。

表 3 高新区生物医药产业相关政策汇总

发布时间	政策名称	主要内容
2020 年 4 月	《成都高新技术产业开发区关于科技创新驱动高质量发展的若干政策》	聚焦电子信息、生物医药、新经济等主导产业领域，支持关键核心技术攻关和研发共性平台建设，支持高新技术企业量质提升，支持知识产权创造和应用，支持科技成果转移转化，支持企业参与国际竞争
2020 年 12 月	《成都高新技术产业开发区生物医药产业"十四五"发展规划纲要》	提出要将成都高新区打造成为全球知名的生物医药领先企业主要聚集区，国内一流的生物医药产业创新策源地，中西部"三生融合、职住平衡"典范；到 2025 年，成都高新区生物医药产业规模翻两番，总规模达 2500 亿元
2021 年 11 月	《成都高新技术产业开发区"十四五"发展规划》	重点发展现代生物技术药、化学创新药、高性能医疗器械、专业外包服务、健康服务等 5 大领域。瞄准优势细分赛道，塑造产业核心竞争力，着力打造具有全球辨识度和影响力的生物医药专业外包服务产业，抢占前沿医学未来赛道，前瞻布局核酸药物、细胞和基因治疗等前沿领域，鼓励企业开发治疗恶性肿瘤、心脑血管等疾病的创新特效药
2022 年 5 月	《成都高新技术产业开发区生物医药产业建圈强链发展政策》	支持现代生物技术药、化学创新药、高性能医疗器械、专业外包服务、健康服务等领域税收和统计关系在成都高新区的企业及机构重大项目落地、功能性平台建设、成果转化、品种培育、获取认证等

2. 产业载体聚点成势

成都高新区生物医药产业主要依托天府国际生物城、天府生命科技园、天河孵化园等产业载体，其中天府国际生物城作为核心载体和主战场，承载产业发展。天府国际生物城重点发展生物技术药物、新型化学药制剂、高性能医疗器械、现代中（医）药、智慧健康＋精准医学、专业外包服务，结合天府新区（国家级城市新区）

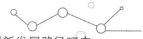

政策倾斜，依托高新区高新技术服务、新经济，凸显后发优势，形成强有力的生物产业示范区，发挥生物产业统领作用。目前，落地了一批重大项目，包括北科生物国家生物医学大数据产业园，打造区域细胞中心和综合细胞库、国内首个个体化细胞技术 CRO/CMO 基地、细胞检测中心、细胞治疗检测平台、第三方细胞质量检定平台等内容；以及华西海圻国家成都新药安全性评价中心、国药中生血液制品总部及产业基地等。天府生命科技园以打造生物医药研发创新中心和产业孵化中心为园区定位，重点发展抗体药及蛋白质药物类、重大疾病诊断及检测类技术、基因治疗、细胞治疗等生物治疗技术类、创仿化药类、CRO 和医疗器械类等细分领域。天河孵化园以建设规模化、专业化、市场化、国际化的孵化器为主要任务，以化学药、生物制品等生物医药产业为主导，发展健康产业。前沿医学中心作为成都高新区建设"天府锦城实验室"的核心承载区之一，瞄准未来生物产业发展方向，打造生命健康原始创新策源地，聚焦生命健康前沿重大科学问题，构建关键核心技术融合创新攻关体系，助推生命健康产业转型升级，重点发展前沿医学、精准医疗、创新医疗器械、智慧健康、医药器械销售流通、医疗美容等跨界融合新业态。

3. 产业质效不断彰显

产业规模增长较快。2021 年，成都高新区生物医药产业规模突破 1000 亿元，同比增长 25％。产业高质量价值凸显。聚集生物产业市场主体 3000 余家，累计培育生物医药领域上市企业 9 家，其中 4 家企业科创板上市。园区国内综合竞争力不断提高。中国生物医药产业园区综合竞争力排名由 2016 年的第 12 名上升至 2021 年的第 4 名。产业结构不断优化。产业由"工业主导"逐步向"多极支撑"发展，医药商贸流通业和研发服务业占比逐年提升，2021 年第三产业（含商贸流通业和服务业）占比达 46.2％，产业发展更加均衡。新业态新模式加快呈现。借力高新区在电子科技领域的优势，加速推进 BT＋IT 跨界融合发展，互联网＋医疗、互联网＋医药、互联网＋保险等新业态不断呈现，培育医云科技、企鹅杏仁等健康新经济独角兽企业。

4. 创新要素加速汇聚

创新体系加快完善。依托重大新药创制试点示范基地建设，汇聚成都先导万亿级 DNA 编码化合物库筛选平台等 18 个公共技术服务平台，初步建成涵盖靶点发现、安全性评价、有效性评价、临床试验到产业化的新药创制全链条创新平台体系。创新人才持续汇集。成都高新区生物医药领域长江学者数和杰青数分别排名全国第二和第三，已聚集诺贝尔奖获得者 6 人、院士（含国际院士）10 人、国家一流行业专家 38 人，2020 年人才竞争力全国排名第 5。2021 年，高新区人才梯队储备持续壮大，生物医药从业人员达 57100 人，生物医药研发人员 38000 人。组织模式持续突破。与四川大学共建成都前沿医学中心，探索"技术＋资本"创新模式，打造生物医药创新发展的新极核和策源地；联合四川大学华西医院、恒瑞医药等成立全国首个 PI 协会和首个"政府＋医院＋药企"合作模式的国际临床研究中心，构建"标准化、国际化、市场化、规模化"GCP 产业微生态；整合魏于全院士、张兴栋院士等领军人物资源，加速 P3 实验室、生物医学材料协同创新中心等关键功能性平台建设，打造校地合作成果转化产业化高地。加快设立产业基金。高新区目前已引导设立子基金 5 支，累计基金规模达 66 亿元；拟设立引导基金 6 支，总规模 23 亿元。在谈高能级 4 支基金，预计总规模超 50 亿元。

（三）人口预期寿命稳步提升，女性寿命高于男性

四川省人口预期寿命持续提升，2020 年四川省人口预期寿命为 77.8 岁，较 2010 年（74.4 岁）提高了 2.6 岁，已达到《"健康四川 2030"规划纲要》中 2020 年需达到的阶段性目标（77.3 岁）。

分性别来看，2010—2020 年，女性人口预期寿命始终高于男性。其中男性人口预期寿命由 2010 年的 71.7 岁提高至 2020 年的 75.0 岁，女性则由 2010 年的 77.6 岁提高至 2020 年的 80.9 岁，男女均增长 3.3 岁。具体见表 4。

表 4　人口预期寿命情况

单位：岁

年份	合计	男性	女性
2010	74.4	71.7	77.6
2011	75.0	72.3	78.3
2012	75.2	72.4	78.6
2013	75.7	72.8	79.0
2014	76.1	73.5	79.3
2015	76.4	73.8	79.6
2016	76.7	73.8	80.0
2017	76.9	74.0	80.3
2018	77.1	74.3	80.3
2019	77.3	74.6	80.5
2020	77.8	75.0	80.9

（四）失能人口比例城乡差异大，民族差异小

七人普调查了 15 岁及以上人口未工作原因，具体包括在校学习、离退休、料理家务、丧失工作能力和其他，以丧失工作能力的人口比例来反映失能人口状况。

分民族来看，汉族和少数民族间的失能人口比例差距较小，其中汉族 15 岁以上人口中失能人口占比为 0.5%，少数民族中该项占比为 0.4%，两者差距仅为 0.1

个百分点。差距主要源于农村地区的民族差异，农村地区的汉族失能人口占比为0.9%，少数民族失能人口占比为0.5%。

分城乡来看，城镇地区与农村地区的失能人口比例差距较大，其中城镇15岁以上人口中失能人口占比为0.2%，而农村地区占比为0.8%，两者相差0.6个百分点，差距较大（见表5）。

表5 不同民族、城乡区域失能人口占比情况

单位：%

民族	城镇	农村	合计
汉族	0.2	0.9	0.5
少数民族	0.2	0.5	0.4
合计	0.2	0.8	0.5

四、四川省生物医药产业创新发展建议

（一）加强科学规划与政策引导

持续优化顶层设计，结合国际国内产业发展趋势、市场容量、技术水平等多方面因素，制定生物医药产业发展战略规划，构建政府、行业、科研机构、企业协同联动的有效运转机制。

一是加强区域协同布局。坚持规划引领、协同联动、分步实施、统筹兼顾的原则，结合四川省生物医药产业发展的容纳性与承载力，高起点、高标准规划，合理布局、错位发展。全国来看，主动融入成渝地区双城经济圈生物医药产业布局，找准定位、主动出击，可探索在北京、上海建立研发中心，让高端人才远程服务，加强与重庆、西安等地生物医药产业园区的对接合作，从空间、产业、生态、政策等方面推动实施差异化、特色化发展战略。全省来看，可聚焦原材料生产、特色产业等，与眉山、资阳、广安等共建"总部＋基地""研发＋生产"双向"飞地"；厚植成都"三医＋"特色产业优势，与温江医学城签署毗邻区合作协议，与彭州聚焦传统中药寻找新分子实体。

二是充分发挥政策作用。全面梳理近年来各级出台的相关政策，编制发放《生物医药产业政策法规汇编》，推进生物医药产业各项科技创新政策落深落细落实。加快招商引资步伐和大企业集团的引进。策划实施梯度培育计划，在现代中药、生物制药、化学药、医疗器械、保健食品、制药设备、医疗健康服务等领域，选择若干骨干本土企业进行重点培育，培育一批医药工业百强企业，推动一批具有科创属性的医药企业科创板上市，加速一批生产技术或工艺国际领先、品种市场占有率位居前列的药械制造企业成长为单项冠军，孵化一批创新能力强、成长性好、市场占

有率高、质量效益优的"专精特新"企业，引领产业发展壮大。引进一批重磅创新品种、关键核心技术，加大对新型疫苗、血液制品、体外诊断等领域的培育力度，着力培育一批重磅品种，加速推进产品产业化进程。

三是研究制定专项支持政策。要围绕土地规划、财政税收、金融信贷等制定专项扶持政策，培育和扶持生物医药产业做大做强，既要从准入、运营、评价、监管等方面制定配套制度，又要让相关市场主体和从业者在竞争中遵循基本规则运作。同时，积极向上争取扶持政策，协调国家卫健委、国家市场监管总局、国家中医药管理局、四川省及成都市支持生物医药产业发展。

（二）健全产业创新体系

目前，我省生物医药产业仍处于产业发展规模不大、药品质量不高、生产成本较高、自主创新能力弱等初级发展阶段，促使生物医药产业形成良性发展需要建设创新服务平台及完善的服务体系，积极推动健康产业的政、产、学、研、用、创一体化体系建设。

一是引导和鼓励新型研发机构建设。生物医药产业新型研发机构是产业发展的助推器，也是产业创新的动力源，要强化政策引导，注重激励约束，调动社会各方参与，进一步优化科研力量布局，实现科技创新和经济效益的深度融合。新型研发机构可以采取域外名企、名校建立，在中直机构建立，在省内科研单位和高校建立，企业为主体产学研金联合建立等多种模式或方式，在科技成果的所有权和处置权、股权收益、期权等方面采取更加灵活的政策措施，让新型研发机构得到更多的经济收益，让研发人员创新劳动得到更多的利益。

二是加快推进产业领域科技成果转移转化。以重大成果转化应用对接、成果转化项目推介等形式，加快推进生物医药科技成果对接和转移转化。加快建设一体化药械研发平台服务，发挥重大科学设施、天府国际医疗中心、GCP 中心等资源促进产业成果转化的作用，探索建立展示、交易、融合、互通、共建、共享六位一体的科技大市场，为生物医药产业领域的产学研合作、科技成果转化搭建科技服务综合平台，积极支持第三方专业机构为园区企业提供国际国内产品申报注册、人力资源、知识产权、安全环保、法律咨询等方面的专业化服务。

三是发挥好科技创新孵化器的作用。发挥资本催化作用，面向企业发展全生命周期，积极协调省市金融控股集团和有关院校、科研单位，推动"生物医药产业科技成果转化项目中心"走上良性运行轨道，使"项目中心"成为生物医药产业科技创新的策源地，促进创新与产业深度融合。引导区域内孵化器、众创空间向专业化、精细化方向升级，支持具备一定科研基础的市场主体建立专业型孵化器，推动创新创业高质量发展。

（三）完善产业要素保障

金融要素方面，要创新政府基金投融资模式，发挥政府基金引领作用，吸引行业知名投资机构投资区内优质项目，放大金融杠杆作用，提升区域金融投融资活力；围绕上市龙头企业，着眼新型疫苗、体外诊断、基因编辑、细胞治疗等产业重点领域，设立细分领域产业基金。发挥龙头企业行业经验丰富、营销网络成熟等优势，借助专业机构资源整合能力，面向全球筛选、引进优质项目；实施上市企业翻两番计划，以成都先导、苑东生物科创板上市为开端，借鉴普华资本推动南微医学上市经验，建立生物医药股改和上市企业梯度培育库，优化与知名券商和头部基金的合作机制；推出生物医药特色信贷产品，解决企业融资难题。联合工商银行等机构，推出"Bio信用贷"，降低信用贷门槛、提高信用贷额度，解决初创型生物医药企业无营收、无盈利、缺乏抵押资产等客观问题。

人才要素方面，强化"不求所有，但求所用"的柔性引才观，在省、市级层面出台扶持政策，鼓励企业在北上广深、美欧日韩等先发地区设立研发中心，利用先发地区生物医药人才富集优势，在当地开展创新药、高端医疗器械等的开发研究，借地集智提升我省生物医药产业科研能力。同时，积极探索与高校院所建立人才培养合作机制，依托华西药学院与澳门科技大学等国际知名高校合作建立生物城国际药学院，培养符合国际前沿创新要求的药学人才；依托西南财经大学与国内外知名院校及金融领域龙头企业建立商学院，大力培养健康金融产业人才和医药企业管理型人才。加大力度培育或引进高质量科技中介服务机构，培养复合型人才，既是技术经纪人也是专利工程师，能为企业提供成果转化、专利质押融资、专利导航、法律咨询服务等全方位服务，从而保障企业实现高质量发展。

（四）优化提升基础设施

一是进一步完善园区基础设施建设规划。从生产、生活、服务等方面进一步完善园区基础设施建设规划，有序有力推进园区基础设施建设，充分考虑个人、家庭、社区、企业和产业发展需求，科学划分产业社区单元，把握生物城人员年轻化、专业化、国际化的内涵特征，精准、多元、充裕配套居住、商业、教育、医疗、文体等各类设施，力争85%的生活需求在园区解决，建设宜业宜商宜居的城市环境、国际多元的服务环境、和谐有序的社区环境，实现"三生融合、职住平衡"。

二是进一步加快生产性基础设施建设。坚持抓重点补短板，分清轻重缓急，集中有限资金，按照园区基础设施建设规划，有序有力推进道路、供电、标准化厂房等生产性基础设施建设。要加快断头路建设，实现园区交通闭环，同步配套建设排污、绿化、照明等设施，改善园区环境。以城市轻轨加快构建现代交通体系，以重点项目和片区开发加速提升城市能级，深入贯彻"公园城市""独立成市"理念，实现"规划蓝图"到"美好现实"的高质量转换。

三是进一步加快生活性基础设施建设。坚持"海绵城市"建设理念，从供水、雨水收集利用、排水、污水处理排放等方面综合考虑，整体推进相关基础设施建设，尽快完善垃圾处理设施，进一步改善园区环境卫生。着力改善园区企业员工生活条件，加大对工业园区及周边社区服务中心、文化、体育、教育、卫生等民生设施建设力度，把推进5G、物联网、人工智能、工业互联网等新型基建融入园区基础设施建设。鼓励人社、金融、工商、通讯、物流、交通等部门在园区设立便民服务网点，完善工业园区公共服务网络，确保园区的持续、稳定、健康发展。

四是加强园区基础设施运行管理。加强园区基础设施建设和管理专业人才队伍建设，提升基础设施维护管理水平；对于符合验收条件的基础设施项目，相关部门要及时组织竣工验收。竣工验收后，建设单位要尽快完成固定资产移交工作；整合相关部门资源，设立园区政务服务中心，把涉及园区的规划、建设、管理、安评和环评等方面的重要职能交给专业管理团队。

负责人：刘晓彬（西华大学）
成　员：王丹美亚（四川省统计局）
　　　　袁　波（攀枝花开放大学）
　　　　范伊静（四川省统计局）

四川新能源汽车产业强链补链策略研究

作为国家重点布局的战略性新兴产业之一，新能源汽车行业具有明显的科技创新带动强、产业波及范围广、绿色节能环保等特征。做大做强新能源汽车产业关键要实施强链补链行动，加强关键技术、共性技术研发体系建设，加快车用芯片、操作系统等核心技术研发和产业应用，多措并举推进产业链关键环节核心技术的攻关，提升自主研发及产业链管控能力。

一、四川新能源汽车产业链布局情况

从新能源汽车产业的产业链角度来看，该产业是由上游的新能源矿物、包装、隔膜材料、锂电设备，中游的三电系统（电池、电控、电机）与电芯等零部件制造，下游的整车组装、电力服务与回收等构成，产业链条复杂、延展性强、细分市场广阔（如图 1 所示）。

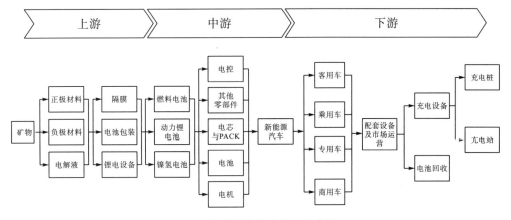

图 1 新能源汽车产业链示意图

（一）四川新能源汽车产业链上游分布格局

新能源汽车产业链上游主要涉及新能源汽车所使用的电池制造原材料，其中最为重要的是贵金属资源的储量和开发能力。四川在锂矿、钴矿和镍矿等排名前三的稀缺电池原材料方面有丰富的储藏。锂矿方面，储备优势突出。主要分布在甘孜藏族自治州的甲基卡矿区和阿坝藏族羌族自治州的可尔因矿区。矿石锂的储量约为81.2万吨，占世界矿石锂的6.1％，占全国矿石锂储量的57％，居全国之首。镍矿方面，四川储备较为丰富，主要分布在凉山彝族自治州和甘孜藏族自治州。储量占全国总量的3.3％，排名第6位。钴矿方面，四川分布数量较少，主要是以硫化铜镍钴矿和夕卡岩铁铜钴矿为主，需要提纯，是未来具有潜力的上游产业。

（二）四川新能源汽车产业链中游分布格局

新能源汽车产业链中游主要涉及的是核心零部件的三电（电池、电机、电控）和相关的零部件。电池方面，全省动力电池生产企业共有22家（其中燃料电池3家，镍氢电池2家，锂电池17家）。电机方面，全省电机生产企业共有7家。电控方面，包括整车控制器、电机控制器与电池管理系统等，全省电控企业有11家，其中整车控制器生产企业1家、电机控制器供应企业7家和电池管理系统企业3家。

当前，四川新能源汽车产业链中游分布格局基本形成了以成都、绵阳为中心，南充、遂宁、宜宾为节点，兼有乐山、自贡、广元伞状分布的态势。成都一支独大，已经形成了实力较强、三电配套完整的中游产业链条，整个新能源汽车三电系统在成都已初步具备了产业集群的发展基础。

表1　四川新能源汽车产业链中游"三电"企业名单

类型	企业名称	所在地	类型	企业名称	所在地
动力电池	东方电气股份有限公司	成都	电机	东方电气集团东风电机有限公司	乐山
	华鼎国联四川动力电池有限公司	成都		四川比速汽车有限公司	南充
	华鼎国联四川电池材料有限公司	成都		四川西部资源控股股份有限公司	成都
	四川剑兴锂电池有限公司	广元		成都华川电装有限责任公司	成都
	四川南光新能源有限公司	成都		成都图南电子有限公司	成都
	四川南都国舰新能源股份有限公司	成都		成都富临精工新能源动力有限公司	成都
	四川新敏雅电池科技有限公司	绵阳		自贡市联合碳素制品有限公司	自贡

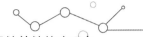

续表1

类型	企业名称	所在地	类型	企业名称	所在地
动力电池	四川时代新能源科技有限公司	宜宾	电控	英特尔产品（成都）有限公司	成都
	四川比速汽车有限公司	南充		华鼎国联四川动力电池有限公司	成都
	四川省新能源动力股份有限公司	成都		华鼎国联四川电池材料有限公司	成都
	四川绿鑫电源科技有限公司	遂宁		天齐锂业（射洪）有限公司	遂宁
	四川英志新能源股份有限公司	绵阳		东方电气集团东风电机有限公司	乐山
	四川虹睿科技有限公司	绵阳		四川比速汽车有限公司	南充
	四川长虹新能源科技股份有限公司	绵阳		四川西部资源控股股份有限公司	成都
	天齐锂业股份有限公司	成都		成都华川电装有限责任公司	成都
	天齐锂业（射洪）有限公司	遂宁		成都图南电子有限公司	成都
	宜宾锂宝新材料有限公司	宜宾		成都富临精工新能源动力有限公司	成都
	成都亿佰达电子科技有限公司	成都		自贡市联合碳素制品有限公司	自贡
	成都市银隆新能源有限公司	成都			
	成都鼎恒新能源有限公司	成都			
	绵阳力神动力电池系统有限公司	绵阳			
	成都富临精工新能源动力有限公司	成都			

（三）四川新能源汽车产业链下游分布格局

新能源汽车产业链下游主要涉及各类新能源汽车整车制造环节和充电市场（充电桩、充电站、电池回收）。在下游相关细分领域，我省规模相对较小，尚未形成单兵突围之实力。

具体来看，在新能源客用、商用、乘用和专用车制造领域，我省 25 家整车制造企业几乎全部涉猎，其中 18 家企业专门生产纯电动汽车、6 家企业生产混合动力汽车、1 家企业专注生产氢燃料电池汽车。纯电动汽车在我省整车制造行业中占据绝对优势且以纯电动客车和专用车为特色。其中，18 家纯电动汽车生产企业有 11 家分布在成都，6 家混动汽车和唯一的 1 家氢燃料电池汽车均布局在成都，成都之外的企业仅有 7 家生产纯电动汽车。

在下游充电设备领域，我省现有成都新能电庄科技股份有限公司 1 家充电机生产龙头企业，广安的四川得丰电气有限公司等 4 家充电桩服务核心企业，四川中测流量科技有限公司等 5 家其他充电系统设备及配件参与企业，上述企业已成为我省新能源汽车产业链下游充电设备的基石。

二、四川新能源汽车产业链布局的相对优势

截至 2021 年 12 月，四川新能源汽车产业中相关企业数量位居全国第 7 位，中西部地区第 1 位，在一些重要的细分领域具有不可替代的优势，是唯一的基本形成完整新能源汽车产业链的中西部省份。

（一）在新能源汽车产业链上游相对优势明显

在新能源汽车三电和整车生产的矿石原材料方面，四川在中西部乃至全国都具有极强的竞争力。四川与新能源汽车产业有关的资源材料行业均有代表性，奠定了四川在新能源汽车产业链上游区位优势的强势地位。

（二）在新能源汽车产业链中游有一定优势

在零部件企业数量上，四川在中西部地区列第 1 位，在西部地区一骑绝尘，企业数量是第 2 名重庆的 2.5 倍。与安徽相比，四川的优势是三电系统中的动力电池（尤其是锂电池）生产和电机制造，同时具有一大批三电核心产品的辅助配件企业作为支撑。

（三）在新能源汽车产业链下游结构较完整

在整车制造下游板块中，四川在中西部地区的排位位于湖北、河南两省之后，与江西并列第 3 名。不同于鄂豫两省，四川在新能源汽车整车制造板块中不仅拥有较大比例的纯电动汽车制造商，同时在混合动力汽车制造上也有不俗的表现，其企业数量和湖北相同，显著多于河南，新能源整车制造的多样性更加充足。此外，四川在新能源纯电汽车制造环节，客车的制造实力明显强于湖北和河南，形成了明显的相对优势。

表 2　我国中西部省份新能源汽车行业企业数量构成

省份	企业总数	排名	省份	企业总数	排名
吉林	22	12	广西	35	9
黑龙江	19	13	贵州	27	10
河南	109	4	西藏	0	19
湖北	123	3	内蒙古	17	13
湖南	94	5	宁夏	3	18
安徽	127	2	青海	11	15
山西	27	10（并列）	陕西	47	8
江西	91	6	四川	132	1

省份	企业总数	排名	省份	企业总数	排名
重庆	66	7	新疆	4	17
甘肃	6	16	云南	16	14

三、四川新能源汽车产业链布局的相对劣势

在西部地区四川新能源汽车产业发展优势明显，但与东部先进地区相比，四川新能源产业仍有不少短板。

（一）整车制造环节实力较弱，缺少具有品牌显示度、研发能力强、规模大的头部企业

当前四川虽然已聚集了中嘉沃尔沃、雷丁汽车、成都大运、成都客车等整车企业，但是这些企业要么是四川的本土企业，面向本土销售，要么是只有加工生产基地，总部和研发部门不在四川，甚至出现了一些生产"迁出"情况。比较而言，广东直接具备整车研发和制造实力的企业就有近 40 家，江苏、浙江、山东则更是超过了 50 家。在这些整车制造企业中，随处可见国内外知名的龙头企业，如广东的东风启辰、小鹏汽车、广汽埃安、腾势新能源、比亚迪、广汽丰田、广州本田；江苏的北汽新能源、东风悦达起亚、亚星客车、金龙客车；浙江的零跑、吉利、合众、众泰、威马、东风裕隆；山东的雷丁、松果、中通和中国重汽等。

（二）电机和电控生产供应企业明显偏少，产业零件配套不完善

目前四川已经形成了以宁德时代为龙头的动力电池产业链，但是电机和电控龙头企业的招引还没有取得大的突破。从表 3 可以看出，四川在产业链中游除动力电池外，电机和电控相关企业明显偏少，而广东、江苏、浙江等省份不仅在电池生产领域具有突出实力，在电机和电控领域的综合竞争力也较强。如江苏聚焦新能源汽车动力总成系统和整车控制器的制造与研发，在核心装备与部件的综合技术能力上国内最强，上海在氢燃料电池上具有不可替代的特色实力。通过调研宜宾凯翼汽车有限公司，发现目前该公司的电机电控和相关零部件主要都是从长三角地区运来，光配套零部件运输费，造一辆新能源汽车就要花费 3000 多元。如果四川能有长三角地区的产业配套水平，零部件运输就只要 1000 元左右。

表3　四川与东部发达地区新能源汽车中游细分领域
及充电服务市场企业布局矩阵

细分领域序号	四川	广东	浙江	江苏	上海	山东	北京	福建
1. 动力总成系统	2	14**	12*	19***	11	2	6	5
2. 整车控制器	1	10*	9	18***	10*	5	16**	4
3. 电机及控制系统	7	36**	36**	55***	22	20	23	8
4. 动力电池及管理系统	57	254***	121*	195**	58	67	47	25
4.1 动力电池	21	151***	66*	117**	33	40	30	12
4.2 超级电容器	2	13***	6*	8**	6*	2	1	1
4.3 电池管理系统	3	37***	10	27**	15*	6	11	1
4.4 电池材料及配件	34	83***	46*	72**	14	30	9	13
5. 充电系统及设备	11	96***	40*	63**	27	16	36	7
5.1 充电机	1	27***	15**	11*	3	2	9	0
5.2 充电桩	4	57***	27**	33*	13	8	21	5
5.3 其他充电系统设备及配件	5	35***	15*	31**	14	5	8	2
6. 其他新能源汽车零部件	14	49*	51**	67***	24	37	14	3
7. 氢燃料电池汽车零部件	20	44**	27	51***	34*	13	18	5
7.1 氢燃料电池	1	21***	7	14**	8*	5	6	0
7.2 氢燃料电池核心部件及材料	9	17*	13	29***	19**	5	6	2
7.3 氢燃料电池供电系统	2	8***	6*	6*	4	2	6*	0
7.4 车载供氢系统	6**	5	4	6**	8***	1	5	0

注：*** 表示在细分领域排名第一，** 表示排名第二，* 表示排名第三。

（三）充电服务和充电设备发展滞后，衔接配套明显不足

充电服务市场是未来最有市场前景且最为基础的产业细分领域，属于我国重点发展的"新基建"范畴，东部先发地区在该领域未雨绸缪，充电基础设施的建设早已纳入政府规划和发展报告，超前布局的特征十分明显，充电市场70%以上的份额都已被东部龙头企业瓜分。在充电机领域广东、浙江和江苏已深耕多年，综合实力明显超出其他省份。在充电系统设备生产关键行业中，东部发达省份也表现十分突出。如仅专门从事充电桩布点和运营的企业，广东就有57家之多，而四川生产充电机的企业只有1家，生产充电桩的企业只有4家，按照四川的人口基数和新能源汽车的需求量，远远不能满足需求。

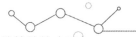

四、四川新能源汽车产业强链补链的重点领域

当前，四川新能源汽车产业发展存在一些痛点和难点，建议以产业链整体竞争力培育为目标，以强链补链为重点，找准短板，聚焦重点细分领域，通过精准施策、内培外引相结合，推动四川新能源汽车产业提质增效。

（一）整车制造领域

纯电动客车。四川目前具备一定基础，但提升潜力依然巨大。未来我省纯电客车领域需要继续坚持做大做强本土品牌的基本原则，同时积极吸引中车电动、比亚迪客车、安凯客车、海格客车、金龙客车、宇通客车等行业龙头企业来川投资建立制造或研发基地，进一步释放纯电客车市场潜力。

纯电动专用车。四川具备了一定的研发和生产优势，自有品牌生产多样性强、几乎覆盖了所需专用车各种类型，销量比较稳定。我省应积极支持企业增强自身实力，从技术研发角度进一步提升市场卷入度和协同发展能力，以成都为核心建设纯电动专用车生产集群和现代化园区。

纯电动乘用车。目前四川纯电动乘用车制造企业仅有 3 家，即悍林、野马和凯翼。企业数量和知名度严重不足，进一步制约了新能源汽车产业链的完整度和集群竞争力。为此，第一项补链的关键任务就是要积极引进纯电动乘用车制造的头部企业，持续壮大我省在该领域的行业地位。

混合动力乘用车。四川在混动客车制造上具有相对优势，但是在混动乘用车市场上目前未取得显著突破。仅有一汽丰田、野马和跑诗达三家制造企业，其中野马已被山东企业收购，新增产能在部分转移，跑诗达生产的高端极星乘用车未形成连续产能。当前，在混合动力乘用车市场中，占据绝对主导地位的是广东省，其布局的企业占据了目前国内混合动力乘用车市场 75% 以上的份额，统计数据显示，2021 年市场最热门的 15 款混合动力乘用车车型均是由广东厂商生产，比亚迪、广汽丰田和广汽本田三分混合动力乘用车市场。在未来，要积极振兴四川混合动力乘用车生产产业链，可以从上述三家车企入手定向招引，将新增产能逐步落地四川，利用好我省零配件配套的相对优势。

氢燃料汽车。当前四川仅有东方电气股份有限公司一家氢燃料汽车生产企业，未形成大规模生产能力。四川作为人口大省，公交车大规模更替并推广使用氢燃料汽车是未来的发展趋势，但我省并没有相对应的直接生产企业，因此加快引入成熟的氢燃料生产整车制造商迫在眉睫。目前，我省在氢燃料电池零部件配套企业上已经进入了全国一流方阵，能对相应车企起到显著的吸引作用。

（二）三电系统

电机领域。我省虽有一定前期基础，但是基础并不牢固，需要进一步强化电机生产能力。下一步可实施战略性招引措施，吸引头部企业来川行业投资。

动力电池。动力电池制造是四川的优势。截至 2022 年 5 月，四川已经聚集了 57 家动力电池企业，基本集齐了动力电池整个产业链的"头部玩家"。下一步要持续加强动力电池及配套项目龙头企业招引，促进动力电池全产业链各环节高效联动、集聚发展。

电控系统。作为中游产业链三电核心的电控制造，一直是四川的短板，根本原因是没有布局掌握相关技术的龙头企业。目前，四川电控企业 11 家，除英特尔外，缺少重要核心技术，需要对接电控领域制造的龙头企业，积极实施引进战略，弥补电控领域的短板。

动力总成系统。当前我省有吉利四川商用车有限公司和四川新纪元电动汽车动力总成有限公司两家动力总成系统企业，具备一定的研发能力，但数量少、品质较差，可以向第一梯队的江苏、广东和浙江积极取经对接，引进头部动力总成企业落户，扩大产业链完备度。

（三）电力基础设施

充电桩领域。四川是我国中西部最大的新能源充电换电市场，充电桩等新基建需求十分旺盛，目前已经拥有 4 家专业充电桩制造企业，但是仍然不能满足市场需要。在"十四五"期间，强化充电桩布局，要进一步在小区、园区全面推进"统建统管"上下功夫，同时政府还要创新模式引导民间资本投资和物业参与管理。在相关企业招引方面，特来电、星星充电等头部企业已进入四川，但其他头部企业还未涉猎，需要进一步提升招引效率。

电池回收领域。电池回收服务市场是未来新能源电池产业链中前景极佳、需求极大的朝阳产业。四川拥有电池回收服务企业 1925 家，排名全国第 8，但缺乏该领域龙头企业。下一步应鼓励新能源汽车生产企业、动力电池及材料研发生产企业、报废机动车回收拆解企业等开展动力蓄电池回收利用业务，持续壮大我省该细分领域实力，补齐产业链短板。

五、四川新能源汽车产业强链补链的政策保障

（一）制定新能源汽车产业链招商目录，配套激励政策靶向招引

根据我省新能源汽车发展现状，迅速出台覆盖所有细分产业链的《四川省新能源汽车产业链招商目录》，有效抑制新能源汽车招商"一哄而上"和"同质化

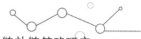

内耗"问题。聚焦目前四川强链和补链两大领域的多项细分领域,主要涉及智能驾驶零部件制造、汽车电器制造、汽车底盘系统制造、汽车内外饰零部件制造、汽车车身制造等五个方面。坚持分片区错位开展针对性招引活动,增加招引目标性和精确性。

(二)在已有扶持政策 18 条基础上,细化产业链扶持政策细则

当前,国家对新能源汽车产业整体补贴的政策退坡现象明显,针对这一情况四川已发布了《四川省支持新能源与智能汽车产业发展若干政策措施》。应进一步结合四川新能源汽车产业链的布局特点和空间特征,四川各市州可在全省政策意见框架下,制定自身的产业链扶持政策,设立专门适用于新能源汽车产业链的产业引导基金,并通过过桥资金撬动金融机构支持产业链中的龙头企业建立分支机构或落地,对于符合条件的企业,可以给予绿色金融扶持、供应链金融优惠和政策贴息。

(三)以产业园区为依托,推动成渝地区双城经济圈新能源汽车扶持政策协同

川渝两地汽车产业应根据两地资源禀赋,从以能源为主的产业链一体化、核心技术研发一体化、应用场景一体化三个维度推动川渝新能源汽车一体化发展。以产业园区集群化、协同化、差别化发展为契机,加强两地在新能源汽车产业链的全面合作,强链补链,优势互补,在区域内形成优质且完整的新能源汽车产业集群。在"双碳目标"要求下,支持川渝电网一体化发展,让新能源汽车充电及使用均采用碳足迹层面的清洁能源。支持核心技术研发及应用一体化支持川渝两地在智能网联、核心三电、信息安全、软件及算法、导航等领域核心技术研发及应用方面的一体化推进,包括对氢能关键核心技术的研发攻关。同时可以将川渝地产新能源汽车一视同仁纳入两地的出租、共享出行及租赁领域,纳入两地政府公务用车采购目录。

(四)实施"链长制",根据全省布局差别化赋能地区产业链做大做强

全面实施新能源汽车产业链"链长制"管理体制,由省委省政府领导牵头担当新能源汽车产业总设计师,由各市州主要领导担任"链长",统筹资源要素,协同产业链补链强链延链,特别突出加强链主企业专项培育,按照"一条重点产业链一套政策工具包"的要求,构建"链主企业+领军人才+产业基金+中介机构+公共平台"产业生态体系,对产业链上下游、左右岸进行整体协同培育。部分地区已有新能源汽车产业链整体优势的,按照整体产业链进行一体化培育,没有整体产业链优势的,按照产业链图谱和相对优势细分领域,进行强链延链招商,划分成都平原、川东北、川南、川西北四大片区实施差别化产业链授权管理体制，在保存量的同时，做大增量，提高效益。

负责人：王林梅（四川大学）

成　员：兰　想（四川省统计局）

乔　丹（四川大学）

杨慧茹（四川大学）

庞聪燕（四川大学）

廖　彬（四川省统计局）

四川白酒产业高质量发展的测度与战略路径研究

我国正处于经济发展方式转变、经济结构优化、增长动力转换的攻坚期，新发展理念为白酒可持续发展指明了方向，对川酒振兴发展具有重大意义。同时，在国家 2019 年取消生产线限制的刺激下，白酒产业发展呈挤压式增长，而在"十四五"时期因生态环境的要求，原有的白酒产业发展模式和发展路径是否还能适应新时期白酒产业的发展要求？四川省委 2021 年发布《推动四川白酒产业高质量发展的若干措施》，提出鼓励、扶持四川白酒产业高质量发展。截至 2019 年底，四川省拥有全国 17% 的白酒企业数，产量总占比达 46.67%，但贵州白酒产业以不到 4% 的产量总占比拿走了近半数的行业利润，严重影响了四川白酒产业发展。加快推动川酒高质量发展对四川经济高质量发展具有重要作用，要努力把白酒产业的高质量发展培养为推动区域经济增长新动能。

随着消费升级，白酒产业有效供给和高质量供给面临挑战。同时，全国各省"十四五"白酒发展规划出炉，做大规模、壮大集群成为关键词，未来白酒行业竞争将更为激烈，龙头企业滚雪球优势将进一步扩大，区域白酒品牌的竞争将逐步演变为白酒产区的竞争。本研究以白酒产业为例，测度并分析经济转型发展中白酒产业发展情况，构建白酒高质量发展评价指标体系，加速推进白酒产业高质量发展，为其他产业高质量发展指标建设提供借鉴，对进一步完善产业高质量发展测评方面的研究具有重要意义。

一、白酒产业高质量发展的研究现状及相关理论

（一）白酒产业高质量发展研究现状

1. 高质量发展内涵研究

理解高质量发展的内涵是开展高质量发展研究的前提。金碚认为高质量发展的内涵应有新质态和多维性特征。田秋生认为高质量发展是适应我国主要矛盾转变的

必然要求，并指出高质量是发展理念，是质量和效益的发展，有粗放化、集约化两种方式，满足人们生活和工作上的需求变化，提高人民的幸福感是高质量发展的主要任务。赵剑波等认为高质量发展主要体现在宏观经济、产业及企业层面，对产业而言，需要走绿色均衡发展的新型道路。

2. 高质量发展评价指标研究

对于如何评价研究对象的高质量发展，李金昌等从国家层面出发，探讨了评价指标体系的演化，并从经济活力、创新效率、绿色发展、人民生活、社会和谐五个方面构建了评价指标体系。该体系考虑了经济、社会、自然和谐发展的战略目标，从注重经济发展转向了质量效益、绿色发展、精神文明发展。随后，喻蕾从文化产业，包国强、黄诚从传媒产业研究了高质量发展体系建设。李首涵等研究了农业高质量评价指标体系，促进了农业产业绿色发展，对提高农业产业效益具有重要意义。部分学者从经济角度出发，陈文烈、李燕丽从经济、社会、设施、环境、科教角度构建了区域经济高质量指标体系，对建成区域经济发展新格局具有重要意义。王婉等从新发展理念出发构建了经济高质量发展指标体系。综上，高质量评价维度主要从新时代主要矛盾出发，评价对象主要是区域经济、产业等角度，为研究白酒产业高质量发展提供了一定基础。

3. 白酒产业高质量发展研究

白酒产业发展要始终坚持以高质量发展战略为导向，以促进白酒产业在中高端型产品实现更宽领域的发展。曾绍伦、王强对白酒上市公司高质量发展路径进行了研究；苏奎对新时代白酒产业高质量融合发展作了清晰的界定；杨柳、王霜伶以后疫情时代白酒消费转变为研究视角，研究了三新消费下的白酒产业高质量发展。

目前学者们对经济高质量发展的内涵、测度和实现路径等进行了较多的研究，但对产业高质量发展的系统研究关注不够，有关四川白酒产业高质量发展、提升路径的研究更是寥寥无几，尚未形成系统、完整的理论体系，且大多为纯理论研究，缺乏白酒产业高质量发展的测度模型。

（二）白酒产业高质量发展相关理论认识

1. 白酒产业

"产业"是经济中较为抽象的概念，指的是有效利用从事生产经济商品或服务的各行业的资本和劳动力的经济。它的英文是"industry"，也可以译为"工业"，从某种意义上可以说，各个工业部门已经成为一个相对独立的产业部门。白酒是食品工业的重要支柱，以含淀粉质的谷物为原材料加工而成，工艺简单且进入壁垒技术含量较低，作为食品但没有固定的保质期，品牌齐全且中高端品牌价值极高，进

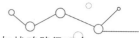

入产品的附加值也不低。其产业链上游主要为原材料、包装公司；中游制造白酒产品的企业较为知名的如五粮液、茅台等；下游则指通过各种渠道，如电商、实体便利店、酒店等到达消费者手中。总体而言，白酒产业的利润水平很高，竞争优势体现在品牌、品质及渠道能力方面。

2. 高质量发展

"发展"一词最初的含义是"揭露、显露、揭示"的意思，其英文是 develop，源于法语词汇 developper，后逐步演变成现在的两种含义：一是指事物从小到大、从简单到复杂、从低级到高级的变化，二是扩大组织、规模等。20 世纪 60 年代，"发展"一词开始被用来描述贫困国家经济、产业和社会进步的状态。从物理学角度来讲，运动是绝对的，静止是相对的，发展就是一个相对静止而绝对运动的状态。在"高质量发展"概念提出前，学术界一直以来探讨的问题是"经济增长"，伴随着中国进入新时代，中国经济逐步转型，学术界探讨的问题便从"经济增长数量"转向"经济增长质量"，2017 年，党的十九大明确指出，"中国经济已由高速增长阶段转向高质量发展阶段"，至此，"经济增长质量"转向了"高质量发展"。"高质量发展"具有比"经济增长质量"更加丰富的内涵，它是数量与质量的协调统一。高质量发展是结合中国经济发展所提出的基本发展方向，是中国未来经济发展的重要纲领。推动经济高质量发展已成为当前和今后一个时期实现经济社会发展迈向更高水平的根本要求。

任保平认为经济高质量发展是一种质量状态，应该体现新时代、新思想变化，其质量范围比经济增长质量范围更广、要求更高。林珊珊和徐康宁深入分析了中国"十四五"规划纲要，认为对经济增速不设预期，进一步讲，随着中国经济发展速度逐步放缓，中国更加注重发展中的"质"，而非经济增长的"量"，以高质量为主题，意在解决中国目前发展中存在的主要矛盾。他们都认可在新发展理念基石上，需要实现经济、生活、环境、社会多方面协同高质量发展。其中，发展也分为正向发展和负向发展，正向发展是指所有个体、集体的发展目标。高质量发展不是仅注重经济发展的速度，还需要考虑经济与社会、经济与环境之间的协同发展。当前社会的主要矛盾发生了质的改变，对人们的需求而言，就从注重物质层面逐渐转向注重精神层面，对产品而言，就从注重功能转为注重产品文化、服务方面。

综上所述，促进产业的高质量发展，是推进"十四五"时期经济社会发展的必然要求，是适应我国主要社会矛盾变化的需要。本研究认为产业高质量发展要综合个体和集体的发展目标，产业增长在考虑经济效益的同时，还要综合考虑经济、环境、社会之间的协调问题，各行各业都需要寻求经济发展、保护环境、社会融合的平衡点。

四川 现代产业发展研究

3. 白酒产业高质量发展

产业的高质量发展蕴含在经济高质量发展当中，是我国实现经济高质量发展的关键层面，产业高质量发展是一个随时代变化、动态迭代的整体性概念，其本质就是对产业发展高质量进行价值研判，产业高质量发展是以形成新发展理念为基础的高质量发展，具有内涵多维、表现多样、标准复杂、发展多元、战略灵活等特征。白酒产业高质量发展是新经济时代应对国内外经济发展变化，对白酒产业发展提出的更高层次的要求，目的是解决经济在高速发展过程中所出现并未解决的问题，也是为了后续产业的可持续发展，促进整体经济向更高的形态发展转变。白酒产业高质量发展更关注白酒产品的精神价值、服务、健康，以满足人民日益增长的需要。随着社会的发展，人民对白酒产品的诉求也在不断变化。主要体现在：一是白酒供给需求的转变，从高速提高产量到提高产品质量、丰富产品数目，如今更提倡健康酒；二是对白酒产业的绿色化诉求，白酒生产更注重企业社会绩效，对环境保护及节能减排有更明确的要求；三是从物质层面到精神层面的需求，喝的是白酒文化，对精神的诉求更为深入。

综上所述，白酒产业高质量发展应该包含以下内容：首先要保证白酒的质量、数量，特别是高质量白酒的数量；其次要注重绿色发展，注重生态保护，履行社会责任，只有发展环境友好、促进节能减排，才能从根本上解决和保证白酒产业发展的可持续性；最后，要丰富白酒产品的文化功能，培养并提高顾客忠诚度，进一步支撑白酒产业高质量发展。

二、四川白酒产业特征及现状

（一）白酒产业发展现状

1. 行业集中度进一步提升

随着白酒供给侧结构性改革的进一步加深，我国白酒产业产能在不断调整，产业内企业众多，进入门槛进一步降低，品牌多样，竞争激烈。行业集中度能较好地衡量一个行业的市场结构，对白酒行业进行集中度分析能够清晰体现目前该行业的发展状况。行业集中度主要指头部企业（前 N 家）占据整个市场的份额，一般用 CR_N 表示，N 表示企业数目，主要分类见表1。

表 1 市场结构分类

集中度市场结构	CR_4 值（％）	CR_8 值（％）
寡占Ⅰ型	$CR_4 \geqslant 85$	
寡占Ⅱ型	$75 \leqslant CR_4 < 85$	$CR_8 \geqslant 85$
寡占Ⅲ型	$50 \leqslant CR_4 < 75$	$75 \leqslant CR_8 < 85$
寡占Ⅳ型	$35 \leqslant CR_4 < 50$	$45 \leqslant CR_8 < 75$
寡占Ⅴ型	$30 \leqslant CR_4 < 35$	$40 \leqslant CR_8 < 45$
寡占Ⅵ型	$CR_4 < 30$	$CR_8 < 40$

依据行业集中度公式，可以计算出 2019—2020 年白酒产业 CR_2、CR_5、CR_{10} 的行业竞争度（如图 1 所示），说明 2019—2020 年，白酒产业集中度进一步提高。综合来看，白酒产业在市场竞争度上不存在真正的寡头垄断，竞争结构处于垄断竞争状态。

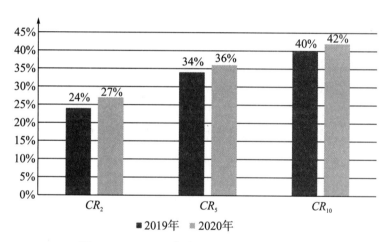

图 1 2019—2020 年中国白酒行业市场集中度

为明确白酒行业市场份额，本研究调查了 2020 年白酒行业市场份额占比情况（企业当年营收占规模以上营收），可见除贵州茅台（16.79％）、五粮液（9.82％）的市场份额占比较高之外，其他企业的占比都低于 5％，排名前五的分别是贵州茅台、五粮液、洋河股份、泸州老窖、顺鑫农业（如图 2 所示）。

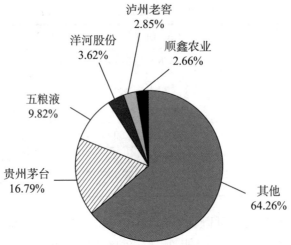

图 2　2020 年中国白酒行业市场份额占比

2. 次高端及高端白酒加速成长

物质属性（口感、香型等）并不是定义白酒品牌的唯一标签，抛开物质属性，白酒产业的精神属性成为消费的重点，也是次高端、高端白酒区别于一般白酒的立足点。一方面，我国近 30 年经济不断增长，城镇消费水平不断提升，除 2020 年多疫情影响外，2014—2021 年的人均 GDP 都在不断提升。白酒消费者需求的转变体现为追求高端化、独特化，被品牌所吸引，消费者购买次高端、高端白酒注重的是面子及品牌文化，会在心里形成补偿机制。另一方面，白酒价格不断上涨，飞天茅台价格的提升带动了业界高端、次高端白酒价格的提高，厂商也进一步加大对高端白酒的品牌布局，但目前次高端白酒品牌发展竞争激烈。

3. 白酒行业供给侧结构性改革取得进一步成功

随着供给侧结构性调整进一步加强，消费需求发生转变，从 2016 年起白酒产业产量持续下降。通过分析发现，规模以上企业在降低低端产品质量的同时，提高了白酒生产质量，培养了中高端白酒品牌，完善了企业文化，满足了消费者需求的变化，进一步培养了顾客忠诚度（如图 3 所示）。

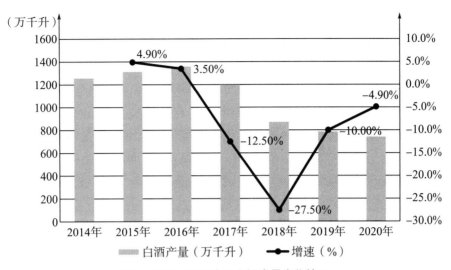

图 3　2014—2020 中国白酒产量变化情况

与之相对，白酒规模却在上涨。根据中国酒业协会数据，从 2014 年到 2016 年白酒销售收入上涨到峰值 6126 亿元，随后下降。从 2018 年到 2020 年保持上涨趋势、增速下降（如图 4 所示）。进一步证明白酒行业供给侧结构性改革取得了一定成效。

图 4　2014—2020 年中国白酒销售收入变化情况

（二）白酒产业重点省份发展现状及问题

2020 年是第十三个五年规划的收官之年，也是第十四个五年规划即将开启的转承之年。在全球疫情带来的各种不稳定因素的影响下，国内经济受到了前所未有的考验，白酒行业的经济发展速度也相应放缓，但在整个行业的共同努力下，最终实现了逆势增长，这充分体现了中国白酒行业的抗风险能力。为分析四川省白酒产业现状，本研究从白酒产业重点省份发展规模、发展效率、产业结构三个方面将四川省与贵州省、江苏省、山西省三个省市进行分析和比较，并总结了现状及问题。

1. 发展规模

白酒产业发展规模的含义是数量和能力的扩张,2015年以来,规模以上白酒企业数量和产量均呈持续下降趋势。2020年全国规模以上白酒企业为1040家,与2015年的1563家企业相比,减少33.46%。这充分反映了近五年来企业间并购整合的速度以及产业集中度的不断提升,背后其实是产业结构的变化和调整。这些变化表明行业聚焦于名酒产区和特色酒产区,品牌立足区域强势品牌和名酒品牌。根据南方财富网发布的《2020年度中国白酒企业排行榜》,可知贵州茅台高居榜首,五粮液、泸州老窖、山西汾酒排名紧随其后,占据中国白酒行业的四强地位。在100强中,四川省、贵州省、江苏省、山西省总共有36个企业上榜,分别为20个、11个、3个、2个(如图5所示),其中,四川白酒知名品牌宜宾五粮液、泸州老窖、剑南春、郎酒、水井坊、舍得酒这"六朵金花"名次均排行靠前。

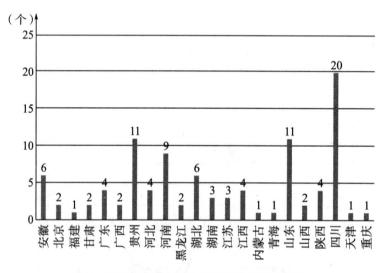

图5 2020年中国白酒企业前100强省份汇总

从2020年GYbrand发布的中国酒类品牌价值100强各省汇总图(图6)可知,上榜100强的品牌价值合计18359.83亿元,四川名酒"六朵金花"的贡献颇大,荣登品牌价值榜首,贵州茅台、洋河股份和山西汾酒都凭一己之力使贵州、江苏和山西登上品牌价值前八位。

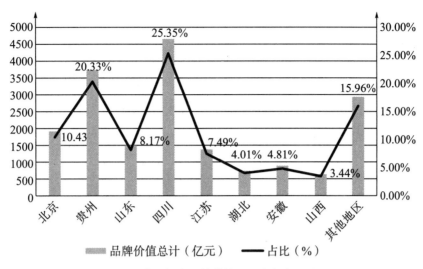

图6　中国酒类品牌价值100强各省汇总

2. 发展效率

白酒产业的发展效率是指白酒产业在某一特定时期的生产经营活动中各要素投入与产出之间的关系，能够用于衡量该产业的发展水平。白酒在国民经济建设中起着重要的作用，根据国家统计局发布的数据，2020年中国白酒行业销售收入达5836亿元，较2019年增加了164亿元，同比增长2.89%（如图7所示）。

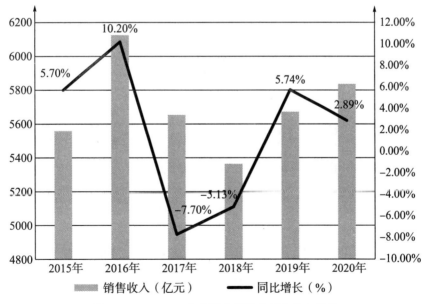

图7　2015—2020年中国白酒行业销售收入统计

2015—2020年，中国白酒产量总体表现为下降的趋势，其中2016年产量最高，达到1358.4万千升，到2020年白酒产量达到最低，740.7万千升，较2016年下降 48.12%。下降的原因之一是白酒企业逐渐转型向高端、次高端发展，减少了低端白酒的生产（如图 8 所示）。

图 8　2015—2020 年中国白酒（折 65 度，商品量）产量统计情况

根据国家统计局发布的数据，2015 年到 2020 年间，除了产量和需求量下降，我国白酒的销量也呈波动下降的趋势（如图 9 所示）。虽然随着疫情的缓解，2020 年聚餐需求大大增加，但白酒销售量并未比 2019 年上涨，反而下降至 740.7 万千升。

图 9　2015—2020 年中国白酒（折 65 度，商品量）销量统计情况

近年来受国家政策、替代品市场的冲击以及消费观念的影响，我国白酒需求量逐年下滑，2020 年我国白酒需求量为 740.7 万千升，较 2016 年减少了 617.7 万千升，较 2019 年减少了 45.2 万千升，自 2017 年起我国白酒人均需求量也逐年下滑，2020 年我国白酒人均需求量为 5.24 升/人，较 2019 年减少了 0.37 升/人，同比减少 6.6%（如图 10 所示）。这个现象说明消费者越来越把白酒作为一种追求，越来

越多的人选择喝好酒，健康喝酒。

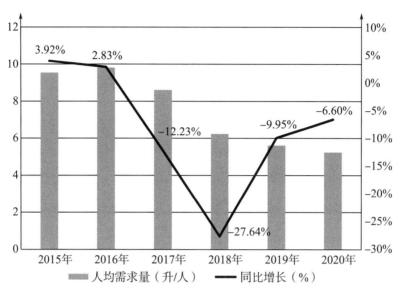

图 10　2015—2020 年中国白酒人均需求量统计

3. 产业结构

白酒的产业结构指某一地域白酒产业各部门之间的技术联系和资源配置的关系。根据中国酒业协会发布的 2020 年白酒香型销售收入占比，可知我国白酒的销售总收入主要来源于浓香型、酱香型、清香型以及其他香型（如图 11 所示）。浓香型白酒以 51% 的销售收入占据主导地位；另外，酱香型白酒以 27% 的销售收入占据全国第二大香型，其次是位居第三的清香型白酒占比 15%，以及其他香型总共占比 7%。产业结构侧面反映了我国白酒细分市场的主导香型是浓香型，而四川是以浓香型白酒为核心的产区，因此，要充分利用"浓香型白酒产地"，这是四川浓香型白酒产业集群的重要突破。

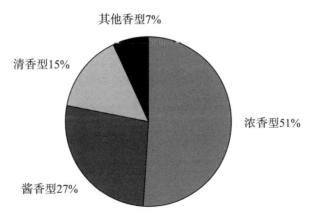

图 11　2020 年中国白酒各香型销售收入占比

浓香型白酒要求必须由古窖酿造。高端白酒的出酒率与窖龄密切相关。四川一共有 20 口真正意义上的明代古窖，其中，五粮液 16 口、泸州老窖 4 口。这些古窖酿造了顶级五粮液、国窖 1573。一口窖的原酒产量极其有限，所以，顶级浓香型白酒的产能是有极限的。由于出酒率的问题，通常一吨浓香型白酒生产出来，只有 10％左右用来做高端产品，因此浓香型工艺必然伴随着中低等级酒的大量涌现，如何优化产能的配置是浓香型企业的首要任务。根据表 2 三大香型白酒工艺的比较，酱香型白酒通常有生产周期长、占用资金大的弊端，而且与环境问题息息相关。茅台酒生产周期至少 4～5 年，但不存在酒窖的物理限制，随着时间的推移，茅台的高端酒产能将会逐步放大。

表 2　三大香型白酒工艺比较

	酱香型	浓香型	清香型
代表	茅台 郎酒 习酒 武陵	五粮液 泸州老窖 古井贡酒 洋河大曲 剑南春 沱牌曲酒	山西汾酒
一级酒出酒率	95％	10％～15％	45％
发酵期	10 个月	90 天	42～50 天
储存器	3 年	1 年	2 年
生产工艺	多次投料、蒸煮、发酵、取酒	混蒸混烧、一次发酵	清蒸清烧、二次发酵
曲药	高温大曲	中温大曲	
原料	高粱、小麦	高粱、小麦、稗子、玉米、谷子	高粱为主、小麦（青稞）、豌豆为曲料
发酵容器	石壁泥底	泥窖	地缸
口感特色	酱香突出、优雅细致、酒体醇厚、清澈透明	芳香浓郁、绵柔甘洌、香味协调、入口甜、落口绵、尾净余长	清香纯正、诸味协调，余味爽净
主体香	不明确	乙酸乙酯	乙酸乙酯、乳酸乙酯

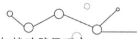

三、白酒产业高质量发展测度评价指标体系及模型构建

（一）白酒产业指标体系构建

1. 构建白酒产业指标体系原则

推动四川白酒产业高质量发展，需要对白酒产业高质量发展有一个科学合理的认识，这就突出了定量研究的重要性和必要性。从已有的研究成果来看，由于"质量"本身是一个规范性概念，学者们对"质量"和"高质量发展"的内涵存在认知差异，导致学术界缺乏一致的分析框架。此外，由于"高质量发展"源于宏观经济层面，微观层面的探索相对较少，特别是缺乏对产业高质量发展的定量分析。为了弥补现有研究的不足，本部分试图构建高质量的产业发展指标体系，为本文的实证研究奠定基础。

从已有的研究成果来看，理论界学者在对高质量发展进行定量研究时主要采用了两种思路，即采用单一指标或构建多种指标体系。前者不能充分体现高质量发展的丰富内涵，且缺乏整体性和系统性。因此，研究和构建多种指标体系是一个必然的选择。本文采用后一种思路，在构建白酒产业高质量发展评价指标体系时主要遵循以下原则：

科学性原则。构建测度评价指标体系，要选取具有科学性的指标，尽量多收集数据，多完善，多修改，提高指标在运算过程中的科学性。在构建白酒产业高质量发展指标体系当中，科学性原则主要呈现为对白酒产业高质量发展内涵的正确理解、衡量指标体系设计的完备性、指标选取方法的严谨性和权重计算方法的准确性。白酒产业高质量发展的评价指标体系也必须遵循经济发展规律和一定的社会活动规律，必须采用科学的方法和手段建立相应的指标。选择白酒产业高质量发展的衡量指标必须通过统计、观察等可量化的科学方法，这就要求所选指标必须是可观察、可量化的。同时还要考虑数据的可计量性、可统计性和可查询性，从而避免计量结果因缺乏数据获取途径而产生的不一致或偏差，进而得出明确的定性或定量指标结论，使计量结果与产业实际情况吻合，从而为产业发展路径提供客观、真实的依据。

层次性原则。高质量发展测度指标体系是按照对象各方面的特征，由多种因素综合反映和影响的结果。白酒产业高质量发展测度指标体系也应该由多层次的结构组成，选取指标时坚持层次性原则，依据一定的逻辑规则，清晰反映白酒产业高质量发展的状态特征、动态变化。

系统性原则。测度指标要注重系统性原则，因为各个指标间具有一定的耦合性，存在内在关联，要从多个维度来探讨才能保证测度的完整性。为此，白酒行业

高质量发展的衡量需要充分反映各指标的内容以及各要素之间相互作用的方式、强弱和方向，这是一个受多种因素相互影响、相互制约的系统。

综合性原则。构建高质量评测指标时，各个因素相互作用，最终形成综合性的有机整体。各个要素作用的发挥并不是机械加和，而是各个要素分别组成的子系统，再通过各个子系统来实现各要素间的协调发展，通过其内部相互促进或制约作用，体现出整体的协调性发展。白酒产业高质量发展的内涵丰富而广泛，要将影响白酒产业高质量发展的重要因素综合考虑到指标体系中，使建立的指标体系能够全面系统地反映白酒产业高质量发展，测度结果才能具有公信力。测度指标体系的构建需要注意多因素综合分析，从而获得最佳计量结果。

2. 白酒产业高质量评价指标体系构建

结合白酒产业发展现状及相关文献，本文从经济增长、创新驱动、绿色发展、消费驱动四个层面构建了白酒产业高质量发展测度评价指标体系（见表3）。该体系包含4个一级指标、10个二级指标和23个三级指标。其中，4个三级指标体现四川白酒产业经济增长水平，4个三级指标衡量四川白酒产业创新驱动情况，8个三级指标表征四川白酒产业绿色发展可持续程度，7个三级指标体现四川白酒产业的消费驱动能力，以综合测度评估四川白酒产业高质量发展水平。

表3　白酒产业高质量发展测度评价指标体系

一级指标	二级指标	三级指标	属性
经济增长	产业效益	白酒产业贡献率	定性
		区域内企业运营水平	定性
	产业规模	白酒生产企业数目增长率	定量
		白酒生产劳动力投入	定性
创新驱动	创新潜力	白酒产业园区建设	定性
		高等院校数量增长率	定量
	创新效益	酿酒技术水平	定性
		管理信息化	定性
绿色发展	社会责任	代表性企业环境及可持续发展重视度	定性
		职工权益保护重视度	定性
	质量监控	质量控制体系建设完善度	定性
		代表性企业透明度	定性
		代表性企业安全生产重视度	定性
	结构优化	白酒生产稳定性	定性
		上游企业发展	定性

一级指标	二级指标	三级指标	属性
		下游企业发展	定性
消费驱动	白酒产业营商环境	地区生产总值增长率	定量
		白酒产业政策健全性	定性
		人均可支配收入增长率	定量
	白酒品牌建设	区域白酒品牌知名度	定性
		区域白酒品牌美誉度	定性
	白酒文化建设	区域白酒文化知名度	定性
		区域白酒文化美誉度	定性

3. 白酒产业高质量评价指标解释

（1）经济增长

经济增长一级指标包含产业效益、产业规模两个二级指标。

产业效益，主要指白酒产业的投入产出比，计算出利润高低的结论。然而每个产业不止有一条产业链，所以只分析该产业内部投入产出比是不客观的，不能反映整个产业的效率。四川白酒产业经济增长水平需要通过产业效益来反映，因此，产业效益二级指标细分为白酒产业贡献率、区域内企业运营水平两项三级指标。其中，白酒产业贡献率三级指标是衡量一个地区所处的经济发展阶段的重要标志，是指白酒产业对四川省经济增长的贡献，是四川省白酒产业增加值年增量与四川省地区生产总值年增量的比值，综合反映了白酒产业在该地区的比较优势、经济地位和贡献。企业运营通常是一个公司的运作和管理，区域内企业运营水平三级指标，作为企业生存盈利的关键要素，反映区域内企业的生产经营决策规划、执行和管理等一些经营管理相关能力的总和。

产业规模，形容的是白酒产业在增长过程中，产出规模或经营规模用"数量"来表示的范畴，即产业规模反映产业总量。产业规模是产业竞争力最直观的体现。因此，产业规模二级指标通过白酒生产企业数目增长率和白酒生产劳动力投入两个三级指标来衡量。其中，白酒生产企业的数量影响着整个白酒产业的发展，也是衡量白酒产业高质量发展的指标之一，白酒生产企业数目增长率三级指标是白酒生产企业数量变化的指标，反映白酒产业的高质量发展规模的变量，以企业数量变化反映产业竞争的激烈程度。劳动力投入对区域经济增长有一定影响，现如今一些科研等复杂场景被人工智替代难度较大，因此，企业劳动力投入仍是促进白酒产业高质量发展的关键资源，白酒生产劳动力投入三级指标，则是通过企业投入劳动要素的情况，反映企业劳动力投入的强度，评价企业的成长性和科研力度。

（2）创新驱动

创新驱动一级指标包含创新潜力和创新效益两个二级指标。

创新潜力，指的是区域白酒产业发展水平及白酒产业成果转化的能力。创新生态系统的成长性和增值能力是白酒产业可持续发展的有力支撑。创新潜力二级指标中又包括白酒产业园区建设和高等院校数量增长率两个三级指标。其中，白酒产业园区建设三级指标是一个不断完善的过程，具有动态性的特征，主要是为了增强白酒产业的集聚效应，实现专业化和集群化生产，有助于白酒产业链条的构建并实现产业融合，对白酒产业园区建设直接测度，反映白酒产业发展的规模和速度，也在很大程度上反映该地区白酒产业的竞争力高低。高等院校数量属于投入性指标，是本科院校数量的综合，一个地区具有较多的高等院校数量有利于为一个地区培养更多高技术人才，高等院校数量增长率三级指标反映教育事业发展水平及人才培养水平增长力度。

创新效益，反映白酒产业通过酿造、品质和技术创新所获得的经济和社会效益的总和，也反映白酒产业对行业和社会的积极影响，创新效益二级指标中包含酿酒技术水平和管理信息化两个三级指标。其中，酿酒技术的进步带动了酿酒产业的发展，但对中国白酒来说，正在探索白酒发酵机理，尚没有扎实的白酒基础研究经验，处于起步阶段，相关在线检测技术研究也未成熟，有效数据较少，以完善的标准体系构建为指引，酿酒技术水平三级指标能促进白酒产业的高质量发展。管理信息化三级指标是指将现代信息手段充分地应用到生产经营的各个环节，并建立健全信息网络系统，充分开发和利用企业内外部信息，提高企业资源的利用率，同时还有利于企业实时掌握各项经营管理信息，提高决策的科学性，增加企业的经济收益，具体体现为设备资源是否配置合理，设备技术水平是否先进，是否存在信息不对称现象，从而提高设备管理水平。也可以看出企业管理信息化的实现过程及其发展趋势。

（3）绿色发展

绿色发展一级指标包含社会责任、质量监控和结构优化三个二级指标。

社会责任一般被认为是企业应履行的义务，指企业在获取收益、创造经济利润的同时，还要保障与之相关的个人或群体的利益。社会责任二级指标主要通过代表性企业环境及可持续发展重视度、职工权益保护重视度两个三级指标来衡量。其中，可持续发展是自然、经济、社会和谐发展和社会发展的要求的理论和战略，企业、事业单位和其他生产经营者都有保护环境的责任和义务，因为企业既是市场经济的主体，又是影响环境的主体，企业发展的唯一途径是加强环境管理，从而保证白酒行业的可持续发展。三级指标代表性企业环境及可持续发展重视度，指的是评估环境、经济和社会可持续性、压力和政策反应的指标。企业在全球经济形势的影响下，放眼未来，珍惜职工，并重视维护职工权益，是企业真正可持续发展的根本，职工权益保护重视度三级指标通过年报是否披露对职工权益保护计算确定得

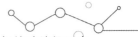

分，反映企业对职工的重视程度，是促进企业和白酒行业可持续发展的重要指标之一。

质量控制是指为满足质量要求而采取的操作技术和活动，包括确定目标、建立质量标准的主要环节、信息的收集和分析、评价、信息反馈、控制等环节。质量监控二级指标则是通过质量控制体系建设完善度、代表性企业透明度和代表性企业安全生产重视度三个三级指标综合反映。随着人类社会和人民生活水平的提高，消费者对产品质量的要求越来越高，相应地，消费者对白酒行业质量管理法律法规的健全性也提出了越来越高的要求。白酒产业质量好坏不仅体现在监控企业内部的完善程度，更体现在有法律法规健全性的监控，法律越健全，消费者放心程度越高。其中，质量控制体系建设完善度三级指标是最基本也是最终的判断标准，是对客户及相关方的满意程度，即程度越高，效果越强。代表性企业透明度三级指标是指自愿性信息披露的水平，以此体现白酒企业信息披露的重要性、准确性、及时性、合法合规性和公平性，提高企业透明度。企业透明度是企业及其领导赢得最广泛的信任，创造更大价值，是促进一个企业长远发展的重要保证，这也是一种敢于暴露自己缺点，有把企业管理好的信心和能力的体现。作为近年来各级食品安全监管部门，白酒始终是食品安全监管的重点，加强整改，白酒产品质量总体稳定可靠，但白酒生产过程中仍存在一定的安全隐患，为减少白酒生产企业的安全隐患，各级食品安全监管部门要进一步加强酒类质量安全监督管理，不断完善长效监管机制，督促企业确保酒类质量安全，促进酒类行业持续健康发展。

（4）结构优化

结构优化分为产业结构优化和人力资本结构优化，其中产业结构优化是指企业通过产业结构调整的方式促进白酒产业结构合理化升级，从而促进区域经济增长和可持续发展的过程。人力资本结构优化表示的是一个过程，即人力资本结构从初级人力资本结构向高级人力资本结构优化的过程。结构优化二级指标主要通过白酒生产稳定性、上游企业发展和下游企业发展三个三级指标予以衡量。白酒生产稳定性三级指标反映一个企业的安全管理水平、企业风险管控能力的大小，为安全生产工作的持续改进和管理考核提供科学依据。上游企业发展三级指标是指在整个产业链的开始端，上游企业往往意味着掌握了某种资源或核心技术，有较高的行业壁垒，通常是利润相对丰厚、竞争缓和的行业，白酒产业链上游是原料种植企业和包装印刷企业。上游企业发展决定着其他行业的发展速度。下游企业发展三级指标处在整个产业链的末端，主要是对原材料进行深加工处理，进而将原材料转变为消费者所需要的商品，白酒产业链的下游包括经销商和终端消费者，上下游企业相互依存。

（5）消费驱动

消费驱动一级指标包含白酒产业营商环境、白酒品牌建设和白酒文化建设三个二级指标。

营商环境形容的是企业在进入、生产、经营、退出过程中所受的包括政府、市场、法律、文化四大环境等外部因素和条件的总和。优良的营商环境对一个企业来说十分重要，营商环境质量不仅可以反映一个城市对经济发展的重视程度，还可以反映一个城市的文明水平。白酒产业营商环境主要通过地区生产总值增长率、白酒产业政策健全性和人均可支配收入增长率三个三级指标来衡量。其中，三级指标地区生产总值增长率也称作地区经济增长率，是本期地区生产总值与基期地区生产总值的比较。它是一个动态的指标，反映一个地区经济发展水平的变化程度，也反映一个地区是否具有经济活力。它的水平意味着经济增长的速度和人民生活水平提高所需的时间长度。其计算公式为：地区生产总值增长率＝（该省今年生产总值－去年地区生产总值）/去年地区生产总值×100％。白酒产业政策健全性三级指标，反映政府在白酒产业领域的支持力度，是否能够全面、全方位地促进白酒产业高质量的发展。人均可支配收入代表家庭的可自由支配收入，被认为是消费者支出的最重要决定因素，人均可支配收入增长率这个三级指标反映的是居民收入的变动，它直接决定和影响一个国家在居民收入、生活水平和社会建设方面的投资方向、能力和水平。人均可支配收入增长率三级指标一定程度上能反映出生活水平状况的标准之间的差距，是正指标，其计算公式为：人均可支配收入增长率＝（本年人均可支配收入－上年人均可支配收入）/上年人均可支配收入×100％。

白酒品牌建设二级指标通过区域白酒品牌知名度和区域白酒品牌美誉度两个三级指标来反映。品牌知名度指的是潜在买家识别或记住一个品牌作为某种产品的能力，区域白酒品牌知名度三级指标反映社会大众对品牌的认知程度或者了解水平，品牌认知度很大程度上决定了品牌影响力和市场号召力，它是对品牌价值的量化评估。品牌美誉度侧面体现品牌力，是指消费者对该品牌产生的好感和信赖程度，是品牌塑造的核心部分，也是打造现代企业形象关键性的构成因素，三级指标区域白酒品牌美誉度体现的是消费者对当地白酒品牌的信赖，以及对质量和服务水平赞许的程度。

白酒文化建设二级指标主要通过区域白酒文化知名度和区域白酒文化美誉度两个方面来反映。其中，文化知名度是指产品被公众所了解和理解的程度，它是衡量一个企业外部影响力的重要指标。区域白酒文化知名度三级指标反映区域白酒的社会软实力，也是对消费大众的吸引程度。区域白酒文化美誉度三级指标反映客户了解产品文化后，对白酒文化的好感、接纳和欢迎程度。企业品牌离不开文化。文化是企业品牌的重要标志和灵魂，品牌与文化密切相关。企业是一种文化，一种具有丰富内涵的文化。品牌是文化的载体，文化的灵魂和企业精神凝聚在品牌上。一方面，企业品牌和企业文化支撑着企业品牌的丰富内涵；另一方面，企业品牌可以彰显其独特的文化魅力。两者相辅相成，相互反映。白酒文化及品牌知名度和白酒文化及品牌美誉度是驱动消费者购买欲的重要因素，知名的白酒品牌将会不断提高核心竞争力，打造属于自身的品牌影响力。

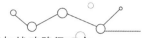

（二）白酒产业高质量发展测度模型

1. 白酒产业高质量发展测度模型权重确定

白酒产业高质量发展测度研究的关键环节之一就是指标权重的确定，评价结果是否准确客观，很大程度上取决于构建的权重体系是否合理。本研究运用 AHP 法确定权重，具体步骤如下：

（1）建立层次分析评价结构模型

（2）构造判断矩阵 A

研究采用表 4 中的 1－9 标度方法来标度，比较矩阵元素的值反映了各种因素的相对重要性，得到判断矩阵 A：

$$A = \begin{bmatrix} a_{11} & a_{12} & \cdots & a_{1n} \\ a_{21} & a_{22} & \cdots & a_{2n} \\ \vdots & \vdots & \vdots & \vdots \\ a_{n1} & a_{n2} & \cdots & a_{nn} \end{bmatrix}$$

表4　1－9标度法

标度	含义
1	C_i 元素和 C_j 元素的影响相同
3	C_i 元素比 C_j 元素的影响稍强
5	C_i 元素比 C_j 元素的影响强
7	C_i 元素比 C_j 元素的影响明显的强
9	C_i 元素比 C_j 元素的影响绝对的强
2，4，6，8	C_i 元素比 C_j 元素的影响之比在上述两个相邻等级之间
1，1/2，…，1/9	C_i 元素比 C_j 元素的影响之比为上面的互反数

（3）权重计算及一致性检验

本研究以白酒产业高质量发展指标体系一级指标为例，计算特性向量及最大特征根，进行一致性检验，具体步骤如下：

①设一级指标的判断层矩阵为 A

$$A = \begin{bmatrix} a_{11} & a_{12} & \cdots & a_{1n} \\ a_{21} & a_{22} & \cdots & a_{2n} \\ \vdots & \vdots & \vdots & \vdots \\ a_{n1} & a_{n2} & \cdots & a_{nn} \end{bmatrix} \qquad (1)$$

现代产业发展研究

②将矩阵 A 列向量归一化矩阵 B

$$B = \begin{bmatrix} b_{11} & b_{12} & \cdots & b_{1n} \\ b_{21} & b_{22} & \cdots & b_{2n} \\ \vdots & \vdots & \vdots & \vdots \\ b_{n1} & b_{n2} & \cdots & b_{nn} \end{bmatrix} \quad (2)$$

其中，$b_{ij} = \dfrac{a_{ij}}{\sum_{i=1}^{n} a_{ij}}(i,j = 1,2,\cdots n)$。

③求特征向量

$$W = \begin{bmatrix} w_1 \\ w_2 \\ \vdots \\ w_3 \end{bmatrix} = (w_1, w_2, \cdots w_n)^T \quad (3)$$

其中，$w_1 = \dfrac{1}{n} \sum_{j=1}^{n} b_{ij}(i,j = 1,2,\cdots,n)$。

④计算判断矩阵最大特征值

$$\lambda = \frac{1}{n} \sum_{n=1}^{n} \frac{(Aw)_i}{w_1} = \frac{1}{n} b_{ij} \sum_{n=1}^{n} \frac{\sum_{j=1}^{n} a_{ij} w_j}{w_1}_{\max} \quad (4)$$

⑤并计算一致比率，由于主观意愿的差异，易造成结果的不一致。为保证计算的准确及可靠，研究应用一致性检验来判断矩阵是否过于偏离一致性，检验如下：

$$CI = \frac{\lambda_{\max}}{n-1} \quad (5)$$

$$CR = \frac{CI}{RI} \quad (6)$$

当 $CR < 0.1$ 时，矩阵通过一致性比率检验，是否需要再次向专家咨询，对判断矩阵重新调整，指导达到一致性比率符合，其中，RI 的取值见表 5。

表 5　矩阵阶数为 1—9 的 RI 取值

阶数	1	2	3	4	5	6	7	8	9
RI	0.00	0.00	0.58	0.90	1.12	1.24	1.32	1.41	1.45

2. 白酒产业高质量发展测度模型构建

研究运用 TOPSIS 法构建白酒产业高质量测度模型。TOPSIS 法是通过构造评

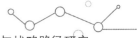

价对象的正、负理想解 Z^+、Z^-，测量指标向量与综合评价问题的 Z^+、Z^- 之间的相对距离 di^+、di^-，并进行排序，能够较好地评价白酒产业竞争力，具体计算步骤如下：

第一，构建原始矩阵 $\mathbf{X} = (x_{ij})_{m \times n}$：

$$\mathbf{X} = \begin{bmatrix} x_{11} & \cdots & x_{1n} \\ \vdots & \ddots & \vdots \\ x_{m1} & \cdots & x_{mn} \end{bmatrix} \tag{7}$$

式中 n 为评价对象数目，m 为评价具体指标数，$x_{ij}(i = 1, 2, \cdots, m; j = 1, 2, \cdots, n)$。

第二，分别对正向、负向指标无量纲化处理，构建决策矩阵 $\mathbf{Y} = (y_{ij})_{m \times n}$：

$$\mathbf{y}_{ij} = \frac{xij - xmin}{x\max - xmin} \tag{8}$$

$$\mathbf{y}_{ij} = \frac{x\max - xij}{x\max - xmin} \tag{9}$$

第三，评价指标的加权规范化矩阵 $\mathbf{Z} = (z_{ij})_{m \times n}$：

$$\mathbf{Z} = \mathbf{W}^t \mathbf{Y} = (w_j y_{ij})_{m \times n}, (i = 1, 2, \cdots, n) \tag{10}$$

第四，确定加权矩阵的正、负理想解 Z^+、Z^-：

$$Z^+ = (Z_1^+, Z_2^+, \cdots, Z_n^+) = \omega \tag{11}$$

$$Z^- = (Z_1^-, Z_2^-, \cdots, Z_n^-) = 0 \tag{12}$$

第五，计算各方案到 Z^+、Z^- 的 Euclid 距离分别为 di^+ 和 di^-：

$$d_i^+ = \sqrt{\sum_{j=1}^n (Z_{ij} - Z_j^+)^2} \tag{13}$$

$$d_i^- = \sqrt{\sum_{j=1}^n (Z_{ij} - Z_j^-)^2} \tag{14}$$

第六，计算相对贴近度 C_i^* 并排序。计算每个方案的相对贴近度：

$$C_i^* = \frac{d_i^-}{d_i^+ + d_i^-} \tag{15}$$

其中，C_i^* 越大，高质量发展水平越高，反之越差。

第七，构建综合绩效函数，每个主产区的重要程度相等，计算四川白酒产业高质量发展的综合水平：

$$\zeta = (C_1^* + C_2^* + \cdots + C_i^*)/i, (i = 1, 2, \cdots, n) \tag{16}$$

四、白酒产业高质量发展模型运用分析

（一）指标赋权

基于数据可靠性，本研究对运用专家打分法，并邀请了 15 位具有丰富经验的白酒产业相关专家对白酒产业高质量发展测度评价指标体系中各层次指标间的两两重要性进行打分。经过多次研讨并修改后，最终形成了一份评分，多数专家意见达到统一。本研究对以白酒产业高质量发展测度为准则的判断矩阵进行验算，构造判断矩阵，见表 6。

表 6　以白酒产业高质量发展测度为准则的判断矩阵

	经济增长	创新驱动	绿色发展	消费驱动
经济增长	1	1/2	1/2	1/2
创新驱动	2	1	1/2	1/3
绿色发展	2	3	1	1
消费驱动	2	2	1	1

第一，构造判断矩阵 A：

$$A = \begin{bmatrix} 1 & 1/2 & 1/2 & 1/2 \\ 2 & 1 & 1/2 & 1/3 \\ 2 & 3 & 1 & 1 \\ 2 & 2 & 1 & 1 \end{bmatrix}$$

第二，将矩阵 A 列向量归一化得到矩阵 B：

$$B = \begin{bmatrix} 0.1429 & 0.0769 & 0.1667 & 0.1765 \\ 0.2857 & 0.1538 & 0.1667 & 0.1176 \\ 0.2857 & 0.4615 & 0.3333 & 0.3529 \\ 0.2857 & 0.3077 & 0.3333 & 0.3529 \end{bmatrix}$$

第三，求特征向量 W_i：

$$W = \begin{bmatrix} 0.1407 \\ 0.1810 \\ 0.3584 \\ 0.3199 \end{bmatrix}$$

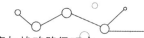

第四，计算判断矩阵最大特征值 $\lambda_{\max}$：

$$AW = \begin{bmatrix} 1 & 1/2 & 1/2 & 1/2 \\ 2 & 1 & 1/2 & 1/3 \\ 2 & 3 & 1 & 1 \\ 2 & 2 & 1 & 1 \end{bmatrix} \begin{bmatrix} 0.1407 \\ 0.1810 \\ 0.3584 \\ 0.3199 \end{bmatrix} = \begin{bmatrix} 0.5704 \\ 0.7483 \\ 1.5027 \\ 1.3217 \end{bmatrix}$$

$$\lambda_{\max} = \frac{1}{n} \sum_{n=1}^{n} \frac{(Aw)_i}{w_1} = \frac{1}{n} b_{ij} \sum_{n=1}^{n} \frac{\sum_{j=1}^{n} a_{ij} w_j}{w_1} = 4.1280$$

第五，并计算一致比率：

$$CI = \frac{\lambda_{\max} - n}{n-1} = \frac{4.1445 - 4}{4-1} = 0.0427$$

$$CR = \frac{CI}{RI} = \frac{0.0427}{0.9} = 0.0474 < 0.10$$

其中，4 对应矩阵 $RI = 0.9$，$CR = 0.0474 < 0.10$，矩阵通过一致比率检验。此时特征向量为 W，即为一级指标的权重向量：

$$W = (0.1407, 0.1810, 0.3584, 0.3199)^T$$

用同样的方法得到以二级指标、三级指标等为准则层的权重，见表 7。

表 7　白酒产业高质量发展测度指标权重

一级指标	权重	二级指标	权重	三级指标	权重
经济增长	0.1407	产业效益	0.0563	白酒产业贡献率	0.0225
				区域内企业运营水平	0.0338
		产业规模	0.0844	白酒生产企业数目增长率	0.0375
				白酒生产劳动力投入	0.0469
创新驱动	0.1810	创新潜力	0.0603	白酒产业园区建设	0.0362
				高等院校数量增长率	0.0241
		创新效益	0.1206	酿酒技术水平	0.0483
				管理信息化	0.0724

续表7

一级指标	权重	二级指标	权重	三级指标	权重
绿色发展	0.3584	社会责任	0.0936	代表性企业环境及可持续发展重视度	0.0749
				职工权益保护重视度	0.0187
		质量监控	0.1473	质量控制体系建设完善度	0.0460
				代表性企业透明度	0.0723
				代表性企业安全生产重视度	0.0291
		结构优化	0.1175	白酒生产稳定性	0.0455
				上游企业发展	0.0200
				下游企业发展	0.0520
消费驱动	0.3199	白酒产业营商环境	0.0835	地区生产总值增长率	0.0279
				白酒产业政策健全性	0.0438
				人均可支配收入增长率	0.0118
		白酒品牌建设	0.1315	区域白酒品牌知名度	0.0789
				区域白酒品牌美誉度	0.0526
		白酒文化建设	0.1049	区域白酒文化知名度	0.0629
				区域白酒文化美誉度	0.0419

从指标层权重来看，23 个指标赋权具有一定差异性，权重最高指标区域白酒品牌知名度（0.0789）与最低指标人均可支配增长率（0.0118）差异较大，总体而言，上述指标选取有一定的区分度。根据评价结果，一级指标中绿色发展＞消费驱动＞创新驱动＞经济增长，深入分析发现，未来绿色发展方向应是白酒产业高质量发展的重点，随着新型消费模式的崛起，满足消费需求变化并符合时代发展也是白酒产业高质量发展的要点。研究发现白酒产业高质量发展影响较大的前三个指标为区域白酒品牌知名度（0.789）、管理信息化（0.0724）、代表性企业环境及可持续发展重视度（0.0749）。深入分析发现，白酒产业要高质量发展，必须提高品牌国内外知名度、降低销售壁垒，只有这样才能进一步打开市场，还要结合管理信息化，具体将生产、销售渠道信息化发展，企业可持续发展是白酒产业高质量发展的坚实保障，在重视短期经济效益的同时更要考虑生产、经营对环境产生的恶劣影响，企业要拥有自我的社会责任，重视环境并保持可持续发展。影响产业高质量发展最低的三个指标为人均可支配收入增长率（0.0118）、职工权益保护重视度（0.0187）、上游企业发展（0.0200）。

（二）白酒产业高质量发展测度应用分析

为准确测度四川省白酒产业高质量发展水平，除研究四川省外，我们还调查了

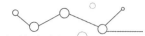

贵州省、江苏省及山西省发展现状。为收集可靠数据，本研究设置了白酒产业贡献率、区域内企业运营水平、酿酒技术水平等 19 个定性指标的调查问卷，并邀请了 15 位白酒行业内的专家填写问卷，以获取白酒产业高质量发展测度评价指标体系中定性指标数据，收回问卷数据的可信度较高。

根据白酒产业高质量发展测度模型公式、各个指标权重问卷数据，可以计算 2016—2020 年四川、贵州、山西、江苏白酒产业高质量发展的综合测度得分（见表8）。TOPSIS 分析法的思想主要是计算各个省份各个年份于正理想值（最优解）和负理想值之间的距离，如 2016 年四川省白酒产业高质量发展的测度为相对优劣程度，越靠近正理想值的高质量发展越好。

表 8　2016—2020 年四省白酒产业高质量发展综合评分

	Z＋距离	Z－距离	综合评分值	排序
四川 2016	0.1131	0.1244	0.5238	10
贵州 2016	0.1108	0.1320	0.5437	9
山西 2016	0.2168	0.0433	0.1663	20
江苏 2016	0.1932	0.0579	0.2306	18
四川 2017	0.1042	0.1338	0.5621	8
贵州 2017	0.0961	0.1459	0.6029	7
山西 2017	0.1978	0.0558	0.2199	19
江苏 2017	0.1744	0.0738	0.2974	17
四川 2018	0.0866	0.1502	0.6344	6
贵州 2018	0.0932	0.1699	0.6456	5
山西 2018	0.1685	0.0969	0.3651	16
江苏 2018	0.1373	0.1204	0.4673	12
四川 2019	0.0696	0.1664	0.7050	4
贵州 2019	0.0775	0.1913	0.7117	3
山西 2019	0.1578	0.0932	0.3712	15
江苏 2019	0.1255	0.1291	0.5070	11
四川 2020	0.0673	0.1787	0.7264	2
贵州 2020	0.0719	0.2083	0.7434	1
山西 2020	0.1406	0.1128	0.4452	13
江苏 2020	0.1445	0.1143	0.4417	14

为深入分析四省白酒产业高质量发展趋势变化，本研究绘制了综合得分走势图，如图 12 所示。

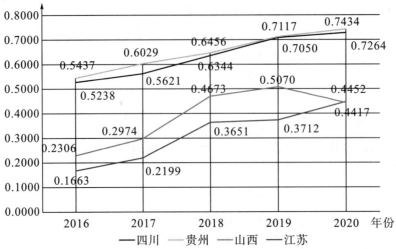

图 12　2016—2020 年四省白酒产业高质量发展综合得分走势图

从图 12 可知，除江苏省 2020 年高质量发展水平下降以外，各省份白酒产业高质量发展水平都在稳步提升。四川省与贵州省白酒产业高质量发展与山西省及江苏省明显拉开了较大差距，但二者之间的差距不明显，四川省白酒产业属于百花齐放，名优品牌、上市企业较多，而贵州省依托茅台，带动了整个省份白酒产业的发展。但综合来看二者均未达到优秀水平，综合测度均低于 0.8，达到高质量发展还存在进步空间。

（三）四川白酒产业高质量发展测度应用分析

四川是中国白酒的核心产区之一，拥有得天独厚的酿造资源，位于中国白酒金三角，酿造设施和酿造工艺全国领先。多年来持续不断地发力，使得四川白酒产业取得了长足发展，涌现了以"六朵金花"为代表的川酒品牌，和"十朵小金花"等区域川酒品牌的不断壮大，核心竞争力不断提升，引领示范带动作用不断增强，助推了四川白酒产业高质量发展。然而，全省白酒企业仍呈现出发展不平衡、不充分的趋势，特别是一些中小企业，由于资金、渠道和资源的压力而发展缓慢。另外，四川是以浓香型白酒为核心的产区，在浓香白酒领域有着极其重要的地位，但四川白酒产业集体话语权不足，其浓香风味的内涵和经典意义未被消费者深入理解和领会，一定程度上制约了四川白酒产业的整体影响力和辐射带动力。通过深入调查四川省 21 市（州），发现在四川白酒产区中，宜宾、泸州、德阳、成都、绵阳、遂宁、巴中七市的白酒品牌具有一定知名度，且常年占据川酒 90％以上的营业额，产业向高质量转型具有一定基础，而内江、广元、自贡、阿坝藏族羌族自治州等 14 市（州）区域内的白酒品牌知名度不高，产业发展未形成规模，短期内进行高质量发展难度较大。为此，以宜宾、泸州、德阳、成都、绵阳、遂宁、巴中七市 2016—2020 年数据为基础研究四川白酒产业高质量发展情况并进行分类，为促进四川白酒产业高质量发展提供参考。

为收集可靠数据，本研究设置了白酒产业贡献率、区域内企业运营水平、酿酒技术水平等 19 个定性指标的调查问卷，并邀请了 15 位白酒行业内的专家填写问卷，以获取白酒产业高质量发展测度评价指标体系中的定性指标数据，收回问卷数据的可信度较高。研究将问卷数据取均值得到 19 个定性指标最终分值，并结合 2016—2020 年宜宾、泸州、德阳等 7 市的高等院校数量增长率、地区生产总值增长率、人均可支配收入增长率等 4 个定量指标数据综合进行分析。

1. 构建雷达图

为清晰展示 2016—2020 年宜宾、泸州、德阳等 7 市各指标发展水平，研究运用公式（7）～（10）计算加权归一化矩阵。依据加权归一化矩阵 Z 可以绘制各市不同指标数据的雷达图（如图 13 所示），能直观地对各个企业不同年份的指标情况进行对比分析。

图形中的峰值越大，表示企业越注重该项发展且该项做得更优。从图 13 中可以看出区域品牌知名度、代表性企业环境及可持续发展峰值较大，得分较优。各省白酒产业高质量发展与调整可以借鉴雷达图，从自身角度出发清晰分析产业发展的优势与劣势并加以改进，提高竞争优势并达到可持续发展目标。

图 13　2016—2020 年四川 7 市不同指标数据雷达图

2. 确定白酒产业高质量发展综合测度

研究运用公式（11）～（15）计算出四川 7 市 2016—2020 年正理想解 $Z+$、

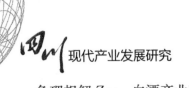

负理想解 Z－、白酒产业高质量发展综合测度见表 9。

表 9　2016—2020 年四川 7 市白酒产业高质量发展综合测度

	Z+	Z－	综合测度	排序
宜宾 2016	0.0523	0.1975	0.7906	9
泸州 2016	0.0549	0.1927	0.7784	10
成都 2016	0.1185	0.1161	0.4948	24
德阳 2016	0.1138	0.1200	0.5133	23
绵阳 2016	0.2025	0.0288	0.1243	33
巴中 2016	0.2225	0.0257	0.1034	35
遂宁 2016	0.1266	0.1072	0.4586	25
宜宾 2017	0.0448	0.2040	0.8198	3
泸州 2017	0.0464	0.1991	0.8110	7
成都 2017	0.1082	0.1258	0.5377	21
德阳 2017	0.1032	0.1294	0.5564	19
绵阳 2017	0.1935	0.0404	0.1727	29
巴中 2017	0.2155	0.0401	0.1569	30
遂宁 2017	0.1130	0.1202	0.5156	22
宜宾 2018	0.0455	0.2109	0.8226	2
泸州 2018	0.0511	0.2008	0.7971	8
成都 2018	0.1041	0.1307	0.5566	18
德阳 2018	0.0946	0.1389	0.5949	15
绵阳 2018	0.1921	0.0420	0.1795	28
巴中 2018	0.2099	0.0250	0.1064	34
遂宁 2018	0.1071	0.1272	0.5428	20
宜宾 2019	0.0444	0.2200	0.8322	1
泸州 2019	0.0481	0.2099	0.8137	5
成都 2019	0.0983	0.1384	0.5848	16
德阳 2019	0.0939	0.1440	0.6052	12
绵阳 2019	0.1852	0.0517	0.2182	27
巴中 2019	0.2047	0.0295	0.1260	32
遂宁 2019	0.0990	0.1374	0.5812	17
宜宾 2020	0.0480	0.2177	0.8194	4
泸州 2020	0.0493	0.2117	0.8112	6

	Z+	Z−	综合测度	排序
成都 2020	0.0958	0.1440	0.6006	13
德阳 2020	0.0877	0.1509	0.6326	11
绵阳 2020	0.1821	0.0512	0.2194	26
巴中 2020	0.2027	0.0304	0.1303	31
遂宁 2020	0.0963	0.1427	0.5970	14

深入分析发现，四川白酒产业高质量发展最好的是 2019 年的宜宾，高质量发展综合测度达到了 0.8322，位于良好水平。除宜宾外，泸州也达到较好水平。在白酒产业高质量发展测度模型中，部分市白酒产业综合测度排序有些许变化，高质量发展综合测度的水平与现实大致相同，依据综合测度对四川 7 市白酒产业高质量发展进行排序，结果为：宜宾＞泸州＞德阳＞成都＞遂宁＞绵阳＞巴中。为清晰分析 2016—2020 年四川 7 市白酒产业高质量发展水平变化幅度，我们绘制了四川 7 市白酒产业高质量发展综合测度图（如图 14 所示）。

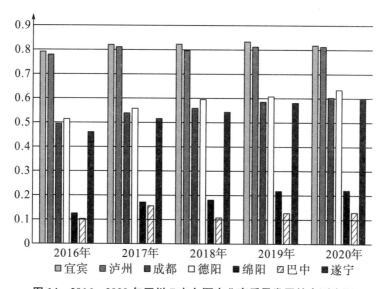

图 14　2016—2020 年四川 7 市白酒产业高质量发展综合测度图

综上，从整体上看，2016—2020 年四川省白酒产业发展质量总体是上升的，宜宾和泸州高质量发展水平远高于其他市，但从局部过程中可以发现白酒产业高质量发展是有波动的。

3. 各维度综合测度发展变化

为深入分析导致各市白酒产业高质量发展的主要变动维度，我们深入研究了白酒产业高质量发展各个维度的发展变化，见表10。

现代产业发展研究

表 10　2016—2020 年四川 7 市白酒产业高质量发展各维度综合测度

	经济增长 综合测度	创新驱动 综合测度	绿色发展 综合测度	消费驱动 综合测度
宜宾 2016	0.6490	0.7392	0.8737	0.8242
泸州 2016	0.6377	0.7413	0.8431	0.8158
成都 2016	0.3354	0.4365	0.5133	0.5566
德阳 2016	0.3854	0.5018	0.5195	0.5540
绵阳 2016	0.1439	0.0705	0.1340	0.1300
巴中 2016	0.2753	0.0000	0.0099	0.0628
遂宁 2016	0.3416	0.3902	0.4635	0.5247
宜宾 2017	0.6877	0.7659	0.9029	0.8561
泸州 2017	0.7364	0.7570	0.8696	0.8246
成都 2017	0.3711	0.4736	0.5732	0.5890
德阳 2017	0.4222	0.5380	0.5786	0.5851
绵阳 2017	0.2493	0.0930	0.1793	0.1703
巴中 2017	0.3836	0.0331	0.0601	0.0773
遂宁 2017	0.3992	0.4444	0.5337	0.5725
宜宾 2018	0.6575	0.7793	0.9454	0.8582
泸州 2018	0.6166	0.8728	0.8494	0.8254
成都 2018	0.3796	0.4981	0.6002	0.6012
德阳 2018	0.4011	0.6184	0.6312	0.6096
绵阳 2018	0.1777	0.1371	0.2275	0.1400
巴中 2018	0.1876	0.0698	0.1065	0.0831
遂宁 2018	0.3966	0.4754	0.5818	0.5841
宜宾 2019	0.6302	0.7937	0.9880	0.9458
泸州 2019	0.6155	0.7890	0.9047	0.9186
成都 2019	0.3700	0.5276	0.6442	0.6300
德阳 2019	0.4002	0.5908	0.6656	0.6251
绵阳 2019	0.1562	0.1753	0.2519	0.2170
巴中 2019	0.1297	0.1034	0.1382	0.1226
遂宁 2019	0.3869	0.5130	0.6395	0.6248
宜宾 2020	0.6406	0.7961	0.9611	0.8453
泸州 2020	0.6081	0.8837	0.9321	0.8169
成都 2020	0.3750	0.5681	0.6653	0.6340

	经济增长 综合测度	创新驱动 综合测度	绿色发展 综合测度	消费驱动 综合测度
德阳 2020	0.4050	0.6710	0.6833	0.6459
绵阳 2020	0.1670	0.1946	0.2759	0.1772
巴中 2020	0.0821	0.1135	0.1872	0.0600
遂宁 2020	0.4023	0.5361	0.6709	0.6234

为清晰分析四川 7 市 2016—2020 年经济增长、创新驱动、绿色发展、消费驱动的综合测度，我们单独分析了这四大维度各市的发展情况。

（1）经济增长综合测度

研究以城市为横坐标展现 2016—2020 年的发展变化趋势，经济增长综合测度如图 15 所示。除了 2017 年泸州、2017 年巴中的白酒产业经济增长突出外，各市白酒产业经济增长的总体排序为：宜宾＞泸州＞德阳＞遂宁＞成都＞绵阳＞巴中。

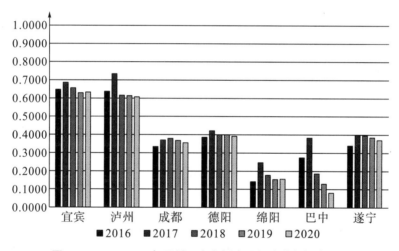

图 15　2016—2020 年四川 7 市白酒产业经济增长综合测度

综合来看，除巴中的变动幅度较大外，各市在 2020 年的增长幅度不大，多数城市下降明显。一方面是 2020 年末受到疫情的冲击，导致区域内各市白酒企业在第四季度的运营效果下降；另一方面是由于白酒产业供给侧结构性改革，区域内白酒企业增长率下降。

（2）创新驱动综合测度

如图 16 所示，各市创新驱动呈上升趋势，除巴中、绵阳的创新驱动综合测度低于 0.2 外，其余 5 市都高于 0.4 水平，泸州甚至在 2018 年、2020 年突破 0.8 水平，深入分析发现这两年的泸州高等学校增长率有所提高，高等学校对白酒的影响也非常大，白酒产业要发展需要借助多方力量，高校也是主要力量之一，可提供白酒技术人才并进行技术指导。宜宾的创新驱动增长速度较慢。

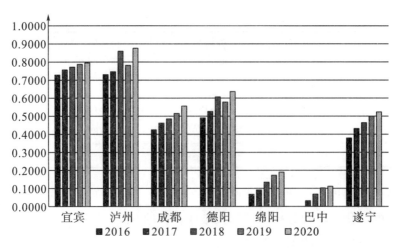

图 16　2016—2020 年四川 7 市白酒产业创新驱动综合测度

（3）绿色发展综合测度

各市 2016—2020 年绿色发展综合测度整体呈上升趋势，其中，宜宾绿色发展综合测度最高，泸州紧随其后，绵阳和巴中综合测度最低，但呈逐年上升趋势（如图 17 所示）。

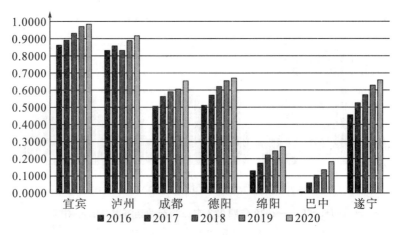

图 17　2016—2020 年四川 7 市白酒产业绿色发展综合测度

（4）消费驱动综合测度

观察各市消费驱动综合测度，发现四川各市的消费驱动综合测度呈下降趋势，值得注意的是宜宾、泸州、绵阳及巴中的消费驱动测度均在 2020 年出现下降（如图 18 所示）。

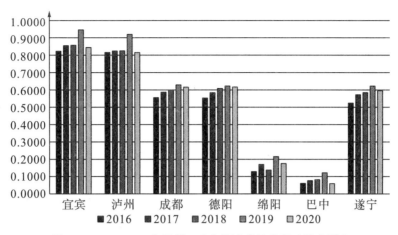

图 18　2016—2020 年四川 7 市白酒产业消费驱动综合测度

综合来看各个维度是不均衡的，为此本研究深入分析了四川省各市白酒产业高质量发展情况，只有分析影响四川白酒产业高质量发展的真实情况，才能提出针对性的意见，真正促进高质量发展。

五、四川白酒产业高质量发展提升路径

（一）明确各梯队定位，全面提高川酒影响力

根据四川白酒产业调研及白酒产业高质量发展测度模型结果，可以将四川白酒产业发展划分为四个梯队：第一梯队是宜宾、泸州，第二梯队是德阳、成都、遂宁，第三梯队是绵阳、巴中，第四梯队是白酒产业基础较为薄弱的四川其他 14 个市（州）。

1. 发挥第一梯队引领优势，强化"中国四川优质酒产区"概念

产区是对白酒酿造生态的集中表达，四川白酒发展存在不均衡现象，要实现做深做大做强四川白酒产业，首先要明确各个产业的角色定位，通过发挥各产区的优势，全方位提升川酒竞争力。作为川酒第一梯队的宜宾、泸州，需要发挥"火车头"作用，肩负带领川酒高质量发展的重任。四川常强调"帝国浓香"的概念，随着消费的多元化，其他香型的消费者也逐渐增加，加之泸州的郎酒具有悠久的历史文化传承、优秀的酿造技术和强大的竞争优势，四川品牌长久局限于浓香，一定程度上制约了川酒品牌发展的多样性及影响力。为此要以宜宾、泸州作为川酒高质量发展的主要引擎，强化"中国四川优质酒产区"概念，借助"五粮液""泸州老窖""郎酒"等知名品牌影响力，突出两大产区、知名品牌、核心技术、一流人才、特色教育等优势，打造四川白酒文化，强化四川白酒品牌，打造四川白酒市场，要把四川建成产区优势明显、地方品牌效应突出、产业链条完备的优势产业，最终实现

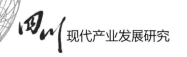

四川白酒的全面健康发展和中国白酒文化走向世界的目标。

2. 挖掘第二梯队优势，提升川酒品牌知名度

发展成都、德阳、遂宁第二梯度的各自优势，丰富"中国四川优质酒产区"概念，提高川酒品牌知名度。从2015年到2022年，成都的常住人口从1500万人涨到2200万人，同时每年接待的旅游人数也逐年上升，拥有巨大的旅游市场。目前，以邛崃、崇州、大邑、蒲江为核心的川西白酒旅游带已初步形成，"白酒＋旅游"的发展模式结合特色小镇发展，已经修建出许多特色酒庄，使得旅游更加个性化及创意化。成都应大力推进"白酒＋旅游"发展模式，形成酒旅融合态势，将川酒文化实体化、形象化，并借助旅游不断提高四川白酒文化的知名度及美誉度，进而支撑品牌价值。

白酒是遂宁市的特色优势产业。随着酒乡射洪的影响的逐步扩大，产区力量进一步增强，遂宁（射洪）产区将成为川酒的强力支撑，为中国白酒行业贡献遂宁样本。在市场的不断"进攻突围"中推动优势产业、优质项目、优越保障向园区集聚，打造更加响亮、更具特色的园区品牌。以遂宁（射洪）为核心区，进一步推动构建川酒新产业空间格局，助力遂宁市及射洪市白酒产业高质量发展、助力六朵金花之一的"舍得"等企业不断做强做大做优，进一步促进四川白酒产业转型升级、高质量发展。

德阳要深挖正史唯一记录在册的名酒——剑南春的酿酒文化的传承，并构建"华夏传承酒"新发展定位，丰富品牌文化底蕴，聚焦高品质浓香型白酒的内涵式发展，提升德阳产区市场占有率，建设集白酒酿造、白酒文化、白酒酒旅、白酒人才创新于一体的产区发展模式。在空间布局上，德阳将以当前发展为基础，结合各个地区的产业基础、发展条件，统筹规划、科学布局，推动白酒优势企业、优势要素向产业园区集中。

3. 借助川酒优势，扩大第三梯队品牌影响力

借助"中国四川优质酒产区"的品牌影响，绵阳、巴中能进一步提升自己的竞争优势及品牌影响力。绵阳地处涪江和岷江流域沿线，属于广义上的"中国白酒金三角"地区，绵阳的代表酒企丰谷，历史悠久。川酒十朵"小金花"，巴中摘得两朵。"丰谷""小角楼"在川内的知名度和认可度较高，可结合网络平台宣传产品文化、塑造产品形象、传播口碑、拓展销售渠道，不断提升白酒品牌影响力和市场占有率。绵阳、巴中还应构建"原料种植—基酒酿造—成品酒—物流配送—经销"全产业链，打造白酒"产区"概念，借助品牌影响，提高优质酒产能，大力促进绵阳、巴中上游粮食发展，进一步巩固巴中、绵阳脱贫攻坚成果。

4. 第四梯队形成白酒产业规模

2020 年随着疫情的发展，白酒行业被迫加速调整产业结构，中小企业的发展举步维艰，出现了中国白酒市场强者愈强、弱者愈弱的"马太效应"。在第四梯队分布的四川其他地区的中小企业，可以根据自身优势，与周围的其他中小企业采取"抱团取暖"的发展策略，促使白酒行业的集约化、规模化发展，使产品、品牌、资金向主市场汇聚，"抱团"的优势在于是在做一个产业，而不是做单品，如果地区中小企业能够"抱团"式发展，深入挖掘当地的区域市场和民营市场，就能形成白酒产业规模化发展。

（二）形成川酒区域集聚效应，优先促进 C 型区域发展

随着市场经济的发展，2019 年发布的《产业结构调整指导目录（2019 年本）》使白酒行业从限制性目录中解除，自此白酒产业转型可充分借助市场意义，竞争将是常态。市场经济是开放经济和竞合经济的结合体，川酒发展需要竞争，更需要良性竞争，企业发展需要找准自己的特色，对宜宾、泸州来说，在壮大发展的同时，需要带动周边企业发展。主要以宜宾和泸州第一梯队高质量白酒产业为发力点，沿 C 型路线向周围辐射，优先带动绵阳、成都、德阳、遂宁发展，强化川酒品牌支撑，促进川酒品牌多元化发展，其次促进自贡、乐山、广元、达州品牌建设。依据地理优势、产业基础、市场认知等因素，形成川酒区域集聚效应，强化产地概念，这相当于建立新的品质与价值表达体系，将成为白酒品牌价值建设的重要支点。

（三）绿色创新与消费需求并重

1. 推进绿色创新发展

白酒作为传统产业，要发展也离不开创新。在高质量发展的时代背景下，创新又被赋予了使企业能够可持续发展的色彩，也就是绿色创新。白酒产业链较长、参与者众多、涉及利益大，从原料的收集到酒类产品的生产，再到中间环节的运输，最后到消费者手中，一个白酒企业的产品信息系统分布在众多的参与者手中，但其中的过程和信息监管是完全分离的，导致产品的可追溯性非常低，假冒屡禁不止。白酒产业智能化、数字化发展是解决当前存在的问题的重要途径。四川白酒产业的数字化转型主要从组织构架、酿造技术、新型产品、营销手段等方面进行，实现绿色创新。从产品调研分析现有消费者和潜在消费，到品牌的管理，再到开发新产品和扩大老产品知名度，都离不开数据。在数字化转型和智能化战略的指导下，产品的追溯性可以更准确，营销可以更准确，品牌互动可以更人性化，消费可以更舒适，从而使白酒产业实现智能化、数字化、绿色化。

知名白酒企业的营销和传播可以采取加大资金投入来保护品牌，但对中小型白

酒企业而言，其品牌影响力弱，同时受资金、渠道发展、资源等的限制，且对市场发展不敏感，企业的组织结构不利于企业发展、创新。对企业管理者而言，应加强企业各方面的继续教育，拓展创新思维，进而突破销售壁垒，不再局限于当地销售，应跨市销售，重视构建企业文化。企业有文化、会讲文化，才能形成独特的品牌文化，扩大品牌影响力，进而提升产品的溢价能力。在不断创新发展的同时优化产业生态，最主要的是配套发展产业基础设施，增强白酒产业在供给侧推动质量型增长的创新能力，提升白酒产业匹配需求侧品质升级要求的适应水平，实现白酒产业的多样化发展和高质量发展。

2. 密切结合消费者需求

根据四川白酒产业高质量发展测度模型调查结果，除宜宾、泸州的消费驱动较高外，其余白酒产区的消费驱动均不高，区域品牌的美誉度和知名度对消费者的吸引度不够。随着以大数据技术为引领的新一代信息技术与互联社会的发展，全民素质提高、消费回归品质和理性，大众对白酒的消费需求正在发生潜移默化的改变。所有公众销售一瓶酒的时代已经过去，川内白酒企业也在不断顺应时代需求，追求个性、健康和文化价值，但对于文化传播的影响度和公众的有效接受度不明显。在丰富产品内涵的同时，要密切结合当今消费者的个性化、时尚感、低度数等需求，关注消费者的消费体验，创造出与消费者产生共鸣的品牌效应，获得消费者的认同和青睐，全面满足更多消费者的独特需求，提升四川白酒的影响力和竞争力。

（四）转变政府职能，加大扶持力度

对于贯穿第一、第二、第三产业的白酒行业，其高质量发展需要有良好的政策环境，对白酒产业的政策支持力度还需进一步提升。第一、二、三梯队政府扶持力度较大，第四梯队部分城市也拥有深厚的白酒文化底蕴、白酒质量高，如自贡荣县生产的"荣州红酒"在唐代就已是四川名酒了，也是"官酒"，区位优势较好，地理位置优越，但政策支持不足，对白酒产业及白酒产能的配套支撑政策较少，限制了自贡白酒产业的壮大发展。为此，对于具有白酒文化底蕴的产区，政府应加大政策支持力度，使之积极融入四川白酒"C"区发展，以区域内现有的龙头企业为中心，科学布局，积极推进有利于白酒产业发展的政策和措施，如财税、科教等。同时应积极推进产权制度改革，主要针对国有白酒企业的混合所有制改革，以巩固和发展企业在市场中的主导地位，充分发挥市场机制在企业生产经营中的主导作用。此外，通过政府职能、高校、科研平台、论坛等构建多层次的酒文化资源供给体系，以政府主导打造区域酒文化资源，以名优酒业主导供给具有代表性的酒文化资源，围绕中小酒业企业挖掘并培育个性化的酒文化资源。

（五）培养川酒人才摇篮

川酒是白酒行业的中流砥柱，人才是振兴川酒的战略支撑。为进一步推进四川白酒高质量发展战略，急需建设一支高素质、高层次、高技术的人才队伍。但制约人才发展的因素有很多，企业的长期发展愿景、人性化的企业文化和管理体系、建设性的薪酬制度和员工职业成长规划等的缺失，都会导致员工流失，因此，在企业内部要建立全面的管理体系，以满足员工的美好生活需要，构建企业的人文关怀目标。在加强现有人才的管理之下，同时加强企业"准"人才的引进及培养，以人才促发展，就要建设四川酒业科技人才孵化基地，在本专科高等院校成立白酒特色学院，开设酒类相关课程，增强创新服务能力，进一步推进产教一体化，培养更多高素质技能型人才，进一步强化核心竞争力，为四川酒业的优质发展和振兴做出越来越大的贡献。

负责人：余元春（四川轻化工大学）

成　员：陈一君（四川轻化工大学）

胡文莉（四川轻化工大学）

安江丽（四川省统计局）

王美佳（四川轻化工大学）

邹启炎（西南交通大学）

四川产业园区发展现状及对策研究

产业园区建设是我国改革开放的成功实践，对促进体制改革、改善投资环境、引导产业集聚、发展开放型经济发挥了不可替代的作用，已经成为我国实体经济的"晴雨表"，发挥着重要的引擎作用。四川产业园区经历 30 余年的发展，从 1990 年成都高新区获批正式成立，到 2022 年共拥有 24 个国家级开发区，园区经济不断发展壮大。

一、四川产业园区发展取得的成效

省委省政府高度重视产业园区建设，把产业园区纳入全省发展战略的总体部署进行统筹谋划，持续推进全省产业园区转型升级创新发展，有力带动支持经济调结构、转方式、稳增长，园区经济不断发展壮大，发展成果显著。

（一）总体规模逐步壮大，支撑带动能力日益增强

从园区数量和分布来看，截至 2020 年 11 月底，四川共有省级及以上开发区 142 个，其中，国家级经开区 10 个，国家级高新区 8 个。2021 年，全省 10 个国家级经开区以占全省不到 0.1% 的建成区面积，贡献了全省约 13.5% 的地区生产总值；全省 27 家高新区以 0.43% 的土地面积贡献了全省 16.2% 的地区生产总值，已经成为我省经济增长的助推器与动力源。

（二）转型升级稳步推进，绿色发展不断进步

截至 2020 年，全省工业企业在产业园区的集中度已经超过 70%。尤其是国家级产业园区，依托强大的政策支持和经济社会高速发展的需求，通过改造提升传统制造业，着力发展高新技术和战略性新兴产业，有效地促进了制造业与现代服务业的有机融合发展。同时，全省高新区积极推进绿色低碳发展，加快生态园区建设，推行低碳化、循环化、集约化发展。2020 年，全省高新区土地产出强度 4460 万元/公顷，亩均税收约 7.71 万元，土地集约节约利用效益显著提升。

（三）营商环境持续改善，开放合作成效初显

国家级开发区在深化"放管服"改革方面走在前列，在《园区高质量发展百强（2021）》"营商引领"单个维度评价中，成都高新区位列首位。国际（地区）合作园区蓬勃发展，目前全省共有国际（地区）合作园区 17 个，数量居中西部第 1 位、全国第 3 位。2020 年国际合作园区货物贸易进出口金额 342 亿元，服务贸易进出口金额 5.52 亿元。四川自由贸易试验区成立以来，主要指标位居第三批自由贸易试验区前列。

二、四川产业园区发展存在的问题

对标东部发达地区产业园区，我省产业园区发展面临的问题仍然突出，亟待立足发展实际，积极借鉴发达地区产业园区发展经验，推动园区经济转型升级。

（一）园区总体规模偏小

从国家级产业园区数量及分布看，产业园区发展呈现典型的"东强西弱"态势。从园区分布省份来看，园区总量前五名的省份都属于东部地区，四川以 18 个国家级开发区数量位列总量第 14 名。从国家级产业园区面积来看，四川国家级开发区核准面积在全国位列第 16 名，其中江苏省国家级开发区核定面积 5 万多公顷，是四川的 3.7 倍。从省（市、区）政府批准设立的开发区来看，我省的数量、规模与东部地区相比还有较大差距。

（二）园区综合质量不高

根据《园区高质量发展百强（2021）》，中国园区高质量百强中，前 10 名中东部地区占据 7 席，处于绝对领先地位。其中四川仅有 3 个园区入榜百强，成都市高新区、成都市经开区、德阳经济技术开发区分别位列第 7 名、第 39 名和第 87 名，入围数量少且排名靠后。2021 年国家级高新区综合排名前 100 名中，四川仅上榜 3 个，其中成都高新区进入前 10 名、绵阳高新区位列第 44 名、泸州高新区位列第 98 名。2021 年国家经开区排名中，四川仅成都经开区进入综合实力前 30 名榜单，位列第 17 名。

（三）园区发展成效不显

从国家级经开区发展成效来看，四川国家级开发区同东部地区相比差距显著，2020 年，国家级经开区地区生产总值超过 2000 亿元的园区数量达到 6 个，排名第 1 的广州经开区地区生产总值达到 3663 亿元，是成都经开区地区生产总值（1355.2 亿元）的 2.7 倍。从国家级高新区发展成效来看，2020 年成都高新区产值

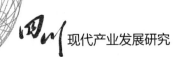

相当于第 1 名深圳高新技术产业开发区产值的 45.1%，营业收入仅相当于第 1 名中关村的 12.5%，技术收入仅相当于第 1 名中关村的 12.6%，净利润、实缴税额和出口额分别相当于第 1 名的 15.2%、14.4%、64.4%。

（四）园区创新能力偏弱

根据"2021 年中国高新区创新能力百强"榜单，四川仅成都高新区和绵阳高新技术产业开发区分别以第 14 名、第 72 名入围，入围数量少且名次靠后。2020 年，成都高新区拥有企业 3208 家，对比创新能力榜首的中关村的 27487 家差距甚远，中关村、张江和深圳高新区的企业数量分别是成都高新区的 8.5 倍、3.6 倍、2.2 倍。2020 年，西部开展创新活动的规模以上企业个数 31269 个，同东部地区的 184207 个相距甚远，整个西部地区的创新氛围、创新能力以及创新表现都弱于东部地区。

（五）园区营商环境不优

根据 21 世纪经济研究院对国家级经开区综合发展水平前 30 名的园区营商环境的评价，广州经开区、昆山经开区和苏州工业园区连续两年营商环境评价处于领先地位，成都经开区仅列第 8 位。

三、促进四川产业园区高质量发展的对策建议

面对全球新一轮科技革命和产业变革的大趋势和高质量发展的新要求，产业园区要全面落实新发展理念，着眼资源优化配置、要素顺畅流动、市场公开公平、效率效能稳增，推动从投资和要素驱动向创新驱动绿色发展转型，坚定走"产业结构优、科技含量高、资源消耗少、环境影响小、质量效益好、发展可持续"的新路径，坚持问题导向、需求导向，加快转型升级步伐，逐步构建基于产业价值链和创新生态圈的现代化产业体系。

（一）加快产业园区转型升级

1. 加快传统产业改造，推动传统产业升级

一方面，要立足区域发展实际，遵循产业演变的一般规律，鼓励、引导企业通过引进新技术、新设备、新工艺、新材料，加快对有市场、有效益的传统产业进行改造嫁接，培育传统产业的新动能、新优势。另一方面，在产业承接、培育、规划方面，立足新发展阶段，高质量高起点谋划园区未来发展方向与路径。对一些增长空间和发展潜力不大的传统产业和企业，要按照相关法律和程序，通过"腾笼换鸟"等方式指导其逐步退出或搬迁转移。在重大项目建设规划上，围绕头部企业的

配套产业园进行产业链招商。

2. 发展中高端产业，提升产业层次

以市场为导向，围绕支柱产业、高新技术产业和战略性新兴产业，调整优化园区产业结构，培养一批龙头型、基地型、旗舰型产业项目和具有明显竞争优势的中高端龙头企业，推动传统产业新型化、高新技术产业规模化、支柱产业多元化、新兴产业支柱化，促进产业由中低端向中高端发展，引导企业向产业链上下游延伸、向价值链高端环节攀升，构造基于城市群的、区域的全价值链体系。

3. 科学制定园区发展规划

合理定位产业园区的经济社会功能和未来发展方向，避免产业园区同构性、同质化发展。坚持高端引领、创新驱动、市场主导、改革赋能、开放协同、内外联动，全面把握新发展阶段的新任务新要求，聚焦核心优势，进行产业选择、产业链优化。

（二）提升产业园区创新能力

1. 鼓励园区企业进行科技研发，发挥企业创新主体作用

确立企业技术创新的主体地位，鼓励企业在新技术、新产品、新工艺上加大研发投入。运用相应的激励机制促进龙头企业建设协同创新服务平台和信息化平台，建立技术成果供需信息对接平台，推动形成协同、高效、融合、顺畅的大中小企业融通创新生态。同时，构建完整的创新创业孵化体系，不断催生新业态、新产品、新服务，激活园区企业创新活力。

2. 推动产学研用深度融合，加强科技成果转化力度

推动园区企业与高校、科研院所合作，建立以企业为中心，政府、大学、科研机构、企业、中介机构等多种主体共同参与的创新生态系统，开展联合协同创新。鼓励企业参与国家科研项目和创新工程，围绕主导产业建设一批国家级企业技术中心和工业设计中心；支持企业联合高校院所建立新型产业（技术）研究院、产业技术创新联盟、产学研联合实验室等，不断提升企业自主研发和技术集成能力。鼓励实施高新技术产业带成果带项目整体转化，推动科技研究成果产业化。引导企业工程（技术）研究中心等创新平台对外开放共享，鼓励企业以合作研发推广、技术成果交易等多种形式参与产学研合作，共享研发成果。

3. 建立引人、用人和育人机制，加强人才队伍建设

围绕"5＋1"产业发展需求，重点引进带技术、带项目的创新创业团队落户产

业园区。引入海外高层次人才和紧缺型人才，设立海外国际人才服务中心站，加快留学生创业园、博士后科研工作站和创新实践基地建设，广泛吸纳国内外优秀人才和创新团队在省内开发区创业。积极争取国家、省市级重大人才项目，鼓励各产业园区加大优惠政策力度，对引进的人才团队进行配套资助。支持龙头企业建设院士工作站、博士后工作站和科技特派员工作站。

4. 加快数字基础设施建设，推动产业园区数字化建设

加快建设新一代信息基础设施，利用数字技术提升园区管理和服务能力；提升线上线下相结合的资源共享水平，引导各类要素加快向园区集聚；探索发展跨越物理边界的"虚拟"产业园区和产业集群，构建虚实结合的产业数字化新生态。加快发展数字经济，通过数字技术应用为传统产业转型升级提供支持和动力，推动园区产业向数字化、网络化、智能化、服务化转型升级，培育园区产业竞争新优势。

（三）促进产业园区开放发展

1. 深化对外交流，提升外资利用水平和层次

加强国内外经济交流合作，优化外资利用结构，引进价值链高端环节投资，积极培育总部经济，推动加工贸易型传统园区向知识、技术密集型转型。承接更高层次国际制造业转移，引导外资更多投向高端装备制造、节能环保、新能源、新材料等产业领域，通过综合带动效应，加快形成本地化产业链。

2. 支持产业园区探索"飞地经济"建设

通过要素互换、合作兴办、企业联合协作等形式，鼓励、支持、推进项目跨国对接，继续推进国际合作园区建设。完善合作共建、产业共育和利益共享的合作机制，探索跨区域开发区合作新模式，构建区域协同开放、特色鲜明的产业开放合作新格局。创新合作园区利益分享机制，建立跨区域利益评估共享机制，研究解决企业产业转移、异地经营、一企多址等情况在不同开发区之间的税收收入分享问题，优化财税分配制度。

3. 着力优化营商环境，提高招商引资水平

按照精简、效能、统一的原则，积极创新工作模式，完善服务体系。建设国际化市场化法治化便利化营商环境，完善开放型经济新体制，构建稳定、透明、可预期和公平竞争的营商环境。在此基础上，聚焦重点产业，拓宽招商渠道，大力推行市场化招商方式，着力提升精准招商水平，提高招商工作数字化、智能化水平，推进高质量招商引资，促进招商工作转型升级，加快优质项目招引落地。

(四) 推动产业园区绿色循环发展

1. 加大产业绿色化改造, 构建产业园区绿色低碳循环经济体系

贯彻绿色发展理念, 提高资源利用效率, 提升清洁生产水平, 以绿色产品、绿色工厂、绿色园区建设为抓手, 加大对园区产业的绿色化改造, 构建高效、清洁、低碳、循环的绿色制造体系, 进一步降低能耗、物耗水平, 减少污染物排放, 解决好产业发展和生态环境之间的矛盾。

2. 加快资源能源一体化设施建设, 构建产业园区绿色低碳发展基础支撑体系

以资源能源节约、生产过程清洁和废物循环化利用为目标, 加快资源能源一体化配套设施建设, 推动资源能源与各领域基础设施协同融合发展, 推动园区从基于资源禀赋的能源"旧基建"向依托技术驱动与模式创新的能源"新基建"转变。优化园区内基础设施空间布局, 实现土地节约集约高效利用。构建能耗、环保、技术、安全等园区基础设施建设与改造升级标准, 将污染防治从末端治理转向污染预防, 全面提升园区环境质量。

3. 加大力度淘汰落后产能, 构建产业园区绿色低碳发展产业支撑体系

园区既要严格项目准入门槛, 坚决杜绝引进"三高一低"(高投入、高能耗、高污染、低效益) 的劣质项目, 又要加快调整园区内部产业结构, 严格执行环境管制政策, 依法有序关停或者转移高污染、高耗能、高排放和工艺落后的产业。

4. 加强节能降耗减排技术改造与使用, 构建产业园区高质量发展绿色低碳技术支撑体系

一方面要加快推广绿色技术和清洁生产, 积极引入新技术、新工艺和新设备以及绿色龙头企业, 推进园区环保技改由设备更新为主向集成创新改造转变。另一方面, 积极引导企业淘汰落后设备、工艺和技术, 推动企业产品结构、生产工艺、技术装备优化升级。

(五) 改革产业园区管理体制机制

1. 强化顶层设计, 创新管理机制

以构建产业生态圈为目标, 进一步理顺政府、市场和社会的关系, 积极推动政府职能转变, 逐步由政府主导型管理体制机制向市场主导型管理体制机制转型。推动产业园区向产城融合的城市新区转变, 实现产业园区与城镇化融合发展、产业园区运营与新型城镇化建设国家战略相结合、产业园区和城市功能要素有机结合，激发区域发展潜力。

2. 加快智能转型，提高管理效能

加快打造一体在线、整体联动、业务协同、精准智慧的产业园区数智平台，推动园区治理体系和治理能力现代化。集成人工智能、大数据、云计算、物联网等领先技术，赋能园区安全、管理、经营和服务全部环节，打造设备智能化、管理数据化、应急主动化、服务精准化的新型园区服务。整合园区内各子系统信息资源，实现园区内数据的汇聚、融合与共享，支撑园区各类管理应用与决策分析。

负责人：王　强（四川大学）
成　员：周作昂（四川省统计局）
　　　　李雷雷（四川省经济和社会发展研究院）
　　　　邓睦军（四川大学）
　　　　林凤铃（四川大学）
　　　　兰　想（四川省统计局）

四川"5＋1"现代产业发展的科技支撑体系研究

加快构建"5＋1"现代产业体系，培育世界级先进制造业集群，聚力推动产业基础高级化、产业链现代化，强力推动工业经济质量变革、效率变革、动力变革，是四川省实现制造大省向制造强省转变，打造带动全国制造业高质量发展重要增长极和新动力源的重要路径。深入推进创新驱动才能引领产业高质量发展，加快形成科学技术体系是四川"5＋1"现代产业发展的关键支撑。因此，围绕四川"5＋1"现代产业发展，科学设计其科技支撑体系，能够促进产业链与创新链深度融合，精准赋能四川制造业高质量发展。

一、科技支撑体系对四川"5＋1"现代产业发展的重要意义

（一）提高科技供给体系质量和水平

2018 年 5 月 28 日，习近平总书记在全国两院院士大会上首次明确提出要"充分认识创新是第一动力，提供高质量科技供给，着力支撑现代化经济体系建设"。设计四川"5＋1"现代产业发展的科技支撑体系，将有助于提高四川科技创新的整体实力，使科技创新覆盖领域更加广泛、创新内容更加丰富、创新种类更加多样、技术更加先进、市场更具竞争力、创新体系更加完善、创新机制更加灵活、创新环境更加优良，为高质量发展提供高水平创新支撑的能力，提高科技供给体系质量和水平。

（二）促进产业链与创新链深度融合

习近平总书记在讲话中多次强调，要推动产业链与创新链深度融合，围绕产业链部署创新链，围绕创新链布局产业链，助力经济高质量发展。四川省委十一届九次会议审议通过了《中共四川省委关于深入推进创新驱动引领高质量发展的决定》，进一步明确了"构建产业技术创新平台体系、实施产业延链补链强链工程、前瞻布局战略性新兴产业"等促进创新链产业链深度融合的重点举措。科学设计四川"5＋1"

现代产业发展的科技支撑体系，有助于促进产业链与创新链深度融合，实现产业基础高级化与产业链现代化。

（三）增强产业链供应链自主可控能力

当前，受中美贸易战、新冠肺炎疫情全球大流行等因素影响，全球产业链加速重构，我国产业链供应链的安全稳定面临重大考验。维护产业链供应链安全稳定，增强产业链供应链自主可控能力，是国家安全的重要组成部分，是统筹发展与安全的题中应有之义，也是构建新发展格局的必然要求。设计四川"5+1"现代产业发展的科技支撑体系，能够强化关键核心技术攻关，解决一批"卡脖子"技术问题，加快推动产业基础再造，补齐影响产业链供应链安全的短板，锻造具有竞争优势和控制力的长板，打造具有更强创新力、更高附加值和更安全可靠的现代化产业链，切实增强产业链供应链自主可控能力。

二、四川"5+1"现代产业发展的科技支撑现状

（一）电子信息产业首破万亿，科技支撑全面夯实

作为五大支柱产业之首的电子信息产业率先突破万亿大关，2019年实现营业收入10259.9亿元，2021年营业收入达到14611.5亿元，产业规模高居中西部首位。从细分领域来看，电子信息制造业营业收入由2012年的2507.5亿元增长到2020年的6666.8亿元，年均增速达13%，利润总额由2012年的139.8亿元增长到2020年的169.4亿元；2020年软件和信息服务业实现主营业务收入5727亿元，是2015年的2.1倍，年均增速达15.9%，利润总额达到515亿元，同比增长15.8%。

从科技经费投入来看，计算机、通信和其他电子设备制造业规模以上工业企业研究与试验发展（R&D）经费投入由2016年的64.27亿元增长到2020年的86.5亿元，R&D经费投入强度由2016年的1.57%降低到2020年的1.28%。从科技成果产出来看，2020年四川省电子信息产业相关专利申请数达到22607件，较2017年增加了近3000件。从科技平台支撑来看，四川省首批重点特色园区中有7个电子信息产业主导的园区，四川省重点实验室中共有8家涉及电子信息领域，26家国家级新型工业化产业示范基地中有4家涉及电子信息产业，另有微细加工光学技术国家重点实验室、电子薄膜与集成器件国家重点实验室、先进微处理器技术国家工程研究中心。从科技人才支撑来看，2019年在川高校培养电子信息类人才数量占五大支柱产业人才培养总数的比例约为45%，电子信息类从业人才数量占五大支柱产业从业人才总数的比例高达53.1%，2022年领军科技人才中共有11位在川两院院士研究领域涉及电子信息产业。从科技合作支撑来看，成渝签署电子信息产

业高质量协同发展战略合作协议，共建成渝电子信息创新创业产业园，根据 2022 年中外知名企业四川行活动推介项目名单，四川省共推介电子信息产业项目 263 个，投资总额达到 6548.96 亿元。

（二）装备制造产业稳中蓄势，科技合作持续强化

四川装备制造产业的发展重点集中于航空与燃机、智能装备、轨道交通、新能源与智能汽车领域。2021 年，四川装备制造产业实现营业收入 8069.8 亿元，较"十三五"末增长了 742 亿元。其中，通用设备制造业营业收入达 1674.9 亿元，同比增长 11.7％，利润总额达到 123.6 亿元，同比增长 34.5％；专用设备制造业营业收入达 1209.4 亿元，同比增长 3.3％，利润总额达到 81.2 亿元，同比增长 5.2％；铁路、船舶、航空航天和其他运输设备制造业营业收入达 572.1 亿元，同比增长 8.6％，利润总额达到 41.7 亿元，同比增长 28.7％。

从科技经费投入来看，2020 年四川省装备制造业研究与试验发展（R&D）经费投入 224.6 亿元，投入强度为 1.37％，较 2019 年提高了 0.11 个百分点。其中，通用设备制造业规模以上工业企业研究与试验发展（R&D）经费投入由 2016 年的 14.76 亿元增长到 2020 年的 24.6 亿元，R&D 经费投入强度由 2016 年的 0.70％提高到 2020 年的 1.65％；专用设备制造业 R&D 经费投入由 2016 年的 11.90 亿元增长到 2020 年的 20.2 亿元，R&D 经费投入强度由 2016 年的 0.86％提高到 2020 年的 1.71％；铁路、船舶、航空航天和其他运输设备制造业 R&D 经费投入由 2016 年的 16.57 亿元增长到 2020 年的 21.0 亿元，但 R&D 经费投入强度却由 2016 年的 2.67％下降到 2020 年的 2.15％。从科技成果产出来看，2020 年四川省装备制造产业相关专利申请数达到 15569 件，较 2017 年增加了 2692 件。从科技平台支撑来看，四川省首批重点特色园区中有 9 个装备制造产业主导的园区，四川省重点实验室中共有 14 家涉及装备制造领域，26 家国家级新型工业化产业示范基地中有 6 家涉及装备制造产业，另有牵引动力国家重点实验室、大型铸锻件先进制造技术及装备国家工程研究中心。从科技人才支撑来看，2019 年在川高校培养装备制造类人才数量占五大支柱产业人才培养总数的比例约为 30.35％，装备制造类从业人才数量占五大支柱产业从业人才总数的比例高达 21.8％，2022 年领军科技人才中共有 6 位在川两院院士研究领域涉及装备制造产业。从科技合作支撑来看，成渝共建"两核一带"装备制造产业生态圈，打造世界级装备制造产业集群，根据 2022 年中外知名企业四川行活动推介项目名单，四川省共推介装备制造产业项目 294 个，投资总额达到 6216.09 亿元。

（三）食品饮料产业特色突显，科技平台量质齐升

食品饮料产业是四川工业经济的重要支柱产业，主要包括农产品精深加工、优质白酒、精制川茶、医药健康四个重点领域。2021 年四川食品饮料产业实现营业

收入 10030.2 亿元,总量实现万亿元突破,对工业经济贡献率达 20.4%,实现利润总额 1258.5 亿元,较上年增长 19.7%。其中,优质白酒领域实现利润总额 678.3 亿元,较上年增长 24.9%,占食品饮料产业比重高达 53.9%,是四川食品饮料产业的核心组成部分。

从科技经费投入来看,各细分领域呈现出差异化的发展趋势。农副食品加工业规模以上工业企业研究与试验发展(R&D)经费投入由 2016 年的 3.68 亿元增长到 2020 年的 9.1 亿元,R&D 经费投入强度由 2016 年的 0.13% 提高到 2020 年的 0.35%;食品制造业 R&D 经费投入由 2016 年的 1.96 亿元增长到 2020 年的 5.4 亿元,R&D 经费投入强度由 2016 年的 0.19% 提高到 2020 年的 0.46%;酒、饮料和精制茶制造业 R&D 经费投入由 2016 年的 15.17 亿元减少到 2020 年的 13.6 亿元,R&D 经费投入强度也由 2016 年的 0.53% 下降到 2020 年的 0.37%;医药制造业 R&D 经费投入由 2016 年的 16.56 亿元增长到 2020 年的 44.0 亿元,R&D 经费投入强度由 2016 年的 1.27% 提高到 2020 年的 3.21%。从科技成果产出来看,2020 年四川省食品饮料产业相关专利申请数达 20484 件,较 2019 年增加了近 6300 件。从科技平台支撑来看,四川省首批重点特色园区中有 6 个食品饮料产业主导的园区,四川省重点实验室中共有 49 家涉及食品饮料领域,另有生物医药·四川成都医学城国家级新型工业化产业示范基地、生物治疗国家重点实验室、口腔疾病研究国家重点实验室、省部共建西南作物基因资源发掘与利用国家重点实验室、省部共建西南特色中药资源国家重点实验室。从科技人才支撑来看,2019 年高校培养食品饮料类人才数量占五大支柱产业人才培养总数的比例约为 7.32%,食品饮料类从业人才数量占五大支柱产业从业人才总数的比例高达 11.2%,2022 年领军科技人才中共有 3 位在川两院院士研究领域涉及食品饮料产业。从科技合作支撑来看,成渝携手打造特色消费品名片,根据 2022 年中外知名企业四川行活动推介项目名单,四川省共推介食品饮料产业项目 206 个,投资总额达到 2196.33 亿元。

(四)先进材料产业发展迅速,研发投入不断增强

先进材料产业是战略性、基础性产业,也是高技术竞争的关键领域。2021 年,四川省先进材料产业实现营业收入 7674.2 亿元,增长 21.0%,实现利润总额 616.3 亿元,增长 98.0%。其中,化学纤维制造业实现营业收入 399.4 亿元,增速达 6.6%,利润总额为 5.0 亿元,增速为 -29.6%;橡胶和塑料制品业实现营业收入 1002.7 亿元,增速为 3.8%,利润总额为 58.0 亿元,增速为 3.0%。

从科技经费投入来看,化学纤维制造业规模以上工业企业研究与试验发展(R&D)经费投入由 2016 年的 2.99 亿元增长到 2020 年的 4.5 亿元,R&D 经费投入强度由 2016 年的 1.18% 提高到 2020 年的 1.2%;橡胶和塑料制品业 R&D 经费投入由 2016 年的 3.56 亿元增长到 2020 年的 7.9 亿元,R&D 经费投入强度由 2016 年的 0.36% 提高到 2020 年的 0.82%。从科技成果产出来看,2020 年四川省先进材

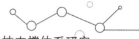

料产业相关专利申请数达 16874 件,较 2019 年增加了 2977 件。从科技平台支撑来看,四川省首批重点特色园区中有 7 个先进材料产业主导的园区,四川省重点实验室中共有 9 家涉及先进材料领域,另有绿色建材·成都青白江区国家级新型工业化产业示范基地、高分子材料工程国家重点实验室。从科技人才支撑来看,2019 年在川高校培养先进材料类人才数量占五大支柱产业人才培养总数的比例约为3.1%,先进材料类从业人才数量占五大支柱产业从业人才总数的比例高达 4.8%,2022 年领军科技人才中共有 7 位在川两院院士研究领域涉及食品饮料产业。从科技合作支撑来看,共创川渝新材料产业合作示范园区,根据 2022 年中外知名企业四川行活动推介项目名单,四川省共推介先进材料产业项目 206 个,投资总额达到4122.74 亿元。

(五) 能源化工产业转型谋变,领军人才优势突出

锚定"碳达峰、碳中和"目标,聚焦清洁能源、绿色化工、节能环保领域,四川省坚持创新驱动引领能源化工产业转型发展。2021 年,四川能源化工产业实现营业收入 8556.2 亿元,2017—2021 年能源化工产业增加值年均增长 8.0%,高于规模以上工业年均增速 0.2 个百分点。其中,石油和天然气开采业实现营业收入903.6 亿元,同比增长 16.7%,实现利润总额 174.4 亿元,同比增长 9.5%;废弃资源综合利用业实现营业收入 207.7 亿元,同比增长 26.5%,实现利润总额 8.8 亿元,同比增长 11.4%。

从科技经费投入来看,石油和天然气开采业规模以上工业企业研究与试验发展(R&D)经费投入由 2016 年的 4.44 亿元增长到 2020 年的 10.5 亿元,R&D 经费投入强度由 2016 年的 0.87%提高到 2020 年的 1.36%;废弃资源综合利用业 R&D经费投入由 2016 年的 0.20 亿元增长到 2020 年的 0.7 亿元,R&D 经费投入强度由2016 年的 0.1%提高到 2020 年的 0.4%。从科技成果产出来看,2020 年四川省能源化工产业相关专利申请数达 31881 件,较 2019 年增加了 8602 件。从科技平台支撑来看,四川省首批重点特色园区中有 2 个能源化工产业主导的园区,四川省重点实验室中共有 13 家涉及能源化工领域,建有节能环保·四川金堂国家级新型工业化产业示范基地、油气藏地质及开发工程国家重点实验室、工业排放气综合利用国家重点实验室(西南化工研究设计院)。从科技人才支撑来看,2019 年在川高校培养能源化工类人才数量占五大支柱产业人才培养总数的比例约为 14.6%,能源化工类从业人才数量占五大支柱产业从业人才总数的比例高达 9.1%,2022 年领军科技人才中共有 15 位在川两院院士研究领域涉及能源化工产业。从科技合作支撑来看,川渝签订能源一体化高质量发展合作协议,根据 2022 年中外知名企业四川行活动推介项目名单,四川省共推介能源化工产业项目 96 个,投资总额达到 1290.1亿元。

（六）数字经济产业赋能强基，科技转化活力释放

从数字经济产业发展来看，2021 年四川省数字经济规模突破 1.6 万亿元，居全国第 9 位，数字经济核心产业增加值达到了 4012.2 亿元，占地区生产总值的比重为 7.5%，产业增加值较上年增长 21.5%，占比提高了 0.7 个百分点。其中，数字产品制造业增加值为 1505.0 亿元、数字产品服务业增加值为 76.1 亿元、数字技术应用业增加值为 2112.9 亿元、数字要素驱动业为 318.2 亿元，分别较上年增长 10.2%、18.5%、30.8%、23.8%。

数字经济产业逐渐成为全省经济高质量发展的新引擎，源自科技创新水平的不断提升与数字化转型赋能引领作用的持续强化。四川省数字经济产业领域相关专利申请数相对平稳，2017—2020 年年均基本维持在 4500 件左右（见表 1）。近年来，四川省两化融合发展水平始终保持在第一梯队，年均增速居全国第 2 位，2020 年智能制造就绪度居全国第 4 位，已培育近 40 个省级工业互联网平台，上云企业数超 20 万。另外，雅安经济开发区大数据产业园区入选四川省首批重点培育的特色园区，并建有人工智能四川省重点实验室等十家省级重点实验室，以及大数据·成都崇州经济开发区、数据中心·四川雅安经济开发区两个国家级新型工业化产业示范基地。川渝联合建设国家数字经济创新发展试验区，根据 2022 年中外知名企业四川行活动推介项目名单，四川省共推介数字经济产业项目 97 个，投资总额达到 1867.93 亿元。

表 1　2017—2020 年四川省"5+1"现代产业专利申请数

单位：件

主要产业	年份			
	2020	2019	2018	2017
电子信息产业	22607	18471	19282	19606
装备制造产业	15569	12589	11810	12877
食品饮料产业	20484	14209	14451	18158
先进材料产业	16874	13897	14366	15511
能源化工产业	31881	23279	24174	25401
数字经济产业	4453	3688	4538	4771

资料来源：根据 Innojoy 大为专利数据整理所得。

三、四川"5+1"现代产业发展科技支撑存在的主要问题

（一）科技赋能产业作用不够突出

四川省已初步构建起具有特色优势的现代产业体系，产业发展呈高质量发展态

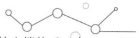

势,2018—2021年,四川五大支柱产业营业收入由3.8万亿元提高到4.9万亿元。然而,与广东、江苏、浙江等东部沿海省市相比,科技赋能产业发展的作用仍不够突出。

从产业链角度看,四川"5+1"现代产业尚未完全改变"大而不强"的现状,虽然均跻身于国内第一梯队,但与广东、江苏、山东、浙江等相比存在一定差距,如2021年广东的电子信息产业营业收入达到了4.56万亿元、山东的装备制造产业营业收入达到了2.4万亿元、四川数字经济规模位列全国第九位。从创新链角度看,赋能"5+1"现代产业发展的科技创新成果仍显不足(见表2),2020年四川省"5+1"现代产业相关专利申请数均低于其他6个省市。从产业链与创新链融合角度看,2019年五大支柱产业的技术支撑强度均小于1,先进材料为0.89、食品饮料为0.77、装备制造为0.65、能源化工为0.59、电子信息为0.51,说明四川省产业发展的技术含量不够高,科技赋能产业存在很大发展空间。

表2　2020年主要省市"5+1"现代产业专利申请数

单位:件

省市	主要产业					
	电子信息	装备制造	食品饮料	先进材料	能源化工	数字经济
广东省	146611	61815	53210	86624	170528	36251
江苏省	73519	80533	58142	100606	171855	13716
浙江省	44924	39815	35907	53453	100763	12000
山东省	25424	35092	49288	36390	77141	6593
北京市	88259	26148	26214	27738	48117	20437
上海市	40045	20677	22051	25144	46808	8483
四川省	22607	15569	20484	16874	31881	4453

资料来源:根据Innojoy大为专利数据整理所得。

(二)科技创新支撑体系有待健全

现代产业高质量发展强调产业链、创新链、人才链、资金链、政策链等多链条融合,四川省需要健全涵盖科技资源、科技平台、科技合作、科技人才、科技服务、科技政策等方面的全方位科技支撑体系,以弥补"5+1"现代产业发展科技支撑存在的短板。

科技资源支撑方面,2020年四川省"5+1"现代产业各细分行业的R&D经费投入强度均远低于北上广等地,并且未达到全国平均水平,如计算机、通信和其他电子设备制造业R&D经费投入强度为1.28%,而全国平均水平为2.35%,广东则为2.7%;酒、饮料和精制茶制造业R&D经费投入强度为0.37%,而全国平均水平达0.61%,广东则为0.46%。科技人才支撑方面,五大支柱产业人才供需不平衡，科技人才需求缺口大，根据《四川省重点领域急需紧缺人才目录》，电子信息产业、装备制造产业、食品饮料产业、先进材料产业、能源化工产业的急需紧缺岗位数分别为 132 个、233 个、179 个、81 个、114 个。科技合作及科技服务支撑方面，需拓展科技合作范围、提高科技合作深度，根据《中国科技成果转化年度报告 2021（高等院校与科研院所篇）》，四川科技成果转化能力较强，但与山东和广东相比，四川以本地转化为主，吸引其他地方科技成果在四川落地转化的能力有待提高。另从各细分产业的科技支撑状况来看，不同产业的科技支撑体系仍不健全，优势与短板明显，电子信息产业需要进一步加强科技投入、培育科技平台，装备制造产业需要重点引育领军科技人才，食品饮料产业则需要全面提升科技人才支撑，先进材料产业需要强化科技平台支撑，能源化工产业需要拓展与深化科技合作，数字经济产业需要在发展科技平台基础上提高科技成果转移转化能力。

（三）科技资源配置效率仍需提升

区域创新能力是综合评价各省市科技创新状况的重要指标，能够反映四川省"5＋1"现代产业发展科技创新的基本面。根据《2020 年中国区域创新能力评价报告》，四川省创新能力综合效用值为 28.5，位居全国第 11 位，远低于广东（62.14）、北京（55.5）、江苏（49.59）、上海（44.59）、浙江（40.32）等，说明四川省科技创新效率与效用仍有进一步提升的空间。从科技资源的开放共享水平来看，根据 2021 年中央级高校和科研院所等单位重大科研基础设施和大型科研仪器开放共享评价考核结果，四川省 9 家单位中，无一家获评优秀（全国共 50 家获评优秀），仅有 2 家考核结果为良好，四川大学考核结果为较差（全国仅 8 家获评较差），说明四川省科技资源开放共享程度亟待提升。从各细分产业的科技投入产出效率来看，根据四川省委四川省人民政府决策咨询委员会的数据，2019 年四川省食品饮料（1.24）、先进材料（1.07）的产业技术投入产出效益比大于 1，而能源化工（0.98）、装备制造（0.90）、电子信息（0.83）的产业技术投入产出效益比均低于 1，需要优化电子信息、装备制造、能源化工产业的科技资源配置效率。

（四）科技创新主体培育力度不够

四川省"5＋1"现代产业已初步形成了梯队培育体系，但企业竞争力与影响力有待增强，企业科技创新活力需要进一步释放。根据国家工信部公布的"专精特新"小巨人名单，截止到 2022 年 6 月，四川省共有国家级"专精特新"小巨人企业 207 家，远低于浙江（470 家）、广东（429 家）、山东（362 家），数量位列全国第 11 位。另据《2021 年中国装备制造业 100 强名单》，四川上榜企业只有 1 家，而浙江 17 家、广东 14 家、江苏 13 家、山东 11 家，《2022 中国数字经济 100 强榜单》中四川企业也只有 3 家，北京高达 35 家、广东有 19 家，表明四川"5＋1"现代产业企业竞争力不高。此外，四川"5＋1"现代产业相关专利申请人仍以高校和科研

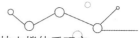
院所为主，企业创新主体作用亟待提升，从专利申请人排行榜前十位来看，电子信息产业有2家企业，装备制造产业也仅有2家企业，食品饮料产业没有企业进入前十位，先进材料产业则有3家企业，能源化工有2家企业，数字经济产业有3家企业入围。

（五）高能级科技创新平台相对缺乏

四川省注重"5＋1"现代产业科技创新载体的培育，科技创新平台量质齐升，科技创新平台的要素聚合力、产业支撑力、区域带动力稳步提升。2022年公布的首批33个四川省"5＋1"重点特色园区，装备制造领域9个、先进材料领域8个、电子信息领域7个、食品饮料领域6个、能源化工领域2个、数字经济领域1个。

虽然四川省科技平台数量较多，但整体而言，四川缺少高质量高能级的现代产业科技平台，且平台的效能需要进一步提升。从高能级科技平台数量来看，四川省拥有国家重点实验室16家、国家新型工业化产业示范基地26家、国家工程研究中心3家、国家级科技合作基地22家、国家备案众创空间84家、国家级科技企业孵化器46家、新型研发机构20家，均低于东部沿海省市。从高能级科技平台效能来看，根据四川省科技企业孵化器/众创空间统计调查简报，2019年江苏和广东国家级孵化器数量分别是四川的5.9倍和4.4倍，国家级孵化器总收入分别是四川的4.1倍和3.7倍，国家级孵化器在孵企业数分别是四川的5.5倍和3.5倍，国家级孵化器在孵企业总收入分别是四川的12.7倍和7.0倍；江苏和广东国家备案众创空间数量分别是四川的2.7倍和3.6倍，国家备案众创空间总收入分别是四川的2.8倍和4.1倍，常驻企业和团队拥有的有效知识产权数量分别是四川的6.0倍和6.9倍。

四、四川"5＋1"现代产业发展的科技支撑体系设计

（一）科技资源支撑体系

1. 创新科技资源投入机制

加快形成以政府投入为主导，企业投入为主体，金融信贷为支撑，社会投入为补充的多元化科技资源投入机制。构建有序竞争、择精筛优、分类分层的科技经费资助机制，综合运用各类专项资金、债券资金、产业基金、科技专项等方式，加大科技经费对"5＋1"现代产业中16个重点领域的支持力度，引导科技资源向重点领域的优质潜力项目倾斜。强化企业研发投入主体地位，在落实企业研发投入后补助政策基础上，尝试推行"研发投入＋高价值专利"双重激励后补助制度。组建高价值发明专利认定专家团队，对于连续3年、5年有高价值发明专利产出的企业，

以 3 年、5 年研发投入实际平均支出为基数，分别给予一定比例、一定金额的资金支持，例如分别给予 30%、50% 以内，最高不超过 150 万元、300 万元的支持。引导并推动金融机构创新金融产品与投融资方式，用好双创专项金融债券和孵化专项债券，进一步扩大知识产权质押融资。鼓励社会以捐赠和建立基金等方式多渠道投入，引导产业投资基金、私募股权投资基金等各类社会资本参与科技创新，创设四川省"5+1"现代产业科技投资基金，并在各市（州）设立子基金，支持市（州）、县（市、区）联合社会资本、金融机构、国有企业设立区域性现代产业科技投资基金，打造"5+1"现代产业基金群。

2. 开展科技资源普查统计

建立健全"两个数据库、一个地图"科技资源普查体系，推进四川省"5+1"现代产业的科技基础资源普查与统计分析工作。建设《四川省"5+1"现代产业科技资源数据库》，以国家科技基础条件资源调查工作为指导，对高等院校、科研院所、企事业单位中与"5+1"现代产业相关的科技基础资源状况进行调查与统计，重点包括大型科研仪器信息、技术人员数量与结构、科技资金投入、创新成果产出等信息。建设《四川省"5+1"现代产业专利导航数据库》，以各支柱产业的细分行业为标准，统计专利申请与授权数据，通过专利大数据分析各细分产业技术发展态势，以及深度分析集成电路与新型显示、新一代网络技术、航空与燃机等细分子领域的技术发展态势，可明晰产业发展技术前沿，以及自身的优势与短板。建设《四川省"5+1"现代产业创新地图》，直观展示四川省科技资源的区域分布特点与动态变化，细致报告省内各地市州比较分析、苏浙粤鲁等地对标分析，实现关键产业重点领域创新活动监测评价的常态化。

3. 加快科技资源集聚整合

建设支撑现代产业发展的高标准技术要素市场，完善知识产权市场交易平台，加大技术交易的资助与奖励力度，充分发挥市场在科技资源配置中的基础性作用，优化科技资源配置方式，推进技术要素、资本要素、人才要素的融合发展，提高科技成果转移转化成效。集中优质创新资源攻坚关键核心技术，根据编制的《四川省"5+1"现代产业专利导航数据库》，梳理并编制"5+1"现代产业重大关键核心技术目录，制定发布重点领域补短板产品和技术攻关目录，并依据该目录确定每项重大关键核心技术所需的科技资源，进而与建设好的科技资源数据库进行匹配，实现重大关键核心技术攻关所需科技资源的精准定位，确定哪些单位有能力引领哪些重大关键核心技术的攻关。并围绕重点关键核心技术提高人财物全方位支持，集中力量开展关键核心技术攻关，着力突破产业发展技术瓶颈。

4. 推动科技资源开放共享

围绕关键共性技术率先推进科技资源共享，聚焦于四川省重点产业发展重大战略需求，筛选出"5+1"各重点领域间，以及与"4+6"现代服务业体系、"10+3"现代农业体系之中其他产业之间的共性技术，通过科技资源共享等方式解决重大共性技术需求，重点攻坚与发展5G移动通信技术、云计算、智能终端技术、虚拟现实技术、人工智能技术等。健全重大科技基础设施和大型科研仪器开放共享考评体系，重点提升中国科学院成都生物研究所与光电技术研究所、持续改进四川大学等单位的科技资源开放共享机制，力争更多单位早日迈进全国优秀行列。依托成渝双城经济圈建设契机，推动科技资源的跨区域开放与共享，推进川渝科技资源共享服务平台建设，探索建立资源共享协调、创新券跨区域"通用通兑"政策协同、仪器设备共享市场化等机制。

（二）科技平台支撑体系

1. 持续夯实园区载体平台

围绕"5+1"现代产业体系，推进主导产业明确、特色突出、布局合理、功能完备的重点特色园区建设，优化科技创新高质量发展的空间承载，打造"一园一品"主题的产创融合主战场。依托重点特色园区，大力推进产业创新中心、制造业创新中心、技术创新中心、产业技术创新联盟、产业研究院等各类创新载体建设，推动园区企业以及研发、服务等机构之间形成更加紧密的耦合关系，促进产业园区由功能单一的生产型园区向功能复合的产业发展平台转型。实施产业基础再造工程，加强关键共性技术、前沿引领技术联合攻关和产业化应用，推动技术创新、标准化和产业化深度融合，支撑重大创新成果在园区落地转化并实现产品化、产业化。

2. 重点布局战略科技平台

高标准建设现代产业重点实验室体系，严要求实施省级实验室年度考评举措。依托在川高校、科研院所、骨干企业，积极建设国家和省重点实验室，加快组建天府实验室，设立四川省重点实验室联盟，建立良性竞争与有序退出的动态调整机制，将重点实验室体系打造为四川"5+1"现代产业科技创新的策源地，持续集聚特色优势的科技资源、吸纳有影响力的高端人才、产出突破性的重大原创成果。围绕先进核能、空气动力、生物医学、深地科学、天文观测等领域，完善"5+1"现代产业重大科技基础设施布局，打造世界一流的重大科技基础设施集群，提升创新基础设施发展能级。

3. 统筹建设产业创新平台

聚焦新一代信息技术、智能制造、生物医药等重点产业技术领域和科技前沿方向，前瞻性部署建设一批国家级产业技术创新平台。加快建设川藏铁路国家技术创新中心，争创高端航空装备等国家技术创新中心，创建精准医学、钒钛新材料等国家产业创新中心，工业云制造、工业信息安全等国家制造业创新中心，及若干国家企业技术中心等。同时，在同位素及药物、生物靶向药物、航空航天、信息技术、轨道交通质量安全技术、新材料等领域，创建一批国家级和省级工程技术研究中心。引导规模以上工业企业建设省级产业创新中心、高新技术产业化基地、产业技术研究院、博士后科研工作站等，鼓励有自主创新实力的中小企业设立企业技术中心、工程技术研究中心、科技孵化器、研发机构等，促进科技创新成果的产业化应用。

4. 全面完善功能服务平台

加快推进国家软件产业基地（成都）公共技术支撑平台、国家"芯火"双创基地、"科创通"创新创业服务平台等创业孵化平台建设，建立面向高校、科研院所、企业等创新主体的中试平台。搭建开放式产业技术基础公共服务平台，为中小企业提供委托研发、计量认证、试验验证、知识产权运用等公共服务。打造青年人才为主的创业孵化平台，打通"创业苗圃（众创空间）—孵化器—加速器—产业园区"创业链条与阶梯形孵化体系，支持企业、高校、科技服务机构和产业园区打造众创空间、科技企业孵化器，建设一批创业俱乐部、创业园区、大学生创业平台。引入优质大数据云服务商，立足四川省公共数据开放平台、四川创新创业服务平台，利用政务云、工商云、企业云等大数据优势，打通并整合各单位、各区县的数据资源，建立四川省产业发展大数据综合服务平台，健全数字化公共服务平台。

（三）科技合作支撑体系

1. 强化成渝地区协同创新

紧紧把握成渝地区双城经济圈建设发展机遇，积极谋划"以规模集资源、以互补争效益、以协同促效率"的科技合作机制，合力打造"两极一廊多点"的创新格局，建成具有全国影响力的科技创新中心。整合四川与重庆两地相同产业，共同做大产业规模，联合向上争取国家科技创新政策支持、争取布局一批国家重点实验室等高能级平台，依托产业集群优势带动创新要素集聚，支撑培育共建更多世界级产业集群。依托成渝科技创新走廊，发挥成渝两地之间的配套协作优势，共同做优补齐产业链；重点释放成渝地区国家高新区之间的科创互补共促效应，打通"基础研究—技术创新—产业创新"全链条体系，助力创新链与产业链深度融合，实现创新

成果在科创走廊沿线园区产业化。坚持成渝地区一体化发展模式，抓牢抓实科技创新要素市场一体化建设，搭建大型科学仪器设备共享服务平台，推进科技信息资源开放共享，推广科技创新券通用通兑、英才卡互认互通，协同打造商会合作峰会、人才线上行等具有国际影响力的高端交流平台。

2. 建设重点区域创新共同体

立足"区域协同、园区飞地、企业对接"，着力健全多样化、多层次的创新共同体体系。坚定成都在全省科技创新上的"极核"与"主干"功能，充分发挥其创新资源虹吸效应，建设成为"5+1"现代产业的基础研究中心，并积极推动由要素集聚功能向创新引领功能转变，辐射带动成德眉资、成都平原经济区、川东北、川南、川西北、攀西等区域创新，构建全省协同创新网络格局。着眼于四川省首批33个重点特色园区，全国范围内遴选对口科技合作地区，电子信息产业对接珠三角的深圳、食品饮料产业对接北京与上海、装备制造产业对接广东与江苏、能源化工产业对接山东与江苏、数字经济产业对接浙江、先进材料产业需要根据细分领域选择对接地区。根据各重点特色园区年度推介项目，常态化组织线上线下推介会，将33个重点特色园区建设成为跨区域"研发+转化""终端产品+协作配套""总部+基地"的核心载体，打造园区飞地发展共同体。积极推进企业创新共同体建设，充分释放企业科技创新需求，发挥企业跨区域承接技术转移的主动性，精准对接北京、上海、广州等高等院校与研发机构聚集地，合作开展科技攻关项目，常态化开展科技成果转化对接活动，争取引进更多更优质的科技成果在川转化。

3. 深化"一带一路"创新合作

坚持"共享资源、共建平台、共拓市场"理念，紧紧围绕成渝共建"一带一路"科技创新合作区主线，根据"5+1"现代产业特点与"一带一路"沿线国家发展实际，多途径深化与"一带一路"沿线国家科技合作。食品饮料领域推进中国—新西兰猕猴桃"一带一路"联合实验室、中国—克罗地亚多样性和生态系统服务"一带一路"联合实验室建设，先进材料领域推进成都青白江"一带一路"中试产业基地建设，装备制造、电子信息、能源化工、数字经济等领域鼓励四川大中型企业在"一带一路"沿线建设研发制造基地，实现科技成果在沿线国家转移转化。以"一带一路"联合实验室、中试产业基地、研发制造基地为支点，加快推进中国—匈牙利国际技术转移中心、中国—欧洲中心、西部国际技术转移中心等建设，积极举办"一带一路"科技交流大会，规划建设"一带一路"国际产业合作示范园区。

4. 全面拓展国际科技合作

全面实施"一个深化、两方引导、三维拓展"，构筑四川国际科技合作新格局。"一个深化"是指积极维持并努力深化中美国际科技合作，借助与美国雅保公司、美国农业部等合作契机，深化在锂电池材料、食品饮料、医疗健康等领域的科技合作，引进国际领先的前沿技术。"两方引导"是指引导与德日意韩等科技发达国家合作、引导与"一带一路"沿线国家开展科技合作，中德重点开展装备制造领域的科技合作、中日开展医药技术等领域合作、中韩在电子信息产业技术领域开展合作，建设中法、中意、中日等国别产业园区。"三维拓展"指拓展合作国家、拓展合作领域、拓展合作方式。进一步拓展与俄罗斯、阿根廷、智利等新兴经济体或发展中国家的科技合作，积极与南向、西向、东向国家（地区）合作共建产业园区；以日韩研究院、以色列研究院、澳新研究院、拉美研究院为立足点，在重点国家（区域）全面拓展"5＋1"现代产业技术合作领域；以天府国际技术转移中心、国际科技合作基地为载体，进一步拓展合作方式，支持开展国际技术转移机制模式创新，实现合作方式由技术引进向技术输出的拓展、由简单交流式合作向紧密耦合型合作拓展。

（四）科技人才支撑体系

1. 编制科技人才需求清单

根据人才市场供需情况，完善"5＋1"现代产业科技人才动态分析，建立"月度需求清单—季度需求目录—年度需求报告"科技人才管理体系。根据四川"5＋1"现代产业的重点领域与细分行业，编制"5＋1"现代产业科技人才供给名录，统计各市州在各细分小类的科技人才供给状况，具体到"哪个培养单位在哪年度培养了哪些专业的科技人才数量"以及"各具体培养单位在未来五年各专业领域的科技人才培养预期"；进一步编制"5＋1"现代产业科技人才月度需求清单，预测各细分小类的科技人才未来需求，并细化至各市州在各细分小类的详细需求信息，包括所需科技人才的学历、职称、专业、技术领域、能力等。基于编制的月度需求清单，在现有人才供求季度分析报告的基础上，编制季度需求目录，细化至"5＋1"现代产业中具体企业的人才需求，包括企业名称、岗位名称、专业要求、学历要求、招聘人数、薪资待遇等。基于月度需求清单与季度需求目录，进一步编制年度需求报告，支持人力资源服务机构开展现代产业科技人才的供求分析，精准预测与科学评估电子信息产业、装备制造产业、食品饮料产业、先进材料产业、能源化工产业、数字经济产业的科技人才供需。

2. 探索柔性引才引智模式

探索高端科技人才与青年科技人才的柔性引才模式。建立"政府引导、协会指导、企业主导"的高端科技人才招引工作机制，坚持个人柔性引才与团队引才相结合，推广"人才飞地"等引才新模式，通过与高等院校、科研院所、医疗机构等共建培育基地实现合作引才，通过特聘领军科技人才担任技术顾问、首席专家实现兼职引才，探索开展人才租赁、技术入股等其他适合产业发展需要的引才方式，重点实施针

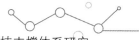

对本土优秀人才的"归雁回引"工程与针对海外高端人才的"海聚天府"工程。

3. 完善科技人才培养体系

鼓励高等院校、科研院所等开设与四川"5+1"现代产业密切相关的专业,支持高等院校、科研院所等单位申报相关专业硕士点与博士点。实施"雏雁培育"工程与"良雁留巢"工程,积极采取联合培养、定向培养、继续教育、在职培训,推广高级研修、科研助手、技术挂职、访问学者、特殊培养、师承学徒等人才培养方式。探索建立"自主评价+业内评价+市场评价"的多元化科技人才评价体系,落实用人单位的评价自主权,针对不同类型科技人才采取差别化的评价方式。深化科技人才职称评定改革,扩大用人单位评审自主权,推动有条件的高等院校、科研院所探索职称评定方式,对于有重大科技创新成果的人才采取"一人一议""破格评定"。

4. 建设离岸创新创业基地

着眼影响"5+1"现代产业未来创新发展的关键节点、重要城市,通过自建、购买或战略合作等方式设立离岸基地海外中心、工作站、服务站,推进境外离岸网络建设,优化全球工作站点布局。探索离岸基地专业机构市场化运营的机制,通过政府公共服务采购、资本技术信息导入等方式方法,加大政策扶持和公共服务支持,建立符合创新创业发展要求、具有活力的机制。探索并出台离岸创新创业外籍人才激励办法,对来华工作、属于高新技术企业、具有核心技术、做出较大贡献的外籍人士,允许其通过科技成果转化获得不参与、不影响企业决策的限制性股权或期权奖励,享受国内人才递延纳税同等待遇,授予外籍人才限制性股权的企业不变更企业性质,投资、经营活动不受限制。

(五)科技服务支撑体系

1. 健全科技成果评价体系

围绕"一个组织、一个平台、两套章程、四大标准"核心架构,引导各市州组建科技成果评价服务联盟,并依托科技成果评价服务联盟,建设各市州科技成果评价服务平台,积极鼓励专业化的科技评价机构加入科技成果评价服务联盟。颁布四川省"5+1"产业科技成果评价规范,以《四川省科技成果评价通用规范》为依据,按照基础研究类、应用技术类、软科学类进行科技成果的分类评价,构建不同类别科技成果的评价指标体系,以及差别化的评价标准,确定多样化的评价主体,并优化科技成果评价流程。遵照《四川省科技评价机构服务能力星级规范》,由四川科技成果评价服务联盟统一组织,开展"5+1"产业科技评价机构资质等级的评审工作,根据评审分值划为五星、四星、三星、二星四个等级,并对其资质进行年检,并根据年检结果确定科技评价机构的资质升级、资质降级、资质撤销。

2. 健全科技成果转化体系

优化以四川成德绵国家科技成果转移转化示范区为核心，省级科技成果转移转化示范区为支撑的"一核多极"总体布局，重点培育建设与特色园区配套的科技成果转移转化示范区，加大科技成果先行先试力度，遴选并推广一批科技成果转移转化的典型案例与创新模式。依托科技成果转移转化示范区，推进科技成果转移转化示范基地建设，鼓励更多获得国家重大专项支持的技术入驻示范基地并实现转移转化。聚力国家技术转移西南中心—区域技术转移公共服务平台，打造整合"线上+线下"，实现技术资源展示、技术供需对接、技术交流推广、技术交易转让、科技政策咨询、技术统计服务等功能于一体的公共服务平台。培育专业化的产业技术转移机构，发展一批特色鲜明、服务能力突出的专业化技术转移机构，建立科技成果转移转化示范企业备案名录，支持技术转移机构与示范企业为高等院校、科研院所和企业提供科技转移转化服务。

3. 健全知识产权运营体系

以知识产权强省建设为引领，推动建立以知识产权为导向的商业秘密保护、导航评议、挖掘布局、管理运营、许可转让、投资入股、风险预警等制度，全面加强四川"5+1"产业知识产权的创造、保护、运用、管理和服务。依托四川省知识产权公共服务平台，进一步健全"平台+机构+资本+金融+产业"五位一体的知识产权运营体系，以提高知识产权服务水平为核心，重点推进四川省知识产权市场化运营示范基地建设，探索建设知识产权新经济示范园区。建立知识产权试验区，积极培育一批知识产权服务骨干机构，开展咨询代理、许可贸易、信息服务、资产评估、维权诉讼等服务，引导四川省"5+1"产业知识产权布局。

4. 健全知识产权保护体系

全面加强知识产权的司法保护、行政保护、社会保护，设立知识产权法院，推动重大知识产权案件跨区域审理，探索实施知识产权恶意侵权惩罚性赔偿制度，全面推广知识产权刑事案件受理"双报制"。深化行政执法与刑事司法衔接，构建知识产权纠纷多元化解决机制，拓展仲裁、调解等社会治理渠道。各市州设立知识产权信息港、海外主要国家设立"维权援助中心"，帮助海外相关企业的离岸研发基地等进行知识产权维护。

（六）科技政策支撑体系

1. 完善政策顶层设计

编制科技规划引领创新发展方向，明确四川省"5+1"产业科技创新的发展思

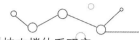

路、重点任务、重要举措、主要目标及主攻方向，各市州根据各自实际编制主导产业科技创新"十四五"规划，加强与四川省规划的有效衔接。以四川"5+1"产业科技创新规划为牵引，出台解决科技资源、科技平台、科技合作、科技人才、科技服务等方面存在问题的各专项政策，充分衔接并发挥科技财税政策、科技金融政策、科技人才政策以及科技服务政策等多方面协同作用。强化科技创新政策的实施与保障，完善科技创新政策协调落实机制，建立部门联席会议制度、省市（州）会商制度，加强科技创新政策实施过程中的交流与沟通。实施科技创新政策实施情况反馈机制，构建科技创新政策实施评估指标，建立实施不同阶段的反馈与纠偏制度，及时纠正政策实施过程中的偏差，以防"僵尸政策"。

2. 健全科技财税政策

出台四川"5+1"现代产业科技财税专项政策，综合运用多种财政工具，引导社会资本参与现代产业科技创新。建立持续稳定的产业科技投入增长机制，强化对"5+1"产业基础研究、共性技术、关键技术的财政支持力度。设立电子信息产业、装备制造产业、食品饮料产业、先进材料产业、能源化工产业、数字经济产业科技专项基金，实施普惠性的科技创新税收优惠政策，进一步加强推广科技创新券，健全政府采购四川"5+1"产业科技产品与服务的政策支持体系。

3. 健全科技金融政策

出台四川"5+1"现代产业科技金融政策，拓宽产业高质量发展的科技金融渠道，吸引银行、保险、信托、证券、基金等金融机构积极支持和参与科技创新投资活动，推动各类股权投资基金成为科技型企业融资的主要来源。探索建立知识产权质押融资制度，发展创新型科技金融工具，大力推行知识产权质押融资、股权质押融资、应收账款质押融资。搭建四川"5+1"产业科技金融服务平台，进一步完善省市县三级联动科技金融服务体系。

4. 深化科技体制改革

深化高等院校、科研院所等科研体制改革，推进科研项目经费管理改革，开展科研项目"包干制"改革试点，简化预算编制要求，放宽重大科技专项的开支科目比例限制，优化科研项目经费报销流程。深化职务科技成果权属混合所有制改革，赋予科研人员职务科技成果所有权或长期使用权，完善科技成果所有权、使用权、处置权和收益权管理制度，加大高校和科研院所人员科技成果转化股权期权激励力度，探索建立以增加知识价值为导向的收入分配制度。深化科技评价制度改革，坚持以质量、贡献、绩效为核心的评价导向，建立以创新绩效为核心的中长期综合评价与年度抽查评价相结合的评价机制，评估结果作为经费预算、绩效工资、领导干部考核等的重要依据。

五、建立四川"5＋1"现代产业发展科技支撑体系的运行机制

（一）组织保障机制

1. 实施目标任务分解机制

根据四川省印发的"5＋1"现代产业体系中 16 个重点产业的培育方案，按照五大万亿级产业目标和时间节点，对 16 个重点产业倒排分解任务，形成"清单制＋责任制"下的目标清单与责任清单。进一步完善四川省党政领导联席指导产业发展下的工作推进机制，在需要重点攻坚的关键技术领域，对标"作战图"，细化"施工图"，及时将部署要求转化为具体工作和实际行动。相关部门围绕目标责任，研究制定具体实施方案，细化工作任务，明确具体分工，确保各项工作落到实处。

2. 组建科技创新工作专班

实施省党政领导指导下的科技创新工作专班制度，根据四川省"5＋1"现代产业体系下细分的 16 个重点领域，锚定各个领域的重点、难点、痛点、堵点，组建16 个科技创新工作专班。科技创新工作专班由牵头领导、协助领导、牵头人员和配合人员组成，其中牵头领导和协助领导应为厅局级领导，每个科技创新工作专班均有明确的年度目标、难点堵点及瓶颈、具体的推进计划和工作措施、限定完成的最后时限。科技创新工作专班以深入走访各级各类企业，针对性开展精准政策指导为主，致力于打通科技创新的"最后一公里"。

3. 建立部门联席会议制度

依托科技创新工作专班，探索建立由各细分产业主管部门牵头、行业协会负责的科技创新联席会议制度，实现产学研用的高效长久管理。定期召开产学研用协同创新"痛点"破解会，保持产学研用各方之间的"零距离""高时效"沟通，出台有关技术创新联盟的管理章程，对技术创新联盟的机构设置、团队组建等给予指导，确保各个产业技术创新联盟的高效运营。

（二）主体协同机制

1. 优化区域科技创新协同布局

以"一干多支、五区协同"区域发展格局为指导，强化成都"极核"与"主干"功能，充分发挥成都在全省科技创新中的辐射带动作用，实现基础研究科技成果在异地的良好转化与应用。鼓励并支持成都市高等院校与科研院所在成都平原经

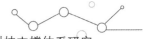
济区、川南经济区、川东北经济区、攀西经济区、川西北生态示范区的重要城市，开设分校或实体运营机构，助力打造四川"5＋1"现代产业的重要创新节点，形成成都"极核"与多个创新节点协同互促的发展局面。

2. 促进大中小企业融通创新

筛选出一批科技骨干龙头企业与潜力中小企业，重点支持科技骨干龙头企业牵头组建创新联合体，承担重大科技攻关项目，实现骨干龙头企业与潜力中小企业的融合创新。建设《四川省"5＋1"现代产业科技型企业培育数据库》，针对科技骨干龙头企业与潜力中小企业入库名单，加强跟踪、指导和服务，对于科技骨干龙头企业实行"一对一"跟踪服务，对于潜力中小企业开展"点对点"指导，实施动态的创新评估与改进。

3. 构建"政产学研用投"协同体系

积极推进国内外著名高校与川内高校、企业的深度合作。高等院校仍是科技创新的主力军，针对其科技成果的转化应用问题，需要高校与企业建立联合共同体，发挥政府作为产学研用黏合剂、助推器作用，重点推进企业与清华大学、浙江大学、上海交通大学、同济大学、四川大学等知名高校的合作，通过建立产业技术创新联盟、共育联合实验室、创新技术中心等形式，实现科技成果的高效转化。

（三）动态监测机制

1. 构建科技支撑评价指标体系

根据设计的四川省"5＋1"现代产业发展的科技支撑体系，构建涵盖科技资源支撑、科技平台支撑、科技合作支撑、科技人才支撑、科技服务支撑、科技政策支撑六大方面的科技支撑评价指标体系，以全面科学评价四川省"5＋1"现代产业发展的状况，更好地突出四川"5＋1"现代产业科技创新工作重点、明确施策目标，推进四川"5＋1"现代产业科技支撑体系的良好运行。

2. 设计科技创新动态监测体系

运用所构建的科技支撑评价指标体系，通过对四川省"5＋1"现代产业科技支撑的常态化评价，实现对四川"5＋1"现代产业科技创新发展进行多时段比较和动态监测，便于及时发现短板和不足。根据四川"5＋1"现代产业科技创新的动态监测结果，应建立全方位的动态调整机制，包括对纳入培育名单的重点特色产业园区进行周期性评估、关键核心技术目录的动态调整，以及专精特新企业的动态管理等。

3. 建立科技创新反馈纠偏机制

以科技创新全过程管理为目标，建立科技创新反馈纠偏机制，旨在形成信息畅通的科技创新需求反馈渠道，以实现及时高效纠偏，提高科技创新效率与效果。采取事前反馈、事中反馈、事后反馈相贯通，线上反馈与线下反馈相结合的全面反馈机制，向社会公开科技创新工作专班热线、电子邮箱等，畅通科技创新需求的反馈渠道。对于收集的反馈信息，在规定时间内交给科技创新工作专班，以便解决科技创新中的难题，或采纳反馈意见以改进科技创新决策。

（四）考核激励机制

1. 构建绩效考核评价体系

针对不同的考核对象，建立差异化的绩效考核评价体系，高校、科研院所、企业及其科技人才，侧重科技创新成果的考核；政府、协会等科技创新参与主体，则应侧重科技创新服务方面指标的考核。坚持以促进科研产出和科技贡献为导向的绩效管理机制，对创新任务和目标、效果和效率等进行分类、分档考评，实现分期分级绩效考评。尊重科学研究规律，合理设定评价周期，建立重大科学研究长周期考核机制。

2. 制定多样化的激励机制

实施奖励与惩罚并存的激励机制，按照科技创新的目标清单与责任清单，有理有据地推进目标管理责任制。对于完成或超额完成目标的政府部门与个人，给予相应的物质奖励、职位激励或荣誉激励，而对于未完成目标的各级政府或下属部门则给予相应的惩处，对于特别重大关键的科技创新任务，采取"一票否决制"，并与评优资格等直接挂钩。对于掌握关键核心技术、引领产业发展方向的领军科技人才，实行"一人一议"的薪资制度，并探索职位薪资激励机制，通过设置专业技术负责人职位等实现激励。

3. 探索区域利益分享机制

依托成渝地区科技创新平台，构建国家重大战略区域利益分享机制。聚焦成渝地区双城经济圈建设等区域一体化发展战略，充分依托区域创新资源、产业基础、科教力量等优势，面向区域重点产业领域集聚创新资源，突破关键共性核心技术，加快培育创新型企业和产业集群。结合成渝地区相关地市各自资源禀赋与基础优势，探索区域共同投入、共同收益的机制，为提升区域整体发展能力和协同创新能力提供强有力支撑。

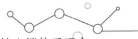

（五）环境优化机制

1. 培育创新文化氛围

建立科技创新的容错试错纠错机制，营造"想干敢干"的良好创新氛围，明晰容错试错的具体范围，鼓励创新与倡导包容，降低体制机制固有的束缚，激发科技人才的创新热情。建立竞争压力倒逼创新动力的良性机制，营造"你追我赶"的良好创新氛围，引导科技人才树立竞争意识与主动意识，实现自我驱动式的科技创新。

2. 加大科普宣传力度

加大四川"5＋1"现代产业知识产权科普宣传，积极主办知识产权与成果转化高峰论坛等科技交流会议，全面解读知识产权运营与成果转化政策，普及知识产权创造与保护、管理与运用服务实务，分享知识产权管理经验等。实施知识产权"五进"，推进知识产权进企业、单位、社区、学校、网络，在"星空讲坛""蜀光讲坛"等宣讲活动中安排知识产权专场，知识产权宣传公众号设立四川"5＋1"现代产业知识产权专栏，讲好知识产权四川故事。举行"知识产权宣传周"专题活动，策划一系列科普宣传活动。

3. 深化科研诚信建设

加强科研活动全流程诚信管理，全面实施科研诚信承诺制，强化科研诚信审核，建立健全学术论文等科研成果管理制度，着力深化科研评价制度改革，实行科研诚信"一票否决"和"黑名单"制度。进一步推进科研诚信制度化建设，完善科研诚信管理制度，完善违背科研诚信要求行为的调查处理规则，建立健全学术期刊管理和预警制度。充分发挥学会、协会、研究会等社会团体的诚信教育培训和宣传作用，大力宣传科研诚信典范榜样，及时开展警示教育。加快推进科研诚信信息化建设，建立完善科研诚信信息系统，并与全国信用信息共享平台、地方科研诚信信息系统实现信息互通。

负责人：龙承春（自贡市科学技术局）

成　员：赵志彬（齐鲁工业大学〔山东省科学院〕）

　　　　廖　彬（四川省统计局）

　　　　唐　源（四川轻化工大学）

　　　　安江丽（四川省统计局）

　　　　毛国育（四川轻化工大学）

　　　　陈柳伊（四川大学）

　　　　刘　欣（四川轻化工大学）

四川现代装备制造业人力资源支撑研究

现代装备制造业高质量发展需要加大人力资源支撑力度。制造业是实体经济的重要基础,现代装备制造业是制造业中为国民经济各部门生产必要技术装备的产业。目前我省处于加快建设成渝双城经济圈、建构"一轴两翼三带"区域经济框架的重大历史阶段。加大现代装备制造人力资源支撑力度,采取多样化招才引智举措,形成现代装备制造人才洼地,有利于我省提早实现区域经济战略性布局,促使"5+1"现代产业体系预定目标如期完成。对此,应梳理全省现代装备制造业人力资源基本情况,深入分析人力资源及其支撑现代装备制造的现况和问题,提出相应的措施建议,优化现代装备制造业劳动力市场供求结构,充分发挥人力资源在现代装备制造业高质量发展中的重要支撑作用。2021年1月,四川省第十三届人民代表大会第四次会议召开,会议听取了省长黄强关于四川省人民政府工作报告,报告强调聚焦重大装备与科技基础设施,推进人才互派、加快形成一批"高精尖缺"人才和创新团队。2021年11月,四川省经济和信息化厅发布《四川省"十四五"制造业高质量发展规划》,指出未来四川将加快构建以"3+4+4+N"为格局的现代制造业新体系,支持制造业人才队伍建设,为四川省制造业引才聚才指明了进路方向。

本研究运用大数据分析法,基于四川公共就业创业服务管理信息系统、四川企业薪酬调查数据库等微观大数据库,运用统计软件进行大数据分析,紧密联系我省经济社会发展的实际情况,在此基础上摸清全省高层次人才资源的总量、结构,找准目前我省高层次人才资源开发存在的突出问题,就提升我省现代装备制造业人力资源支撑水平提出有关对策建议。

一、装备制造业与人力资源关系的理论探讨

(一)现代装备制造业的定义及分类

装备制造业是提供技术装备生产的产业,其发展水平对工业技术进步、全产业体系优化与国际竞争力提升具有重要影响。装备制造业可分为现代装备制造业与传

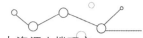

统装备制造业。现代装备制造业广泛运用计算机与通信技术以及现代企业管理制度，注重向信息化、智能化和绿色化等方向发展。从制度层面讲，装备制造业的现代化应更多从中国式现代化道路来理解，即既吸收先进的国际经验，也要符合我国装备制造业发展实际，注重区域协调与资源集约，立足地方资源禀赋与产业基础推动装备制造业又好又快发展。根据国民经济行业分类（GB/T 4754—2017）的标准，现代装备制造业包括金属制品业、通用设备制造业、专用设备制造业、交通运输设备制造业、电气机械及器材制造业、通信设备计算机及其他电子设备制造业等9类。

（二）现代装备制造业的特点

现代装备制造业是劳动力密集型行业，可变资本价值总量较高。由于产品定制化程度高，人工介入时间长、环节多，从产品设计研发、基础制造领域到市场战略研究等均需要大量高水平管理类人才、技艺精湛的高技能人才和专业化一线工人予以支撑。现代装备制造业是技术密集型行业，要素投入组合水平较高。现代装备制造业是典型的资本密集型行业，需要大量投资用于形成资本品，不变资本价值总量较高。现代装备制造业部门联动范围较广，上下游产业链条长，行业发展外溢性强。

（三）人力资源的定义及分类

人力资源是指社会生产各部门中按一定比例投入的活劳动力，具体表现为能够对生产活动起支撑作用的劳动者。人力资源具有量和质的规定性，人力资源的质指人力资源所对应的人员具备的生产知识、技能和经验。从产业经济学角度来看，人力资源分为普通人力资源和人才资源。普通人力资源的主要作用在于将价值从其他生产要素中转移至新产品和服务，以及在生产过程中创造新的价值；人才资源还能够对生产投入的资源和要素配置进行优化，如通过研发新的技术和管理模式提升生产效率。从企业管理角度来看，人力资源可分为两类：一类从事企业基本生产活动，如生产作业、市场营销、后勤管理和产品维护；一类从事技术开发、管理、采购和基础设施建设等辅助活动。

（四）现代装备制造业与人力资源关系的运行机理

现代装备制造业由于其技术结构的特殊性，更加强调质量意义上的人力资源支撑。人力资源投入生产过程首先形成数量意义上的支撑力，同时人力资源蕴含的知识、技术和管理进一步推动其他要素的配置与组合，释放相应的生产能力，从而形成质量意义上的人力资源支撑力。与此同时，人力资源的本质是人口，需要通过不断购买消费品以维持自身生产与再生产（如图1所示）。

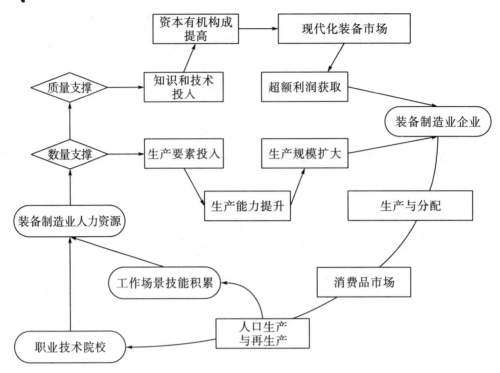

图1   现代装备制造业与人力资源关系的运行机理

现代装备制造业要实现长足发展，既离不开技术层面的突破性创新，也需要在每一个生产周期追加新的人力资源，进而保障并提高生产能力。现代装备制造业劳动密集型特征显著，根据《中国经济普查年鉴》（2013、2018）有关数据，装备制造业从业人员比重在提高，2018年占总就业人数的39.2%，比2013年高出4.8个百分点。与之相对照的是，高耗能以及原材料制造业就业人数逐年下降，分别下降了2.1和2.4个百分点。据智联招聘《2022年春招市场行情周报》，2022年我国重工业、机电设备和大型设备行业的网招职位数量明显上升，薪酬吸引力高于制造业其余行业。另外，人力资源中的人才结构影响着现代装备制造业的生产运营效率和技术水平，提高懂研发、懂生产和懂市场的复合型人才在人力资源中的比重，对现代装备制造业企业的长远发展至关重要。

由此可见，现代装备制造业所需人力资源支撑可以从两个方面来理解：一是人力资源自身的支撑，通过建立健全面向装备制造的专业化教育以及职业培训体系来培育培优现代装备制造人才大军，加快形成人力资源聚集模式；二是人力资源外部支撑，着力强化现代装备制造业人才与引进体制机制建设，抓好落实现代装备制造业人力资源长期培养与高端人才引进，提高人力资源配置与使用效率。

二、四川省现代装备制造业及人力资源支撑现状

（一）行业发展现状

与全国平均水平对比，四川省现代装备制造业盈利能力总体波动较大，且细分行业呈现较大的差异，不同行业盈利能力的变化趋势有所不同（如图 2 所示）。

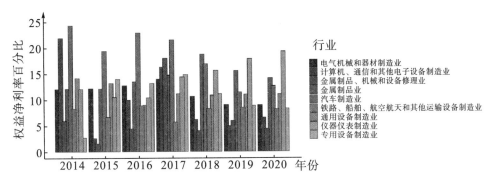

图 2　2014—2020 年四川省现代装备制造业权益净利率

装备制造业整体利润创造能力还不强。2014 年至 2020 年间，四川省现代装备制造业营业净利率除 2017 年外，均低于全国平均水平。全国现代装备制造业营业净利率保持相对稳定，而四川波动较大，缺乏可持续性。仪器仪表制造业盈利能力显著增强，2017 年仪器仪表制造业权益净利率同比增加 37.7％，截至 2020 年权益净利率达到 19.3％。计算机、通信和其他电子设备制造业盈利能力呈明显下降趋势，2014 年至 2020 年该行业权益净利率从最高的 21.9％持续下跌，除 2017 年外其余年份权益净利率均低于 10％，说明该行业缺乏持续稳定的价值创造能力。汽车制造业盈利能力呈下降趋势，截至 2020 年权益净利率已由"十三五"起始年的22.9％下降为 12.6％，下降约 10.3 个百分点。

（二）人力资源配置状况

四川省装备制造业门类齐全，有超过 2000 家涉及装备制造业的规模以上企业和科研院所。装备制造的重点区域主要分布于成德眉资等 8 个城市，在此基础上形成了先进轨道交通产业带、智能装备产业带等特色优势产业集群。2016 年以来，四川省装备制造业平均用工人数有所增加，2017 年后高于全国同期平均水平。分行业来看，各行业平均用工人数占比相对大小比较稳定，个别行业出现显著下降趋势（如图 3 所示）。

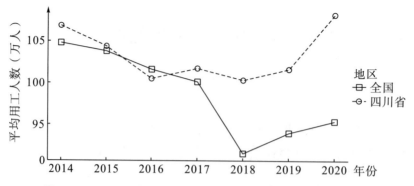

图3　2014—2020年四川省和全国现代装备制造业平均用工人数

资料来源：基于现代装备制造业的理论划分依据，并根据历年《中国统计年鉴》《四川统计年鉴》规模以上工业企业有关指标测算得到。全国层面数据为行业平均水平，根据全国总体水平与国家行政区划数据测算得到，具体为用全国装备制造业平均用工人数除以行政区数量得到。

一是四川省装备制造业平均用工人数高于全国平均水平。2014年至2020年间，四川省现代装备制造业平均用工人数呈明显的"U"型走势，"波谷"存在两个明显的低位，即2016年的100.5万人和2018年的100.3万人。2018年后，四川现代装备制造业平均用工人数明显上升。与全国同期水平相比，四川现代装备制造业平均用工人数除2016年比全国平均水平低1.1万人外，其余年份均高于全国平均水平，说明四川省现代装备制造业创造就业岗位的能力高于全国平均水平。

二是通用设备制造业吸纳就业能力有所下降，金属制品、机械和设备修理业吸纳就业能力较弱，计算机、通信和其他电子设备制造业吸纳就业能力逐渐增强。计算机、通信和其他电子设备制造业平均用工人数经历了2015年至2016年的短暂下降后，连续多年保持持续上涨趋势。2016年至2020年，计算机、通信和其他电子设备制造业平均用工人数总共增加了47.2%。通用设备制造业平均用工人数在现代装备制造业各行业中位居前列，但表现出稳定减少态势，年均减少率约为5.3%，并在2017年被汽车制造业超过。金属制品、机械和设备修理业平均用工人数在各行业中最少，用工人数最多的2014年有0.7万人，但也少于同年仪器仪表制造业的0.9万人，就业吸纳能力在现代装备制造业各行业中表现最弱。

（三）装备制造业人力资源供求分析

2017年四川主要职业技术学院毕业人数位列前五的专业分别为汽车检测与维修技术、机电一体化技术、汽车制造与装配技术、数控技术、电气自动化技术；毕业人数位列最后五位的专业分别为电梯工程技术、智能控制技术、金属材料与热处理技术、新能源汽车技术、电机与电器技术。

一是汽车检测与维修技术专业毕业人数具有绝对优势。从各专业来看，毕业人数呈现"单极效应"，汽车检测与维修技术专业毕业人数具有绝对优势，其人数是机电一体化技术专业的1.8倍，同时毕业人数也远高于其他专业。2018年职业技

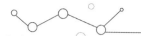

术类院校毕业人数数据显示，不同专业毕业人数"单极效应"特征更加明显，汽车检测与维修技术专业毕业人数从 2017 年的 3997 人增至 5149 人，增长了 28.8％，而排第二位的机电一体化技术专业毕业人数仅增长 16.8％。新能源汽车技术专业毕业人数出现较大幅度增加，从 2017 年的 30 人增至 2018 年的 643 人，增长了 2043％，即该专业理论上的劳动力供给数量增加了约 20 倍。

二是工业机器人技术与智能控制技术毕业人数显著增加。2018 年工业机器人技术毕业人数位于倒数第二位，仅有 39 人，但在 2019 年增加到 515 人。精密机械技术专业毕业人数由 2018 年的 94 人降至 2019 年的 47 人，降幅为 50％。智能控制技术专业毕业人数有所增加，由 2018 年的 44 人增至 2019 年的 65 人，增加了约 47.7％。

三是机电一体化技术、数控技术和电气自动化技术未来劳动力供给将逐渐增多。报到人数一般视为未来学制期满后，院校理论上输出的相应专业劳动力数量，但实际中还受区域间劳动力流动、劳动者个人择业意愿等因素影响。汽车检测与维修技术专业经历了先递增后递减的变动，2019 年实际报到人数锐减，相比 2018 年减少了约 25.3％。机电一体化技术、数控技术和电气自动化技术三个专业报到人数大致呈稳定递增趋势。以上数据表明自 2020 年起，这三个专业每年理论上能提供的劳动力数量将逐渐增多。

四是新能源汽车与工业机器人劳动力供给未来将有所增加。新能源汽车技术在 2018 年进入报到人数前五的专业行列。新能源汽车技术报到人数 2018 年仅排第四位，2019 年上升至第二位，专业热度有明显增加。工业机器人技术专业 2019 年报到人数虽在进入报到人数前五的专业行列，位居第五位，但优势不明显，比排第四位的数控技术专业报到人数少了 590 人。

五是电气自动化与航空发动机技术专业吸引力较强。专业报到率反映的是院校师资力量、硬件设备和学校品牌等办学条件与考生学习意愿的匹配状况，同时能够大致反映各院校及其学科吸引力。精密机械技术在 2017 和 2018 年报到率分别居第二和第一位，但在 2019 年跌出前五。电气自动化技术始终位居前五位，且保持稳定的增加趋势。飞行器制造技术专业报到率在 2018 年时增加了 4.8 个百分点，但在 2019 年跌出报到率前五位。智能控制技术专业报到率仅在 2018 年进入前五位，报到率约为 92.9％。航空发动机装试技术专业报到率在 2019 年位居各专业第一，表明省内该专业吸引力强。

六是铁路、船舶、航空航天和其他运输设备制造业薪酬吸引力较强。从各行业工资水平看，铁路、船舶、航空航天和其他运输设备制造业平均工资率为 46.9 元/小时，居第一位，薪酬吸引力最强；其次是专用设备制造业，平均工资率为 41.2 元/小时；仪器仪表制造业平均工资率最低，为 20.4 元/小时。但与全国相比，2020 年工资水平较高的铁路、船舶、航空航天和其他运输设备制造业低于全国制造业平均工资 2.9 个百分点，低于全国行业平均工资 17.4 个百分点。

（四）人力资源支撑实证分析

一是本科及以上学历劳动者占比较少。汽车制造业、金属制品业，以及金属制品、机械和设备修理业三个行业，其本科及以上人数占比较少。学历层次反映了劳动者通过后天学习获得的基本知识水平与文化素养，高学历劳动者占比较大的企业通常拥有更多可开发人力资源。从 2019 年四川省现代装备制造业分行业不同学历人数占比情况（如图 4 所示）中可以看出不同行业中，高中、中专或技校以及大专学历劳动者占有相当比例，是行业生态主要的人力资源。关于初中及以下学历劳动者占比，金属制品业为 42.8%，计算机、通信和其他电子设备制造业为 36.3%，说明以上两个行业学历层次总体偏低，人力资源丰裕程度不足。铁路、船舶、航空航天和其他运输设备制造业劳动者学历结构在各行业中有显著优势，大专及以上劳动者占比较高。其中，大专学历劳动者占比为 31.9%，大学本科学历劳动者占比为 22.1%，研究生学历劳动者占比为 3.1%。

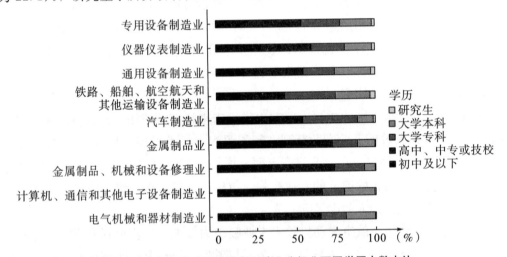

图 4　2019 年四川省现代装备制造业分行业不同学历人数占比

二是劳动者技能支撑不足。计算机、通信和其他电子设备制造业、汽车制造业以及仪器仪表制造业在三类岗位中的中高级职称人数占比相对较少。职称级别用以衡量劳动者工作技能水平，中级和高级职称人数比例越大，说明行业人力资源质量越高，人力资源支撑力越强。2019 年四川省现代装备制造业分行业不同岗位的中高级职称人数占比情况显示（如图 5 所示），计算机、通信和其他电子设备制造业人力资源支撑力较弱，其管理岗的中高级职称人数占比在三类岗位中最高，但也仅有 22.9%，低于其他几个行业。汽车制造业和仪器仪表制造业管理岗的中高级职称人数占比处于中游水平，但专业技术岗和工勤岗的中高级职称人数占比劣势明显。专业技术岗方面，仪器仪表制造业和汽车制造业的中高级职称人数占比分别为 12.1% 和 18.4%，略好于计算机、通信和其他电子设备制造业，但远低于其余行业。工勤岗方面，仪器仪表制造业和汽车制造业的中高级职称人数占比分别为 3.9% 和 11.7%，同样在各行业中处于较低水平。

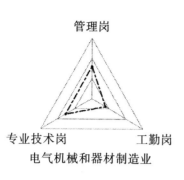

电气机械和器材制造业

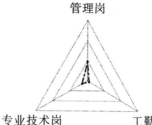

计算机、通信和其他电子
设备制造业

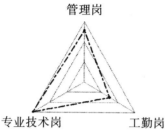

金属制品、机械和设备修理业

金属制品业

汽车制造业

铁路、船舶、航空航天和
其他运输设备制造业

通用设备制造业

仪器仪表制造业

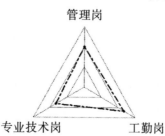

专用设备制造业

图5　2019年四川省现代装备制造业分行业不同岗位的中/高级职称人数占比

资料来源：2019年四川省企业从业人员工资报酬微观数据库。

三是汽车制造业、铁路、船舶、航空航天和其他运输设备制造业两个行业的人力资源支撑力相比 2021 年一季度有所下降。资本价值构成一定程度上能反映企业投入货币资本及其要素组合的技术水平，资本价值构成越大，说明同等技术装备条件下，企业能以更少的人力资源进行价值生产，即人力资源支撑力越强。本研究用非人工成本除以人工成作为资本价值构成的代理指标。假定市场的价格扭曲程度不高，且资本价值构成能够充分反映资本技术构成，则商品价格水平变动大致能用来表现商品价值变动，同时可以通过资本价值构成的测度评估资本有机构成的变化趋势。使用行业非人工成本与人工成本之比，作为衡量行业资本价值构成的指标，可知以下四个行业资本价值构成 2022 年第一季度均出现了增加：金属制品业、通用设备制造业、电气机械和器材制造业以及计算机、通信和其他电子设备制造业。汽车制造业、铁路、船舶、航空航天和其他运输设备制造业两个行业的资本价值构成在 2022 年第一季度均出现了减少，说明以上两个行业要素组合方式出现了某些状况，以至于需要依靠更多数量的劳动力投入来维持当前生产状态，企业生产的人力资源支撑力相比上一年一季度有所下降，这同设备折旧或淘汰更新以及生产线调整等诸多因素有关（如图 6 所示）。

图 6 分行业 2021 年一季度资本价值构成

四是电气机械和器材制造业人力资源支撑力较强，金属制品业人力资源支撑力最弱。2022 年四川省一季度数据显示，电气机械和器材制造业人力资源支撑力较强，金属制品业人力资源支撑力最弱。行业人工成本效益可由劳动生产率、人事费用率和人工成本利润率等指标进行综合衡量。

一般而言，一个企业劳动生产率和人工成本利润率越高，人事费用率越低，说明企业人力资源支撑力越强，投入更少的人工成本能获得相对多的产出、利润以及维持企业正常经营。将劳动生产率、人事费用率和人工成本利润率三个指标进行标准化处理，其中人事费用率由于是负向指标，标准化处理后变为可比的正向指标，三个指标标准化处理后取值范围均在 0 到 1 的闭区间内。图 7 展示了 2022 年四川省一季度部分现代装备制造业行业人工成本效益标准化值对比。电气机械和器材制造业在三个指标上均有较好表现，劳动生产率标准化值仅次于汽车制造业，人事费用率和人工成本利润率标准化值在几个行业中位居第一，说明该行业在人力资源投入使用方面具有明显优势。铁路、船舶、航空航天和其他运输设备制造业人工成本利润率标准化值较高，但人事费用率和劳动生产率标准化值均处于低位，说明该行业运用人力资源创造利润的能力较强，但经营成本相对较高，且生产效率欠佳。金属制品业在三个指标上的表现都欠佳，其人工成本利润率标准化值仅高于汽车制造业，劳动生产率标准化值在几个行业中最低，人事费用率标准化值排在倒数第三位，说明该行业除在人工成本方面控制得相对较好外，生产效率和利润创造能力还有较大改进空间。

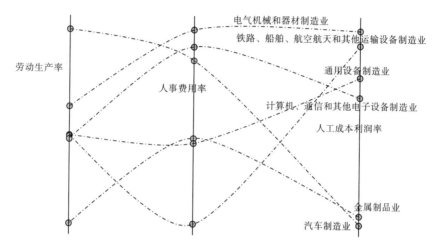

图 7　2022 年一季度部分行业人工成本效益标准化值对比

资料来源：四川省人力资源和社会保障厅。

五是行业薪酬吸引力以及人力资源支撑状况分析。作为结构分析的常用方法，分位数用于衡量特定指标的数值经排序后的基本情况，能反映出指标的结构化特征。低位数指一组数据从小到大排序中后 5% 的平均数，中位数指一组数据排序后中间 50% 的平均数，高位数指一组数据从小到大排序前 5% 的平均数。分行业的工资价位、人工成本效益分析，有助于识别行业薪酬吸引力以及人力资源支撑状况。

1. 约 44.4% 的行业薪酬吸引力较弱

约 44.4% 的行业薪酬吸引力较弱。金属制品业等四个行业工资价位在各类分位数上均不如其余行业，表明这四个行业整体薪酬吸引力较弱，相应的人工成本投入较低。铁路、船舶、航空航天和其他运输设备制造业，在五类分位数工资价位上均位居前三。电气机械和器材制造业除上四分位数外，其他分位数均位居前三，表明以上两个行业整体薪酬吸引力较强（见表 1）。

表 1　工资价位分位数

行业	低位数	下四分位数	中位数	上四分位数	高位数
金属制品业	2275	2860	4000	5637	7539
通用设备制造业	2333	3047	4016	5567	7948
专用设备制造业	2200	2700	3550	5471	7350
汽车制造业	2564	3129	4207	5928	8571
铁路、船舶、航空航天和其他运输设备制造业	3296	4213	5592	7807	10877
电气机械和器材制造业	2817	3467	4517	6342	9813
计算机、通信和其他电子设备制造业	2697	3264	4289	5521	7292
仪器仪表制造业	2100	2768	4045	7672	10993
金属制品、机械和设备修理业	3582	3786	3971	6456	8956

资料来源：2020 年四川省企业从业人员工资报酬微观数据库。

2. 仪器仪表制造业、金属制品、机械和设备修理业人工成本相对投入较大

表 2 为分行业人事费用率分位数。仪器仪表制造业、专用设备制造业在五类分位数上人事费用率均较高，表明两个行业人事费用率总体较高。仪器仪表制造业、金属制品、机械和设备修理业在低位数、下四分位数和中位数上均高于其他行业，表明即便是这两个行业中人事费用率较低的企业，其人事费用率也普遍高于其他行业，人工成本相对投入较大。

表 2　人事费用率分位数

行业	低位数	下四分位数	中位数	上四分位数	高位数
金属制品业	0.03	0.06	0.13	0.19	0.34
通用设备制造业	0.06	0.10	0.16	0.30	0.42
专用设备制造业	0.11	0.14	0.24	0.44	0.78
汽车制造业	0.09	0.14	0.18	0.26	0.44
铁路、船舶、航空航天和其他运输设备制造业	0.08	0.17	0.19	0.30	0.44
电气机械和器材制造业	0.04	0.06	0.09	0.22	0.34
计算机、通信和其他电子设备制造业	0.08	0.11	0.26	0.47	0.66

续表2

行业	低位数	下四分位数	中位数	上四分位数	高位数
仪器仪表制造业	0.17	0.30	0.30	0.72	0.72
金属制品、机械和设备修理业	0.33	0.33	0.35	0.35	0.35

资料来源：2020年四川省企业人工成本微观数据库。

表3为分行业人工成本利润率分位数。通用设备制造业人工成本利润率在上四分位数和高位数进入行业前三，但中位数、低位数和下四分位数上没有明显优势。以上数据表明既定人工成本下，该行业企业能创造相对更多的利润，但存在两极分化的情况。该行业人工成本利润率相对较低的企业，与其他行业横向对比也缺乏明显优势，而该行业人工成本利润率相对较高的部分企业，与其他行业横向对比则具有较大优势。

表3　人工成本利润率分位数

行业	低位数	下四分位数	中位数	上四分位数	高位数
金属制品业	−0.42	0.01	0.34	0.47	1.00
通用设备制造业	−0.59	−0.04	0.06	0.47	1.53
专用设备制造业	0.01	0.06	0.19	0.69	1.07
汽车制造业	−2.56	−0.43	0.04	0.30	1.06
铁路、船舶、航空航天和其他运输设备制造业	−0.46	−0.20	0.15	0.36	1.31
电气机械和器材制造业	−0.28	0.03	0.20	0.37	0.72
计算机、通信和其他电子设备制造业	−0.38	0.01	0.03	0.36	1.46
仪器仪表制造业	0.01	0.01	0.11	0.14	0.23
金属制品、机械和设备修理业	0.17	0.17	0.20	0.24	0.24

资料来源：2020年四川省企业人工成本微观数据库。

六是科创能力有待提升。采取多层前向反馈式神经网络，基于机器学习算法[①]，根据2019年四川省企业人工成本微观数据库中现代装备制造业有关信息，构建数量和质量两个方面的人力资源投入与利润总额之间的输入输出关系。利用人为生成的非真实数据进行数值模拟，考察人力资源投入变动对企业价值创造水平产生的影响。

① 具体参见R语言机器学习包"neuralnet"。

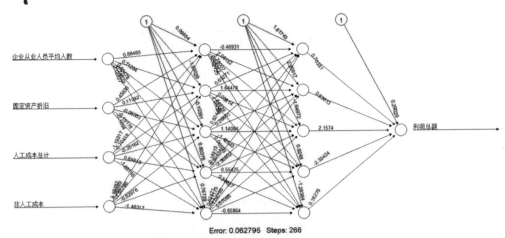

图8 资源投入与利润总额的神经网络拓扑结构

图 8 为神经网络拓扑结构可视化结果,其中隐藏层为两层共 10 个节点,激活函数为 softplus。神经网络训练共经过 266 次,预测值与实际值误差平方和约为0.1,说明模型性能良好。将标准化后的原始数据集中人工成本和从业人数分别增加 10%、70% 和 300%,生成相应的假想数据集,并利用训练完成的神经网络进行预测。

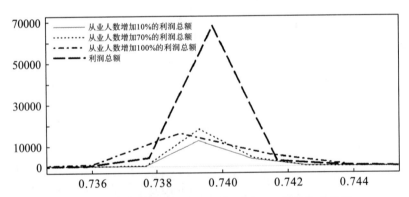

图9 劳动力要素数量变动情形下的利润总额核密度曲线

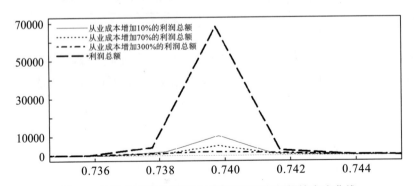

图10 劳动力要素价值变动情形下的利润总额核密度曲线

数值模拟结果表明,在保持其他投入不变的情况下,就业人数或人工成本的增

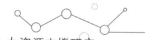

加均会导致行业中各企业利润总额两极分化。图9至图10展示了数值模拟的结果，可以看出随着人工成本的增加，行业中企业利润总额差异性增强，其利润总额标准化值不再集中于某一区间，说明当同时增加所有企业人工成本时，部分优势企业将利用自身禀赋优势获得更多的市场份额，而其余企业将因无法提供人力资源发挥作用的条件造成利润下降。随着从业人数的增加，行业中企业利润总额差异性增强，但在一定区间内保持了集中态势，且这种集中态势随着从业人数增加幅度的加大呈现明显左移，说明单纯的劳动力数量投入并不能很好地带来行业利润的增加，而是需要提升装备制造业企业自身的技术装备条件，以与之相适应。

从人力资源投入与利润总额的人工神经网络模型结果来看，当其他投入保持不变时，单纯增加劳动力数量投入，无法使企业利润总额增加。由此可知，只有通过阶段性更新企业知识、管理等非人力要素来提升科创能力，同时增加劳动力数量投入，企业才能获得更多超额利润与市场份额。

三、四川省现代装备制造业人力资源支撑问题分析

（一）劳动力供给总量与结构亟待优化

一是现有人力资源投入对于行业未来研发生产与贸易扩张支撑不足。技术水平一定或变动幅度不大时，大部分行业劳动力投入能够维持行业目前的生产规模与市场份额，现代装备制造业各行业劳动力投入数量的增加意味着其数量意义上的人力资源支撑力增强。现代装备制造业的9个行业中，只有计算机、通信和其他电子设备制造业平均用工人数有明显增加趋势，而其余各行业平均用工人数大都在一定区间内相对稳定地变动。这说明，四川省现代装备制造业大部分行业的劳动力数量投入缺乏增长效应，而只具有水平效应，从而缺乏足够的劳动投入推动行业规模扩张。

现有人力资源投入对于行业未来研发生产与贸易扩张支撑不足。技术水平一定或变动幅度不大时，大部分行业劳动力投入能够维持行业目前的生产规模与市场份额，现代装备制造业各行业劳动力投入数量的增加意味着其数量意义上的人力资源支撑力增强。现代装备制造业的9个行业中，只有计算机、通信和其他电子设备制造业平均用工人数有明显增加趋势，而其余各行业平均用工人数大都在一定区间内相对稳定地变动。这说明，四川省现代装备制造业大部分行业的劳动力数量投入缺乏增长效应，而只具有水平效应，从而缺乏足够的劳动投入推动行业规模扩张。行业核心竞争力和薪酬吸引力不足导致劳动力从制造业向服务业过度流动。同时，老龄化程度的加深也进一步影响了劳动力供给。七人普数据显示，四川人口老龄化加

速，2020 年四川老年人口抚养比①达 25.3%，仅次于重庆市，位居全国第二位，老龄化增长明显超前于经济发展。

二是行业用工分布不均。以人工成本利润率作为衡量各行业用工情况，金属制品业等六个行业的人力资源支撑呈现不平衡发展，低位数均表现为负数，除电气机械和器材制造业外，其余五个行业的高位数均大于 1，行业内各企业间人力资源支撑能力分化程度较高。以高位数作为参照标准，只有通用设备制造业等三个行业存在较高人力资源支撑力的企业。金属制品业、专用设备制造业、汽车制造业等三个行业人力资源支撑力处于一般水平，虽无劣势但也缺乏明显优势。电气机械和器材制造业等三个行业人力资源支撑力较弱，直接表现为行业人工成本利润率在各分位数上均处于低位。

（二）企业生产的"质量"效应不足

金属制品、机械和设备修理业、专用设备制造业等行业"质量"效应不足。薪酬变化一定程度能够反映劳动力真实的需求变动，除非发生周期性技术冲击意义上的要素替代过程，薪酬降低一般意味着企业可能更多地通过劳动力数量的增加以维持和扩大生产，人力资源支撑更多偏向数量而非质量层面，由此降低了企业生产的技术密集程度，即"质量"效应不足，进而降低其创新发展与资本更新速度。

数据显示，2020 年仅有 37.5% 的装备制造业行业薪酬同比增加，其余各行业均面临不同程度的薪酬降低。当其他投入保持不变时，单纯增加劳动力数量投入，利润总额较低的企业数量有所增加，表明这些企业目前的非人力要素如知识、管理等已经趋于饱和，因此劳动力要素数量投入增加并未使其利润总额增加，只有通过阶段性更新企业非人力要素，提升科创能力，同时吸纳更多劳动力才能获得更多超额利润与市场份额。

当其他投入保持不变时，单纯增加劳动力成本投入，不同利润总额的企业均有所增加，分布曲线趋于平缓。由于数量不变的情况下，增加人工成本投入将会提高人均薪酬水平，当劳动者更多地将时间资源分配至闲暇时，将降低劳动力供给水平，因此这说明有相当部分企业劳动力供给曲线可能已处于向后弯折区域，当前的员工激励制度亟待改善。

（三）人力资源与人才吸引培养机制急需完善

一是人力资源吸引力有待增强。数据显示，2020 年仅有 37.5% 的装备制造业行业薪酬同比增加，其余各行业均面临不同程度的薪酬降低，且四川装备制造业各行业平均工资均低于全国制造业同期平均水平（6899 元/月），低于全国行业整体

---

① 老年人口抚养比采用国际标准，指的是 65 岁以上人口数量与 15～64 岁人口数量之比。

同期平均水平（8115 元/月）。[①]

二是基础和前沿领域专业人才培养不足。从四川各大职业技术类院校报到和毕业情况来看，工业机器人技术、精密机械技术和飞行器制造技术等前沿领域专业热度不高，人才供给缺乏明显优势。相比其他专业，就读飞行器制造技术专业的人数也有所降低。仪器仪表制造业供不应求的趋势已然凸显；金属制品、机械和设备修理业工勤岗技能型人才相对缺乏；电气机械和器材制造业、金属制品业、汽车制造业和仪器仪表制造业四个行业工勤岗的中高级职称人数占比较低。

三是专业技术人才培育不足。管理岗、专业技术岗和工勤岗三类岗位中高级职称人员占比均较高的行业较少，行业整体缺乏足够高技能人才支撑。除通用设备制造业外，大多行业在高技能人才配置上存在不均衡现象，少数行业在三类岗位上的高技能人才配置均不足。计算机、通信和其他电子设备制造业在三类岗位中的中高级职称人员配置均较低。电气机械和器材制造业、金属制品业、汽车制造业和仪器仪表制造业等四个行业中，专业技术岗和工勤岗中高级职称人数占比均较低。金属制品、机械和设备修理业工勤岗技能型人才相对缺乏，人才结构比例失衡。铁路、船舶、航空航天和其他运输设备制造业，以及专用设备制造业两个行业的专业技术岗中高级职称人数占比相对较低。

（四）缺乏高学历和创新型人才

缺乏高学历和创新型人才。除铁路、船舶、航空航天和其他运输设备制造业外，其余行业大专及以上学历劳动者占比较低。高学历劳动者通常在学习新知识与创新能力方面具有更大优势，同时也能为增加人才多样性创造条件，如通过学习和工作积累进入不同类型岗位参加劳动，因此保持一定数量的高学历劳动者仍是必要的。大部分行业目前均以高中、中专或技校及以下学历劳动者为主，缺乏高学历劳动者，研发投入与科技创新发展空间还有待进一步提升。

四、优化四川省现代装备制造业人力资源支撑体系的建议

（一）以现代装备制造业转型发展带动就业总量提升

生产要素投入与配置相对停滞的情况下，企业人力资源支撑力将被锁定，而要实现要素发展与生产能力提升，企业必须不断推动价值链重塑与创新发展，通过盈利水平的不断提高和薪酬比例增加来吸纳更多劳动力等要素。同时装备制造行业技术升级也能提高生产线科技含量，形成广泛的"干中学"积累效应，由此带来人力资源支撑力的内源式增加。

---

① 全国数据来自《中国劳动统计年鉴》。

对此，应充分发挥政策引领功效，基于地方财税和金融工具，持续加大对于现代装备制造业特别是重点企业的支持力度，从而间接调控行业企业薪酬决定机制，增强对优质劳动力的集聚能力。促使四川省装备制造业内部各企业转变经营观念，从而推动生产模式与行业生态良性发展。此外，还应通过家庭文化重塑、降低家庭税负、保障女性权益等措施，建立健全四川人口长效发展机制，缓释老龄化对劳动力结构带来的不利冲击。

一是推动装备制造产业价值链多向度延伸，打造产业发展新的生长点。横向拓展装备制造业业务范围，形成价值链宽度。装备制造业技术密集程度通常高于其他行业部门，存在较大价值链拓展空间，进一步强化装备制造业关联业务运营，持续发展诸如装备制造核心技术咨询服务、战略性投资等业务，有助于实现经营业务复杂化，扩展价值变现空间。同时，将非核心业务适当外包以实现扁平化的组织结构，提高生产的专业化程度。纵向延展装备制造业生产制造环节，提高部门结构精细化程度，将与核心装备制造技术及产品有关的研发设计、维修保养与市场流通等经营活动内部化，降低市场成本的同时有利于提高产品生产率和服务化程度。

二是积极培育装备制造创新驱动发展能力。依托企业自身资金积累，加大资本循环与周转中装备制造技术研发投入比例。利用现有资本市场资源及有关金融工具，吸收企业外社会资本对技术研发形成支持。不断完善更新企业知识产权战略，将企业智力资产市场化机制发挥至最大。基于创新能力提升带来的商品溢价，进一步打造域内外品牌国际化形象，形成商品价值跨域空间效应。

三是构建动态化人力资源配置机制。不同类别、层次的生产要素配置比例均会随着生产方式的变革而有所区隔。对企业财务指标进行动态监测，并结合企业生产销售具体情况实时调整劳动力投入计划。当企业技术密集程度提高带来生产方式不断变革之际，市场份额会不断提高，而国内外经济的发展又会对装备制造提出更多需求，从而带来市场容量的扩展。对此应考虑投入更多劳动力要素，特别是高技能或具有较高知识水平的劳动者，通过吸纳更多劳动者参与、适应和促进装备制造生产过程，扩大人力资源支撑的力度与范围。优化薪酬调整制度，通过薪酬反周期调节稳定装备制造就业局势，特别是确保高端装备制造业薪酬吸引力，避免高端人力资源的行业流失。

（二）推动形成现代化智能制造院校人才培养体系

智能制造是现代装备制造业的重要组成部分，不断夯实智能制造人力资源基础，保证智能制造人才充分涌流是推动智能制造可持续发展的关键所在。职业技术院校是智能制造人力资源生成和供给的重要实体，加快完善现代化智能制造院校人才培养体系，有助于将智能制造人力资源变资产，进而形成有效人力资本存量。

一是加快院校智能制造教学治理转型。由于数字经济的迅猛发展，制造业转型升级速率加快，智能制造时代劳动力需求具有变化快、多元化和定制化等特点。各

职业技术院校应加大与地方政府和企业的合作力度，明确自身发展定位，以产教融合为核心目标开展各项智能制造教学管理与评价工作。探索实施专业化动态化课程转换机制，如成立产业教学发展研究机构，针对智能制造产业结构调整以及新工艺、新技术和新业态不定期调整专业课程设置。创新院校教师评估认定体系，破除"唯论文""唯学历"等观念，综合评价教学人员在科研、技术和知识水平等方面的能力，从高新智能技术产业引进专业人才担任教职，提升院校教学软实力。优化完善院校教学设备和实验室折旧机制，加强有关工业机器人和可编程硬件设备等的教学实训一体化场所建设。努力打造一批国家级、省级智能制造教学实训基地，将教学、研究与技术应用相结合，实现智能制造教学内容在技术层面的具体化。

二是建构智能制造专业人才对口输出机制。通过院校、政府与企业共建共治共享，建构智能制造专业人才对口输出机制。以产业政策作为智能制造人才培养方向引领，通过设置特色专业培育具有基础研究能力的人才，以适应产业政策的核心规划。以企业需求作为智能制造人才培养价值支撑，智能制造企业需求是劳动力市场配置的集中表现，重视与企业发展相衔接的人才培养，有助于最大化智能制造人才价值。以院校特色作为智能制造人才培养核心方向，扬长避短，充分发挥院校在智能制造方面的软硬件优势，同时不断弥补智能化教学装备以及师资队伍等方面的不足。

三是建立健全智能制造专业信息公开化体制机制。持续加强与不同所有制初高中教育机构合作，提高中学师生与家长对于职业技术院校智能制造专业的认知水平，了解并熟悉其专业课程设置以及人才培养方案，提高院校智能制造专业报考率和报到率。提高院校智能制造专业网络化水平，契合信息化时代主要依托网络通信传播信息流的特点，以企业级水平搭建院校主页，同时构建有特色有内容的智能制造专业及简介。

（三）建立健全社会化装备制造人才培养体系

紧扣省委、省政府《关于加快构建"5+1"现代产业体系推动工业高质量发展的意见》和全省装备制造业发展需要，加快培养造就技术技能人才和高素质产业人才。

一是建立适应经济转型升级的现代职业教育体系。建立教育链、人才链、知识链和产业链协同发展机制，强化校企协同育人，推进职业教育精准对接产业和行业发展需求。

二是积极发挥技工院校在技能人才培养中的重要作用。加大对本地技工院校的扶持力度，加强校企合作人力资源开发模式，引导产业园区和大型企业开展定制化培养、专业定向吸纳。

三是建立覆盖城乡劳动者的终身职业培训制度。大规模开展岗前、在岗职业技能培训，推动职业培训由服务特定群体向实行普惠培训转变，由侧重就业技能培训

向强化岗位技能提升培训转变。

（四）加快完善装备制造人才培养与发展体制机制

一是培养适应装备制造业发展的科技人才和高水平创新团队。实施更加积极开放有效的人才政策，加快培养具有国际竞争力的高层次人才，统筹用好国内和国外优秀科技人才，为装备制造业创新发展提供坚实的人才支撑。顺应产业结构迈向中高端水平趋势，建立健全以创新创造为导向的人才培养机制，加快培养适应创新驱动转型发展、能够突破关键技术、引领学科发展、带动产业转型的创新型领军人才。完善海内外高层次专业技术人才来川创新创业特殊支持政策，依托海外人才工作联络站、海外引才工作站，打造国际人才交流平台，鼓励和扶持海外留学生、高校师生与科研院所专家通过带技术、带专利、带项目、带团队等形式来川创业，引导人才向产业带和经济区聚集。以科技型企业为重点，重点扶持运用自主知识产权或核心技术创新创业的优秀创业人才，培养造就一批具有创新精神的企业家。

二是创新人才培育、引进、评价、使用、激励机制，深化人才发展体制机制改革。加快推动人才开发与产业发展、创新发展深度融合，加大创新创业人才培养支持力度，完善基础教育与职业技术教育相结合、教育与实践相结合的人力资源培养体系，注重系统培养、分类培养和个性化培养。从规范职位分类和职业标准入手，建立以岗位职责要求为基础，以品德、能力和业绩为导向，符合各类人才特点的评价标准。加快建立健全与社会主义市场经济体制相适应、与工作业绩紧密联系、充分体现人才价值、有利于激发人才活力和维护人才合法权益的分配激励和保障制度。

三是确立人才投资优先地位。逐步改善经济社会发展的要素投入结构，加大人力资本投资力度，鼓励和引导社会、用人单位、个人以多种方式加大人才投入，形成多元化人才投入机制，加快形成人力资本积累优势。

（五）促进引才方式创新与用才机制优化

装备制造业具有的资本、知识和技术等多重密集型特点，使得构建一支有知识、懂技术和爱岗敬业的高素质人才队伍尤为重要。当今世界环境瞬息万变，装备制造业市场竞争激烈，尖端技术成为各装备制造业企业竞相追逐的焦点。对此，应不断优化装备制造业人力资源结构，构建引才方式创新与用才机制优化"两翼齐飞"的人力资源使用体系。保持一定比例的中高级职称人数，以更好推动装备制造企业研发创新、工艺突破与技术价值转化。

一是建立健全渠道多元、内容丰富和流转顺畅的人才流动机制。人才流动既包括人才流入也包括人才流出。对人才引进年龄要求实行软约束，不刻意限定人才年龄，要认识到大龄劳动者技术知识积累的重要性，通过企业内部"传帮带"协作机制转化为实际效能。拓宽人才引进空间维度，不仅重视引进本地人才，也应当意识

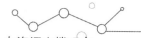

到省外和国外人才的重要性。加强与第三方专业装备制造人力资源服务机构合作，加快产品研发设计、成批生产和营销推广等各个环节的人才队伍建设，实现装备制造人才多样化。适当突破薪酬限制，提升企业薪酬吸引力，同时给予专业技术岗、管理岗和工勤岗三类岗位人才以同等待遇，重视管理岗和工勤岗人才在生产过程中的"催化剂"作用，深刻认识到其在提高要素组合能级、加快要素配置和价值转化等方面的巨大作用。赋予一线基层技术工人与高端技术工人同等待遇，夯实装备制造人力资源基础。优化完善人才流出机制，拟定公平合理离职章程，对因故离职人才按规定予以补偿，不拖欠工资和绩效等，这样不仅有利于企业形象塑造，也能促进人才在行业范围内顺畅流动，推动装备制造业人才有序循环与合理配置。

二是建立人才区域协调发展机制。立足各装备制造业重点城市产业发展方向，共同推动装备制造人才引进工作。通过建立良好的区域间沟通渠道，形成各具特色的装备制造城市群，避免"人才打架"，降低不同城市内卷化程度。

三是形成双层人才评价机制。对装备制造业中高级职称人才实行社会效益个人评估制度，从企业利润中提取资金作为奖金来源，充分彰显和肯定人才价值，能极大地激发其为全社会劳动的意识与荣誉感。建立客观公正的评奖评优体系，连通用人单位评价考核渠道与人才成长信息反馈回路。将中高级职称人员工作业绩和成就充分体现在各类表彰上，同时在职称评定方面予以体现，达到明晰人才成长路线和防止人才流失的目的。

四是营造全面可持续装备制造人才成长环境。针对装备制造业技术复杂性高与行业技术更迭快两大特点，面向行业发展的前沿领域，探索实施人才知识更新制度，鼓励普通装备制造业职工不断学习新技能，参加各类职称培训与考核。对于获得国家科技进步奖或对企业、行业在特定领域的技术突破有重大贡献的人员，可破格赋予更高级职称。高学历人员可提前给予中高级职称待遇，符合评定条件后进入正式评定程序，以此将装备制造人才资源高学历化与高技能化相结合。

（六）优化装备制造业人力资源发展环境

一是优化人文法治环境。积极培育创新创业文化，倡导"四个尊重"的价值导向，加大知识产权保护力度，以更加开放的姿态和海纳百川的胸怀接纳各类优秀人才，引导全社会共同为各类人才施展才华提供良好的环境和宽广的平台。

二是优化公共服务环境。围绕打造服务型政府，深化"放管服"改革，借助大数据、互联网搭建劳动者满意的人力资源服务平台，根据不同群体、不同就业创业阶段、多层次需求，提供均等化、专业化、智能化就业创业服务和人才服务。

三是优化生活工作环境。全面推进实施县（市、区）人才安居工程，探索实施高层次人才住房补贴和奖励政策，优化我省生活设施环境和国际化的生活环境。全面推进企业社会责任建设，完善工资决定和正常增长机制，提高劳动者工资收入水平。注重以宜居、宜业为导向，制定实施特殊政策，为引进人才提供施展才华的良

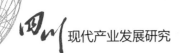

好平台，大力引进用好科学发展急需的人才和智力。

四是加快发展人力资源服务业。引导资本、技术、人才等要素集聚，重点打造一批有核心产品、技术含量高的人力资源服务业骨干企业，推进人力资源服务业产业化发展，推动建立人力资源服务产业园。整合人才市场、劳动力市场，研究制定人力资源市场服务标准，建设四川装备制造专业人才市场，支持德阳建设重大装备制造人力资源市场，更好发挥专业性、区域性人力资源市场集聚发展和辐射带动作用。

（七）实现创新发展与激励相容有机结合

数量层面的人力资源支撑力提升，前提是推动活劳动的资本结构发生有利于生产效率提高的改变，或者这种改变已经发生但缺少必要的劳动力投入，此时增加劳动力数量投入能够释放人力资源价值创造的潜能。要从数量层面提高人力资源支撑力，需要以资本技术构成提高为根本目标，具体到企业管理则是要实现企业生产流通诸环节的创新驱动发展。质量层面的人力资源支撑力提升，需以劳动力价值创造比例保持不变或有所提高为基本要件。当其他条件不变的情况下，构建有助于提高劳动者积极性的激励制度，才可能形成质量意义上的人力资源支撑力提升，单纯投入可变资本无助于价值创造比例的提高，即人工成本的提高需以激励制度优化为先决要件。

一是利用政策杠杆撬动行业自主创新能力，形成配套科技人才制度。建立健全行业创新效率评价体系，消除财政信贷资金创新投入中存在的堵点和瘀点，提高创新资金的使用效率，避免资金低效使用与闲置。以三次分配制度为施策基础，鼓励社会资本向政府、企业和大学等的科研机构投放，强化基础理论和应用研究，促进国内外科技交流活动。鼓励通过搭建产学研一体化链条，解决关键领域"卡脖子"技术难题，形成装备制造行业领域决定性突破。出台更多针对性装备制造科技人才制度，构建人才评价容错机制，为装备制造类人才营造良好的发展空间，不因研发周期长、个别项目因不确定性延后或失败形成负面评价。可由政府牵头注入主体资金形成风投基金，以合理公平的股权结构带动社会资本参与，共担项目风险，共同分配技术价值收益。

二是加快装备制造业数字化转型，大力引进数据分析和管理类人才。数字化转型是产业特别是工业部门生产能力提升的主要发展路径，尤其对于装备制造业在技术深度和广度均优于大多数行业的门类而言，数字化转型是其实现以强算力、智能化和网络化为核心创新发展的关键所在。加快数据要素产权立法司法，优化新时代装备制造生产关系，推动数据要素与传统生产要素结合。选树一批数字化装备制造项目和重点企业，建立装备制造各行业信息通信与数据标准化接口，实现可公开数据互联互通，提高上下游产业间在生产设施、工艺择定、产品服务等方面的协调性。持续建设装备制造数字化人才队伍，包括数据搜集与整理人才、数据挖掘与分

析人才、大数据战略规划人才等，提高装备制造人力资源对于数据要素的运筹能力，降低生产环节不必要的资源消耗与中间品闲置。

三是优化装备制造业人员激励制度，构建人工成本效益提升长效机制。摒弃单方面依靠奖惩制度使用人力资源的做法，将劳动者上升渠道明晰化制度化，使得装备制造业劳动者职业目标与企业自身经营目标相容。遵循以人为本的基本思路，结合员工自身工作能力与实际需求，建立员工职业培训与生涯规划反馈机制，增强员工荣誉感和归属感。把握装备制造业生产特点，不拘一格使用某方面有特殊才能的员工，通过满足员工个人价值的实现形成劳动激励，充分激发员工积极性、主动性和创造性。

负责人：唐　青（四川省人力资源和社会保障科学研究所）
成　员：车茂娟（四川省统计局）
　　　　范伊静（四川省统计局）
　　　　杜云晗（四川省人力资源和社会保障科学研究所）
　　　　欧　迪（同济大学）
　　　　徐晓敏（四川省人口学会）
　　　　王偲乂（四川省人口学会）
　　　　朱　杰（西南财经大学）
　　　　陈广坤（西南财经大学）
　　　　吴　艳（龙泉驿区青台山中学）

四川居民消费市场突围路径研究

2021年既是"十四五"时期的开局之年，也是中国开启迈向第二个百年奋斗目标的新起点。在这一具有重要历史意义的关键之年，中央经济工作会议明确强调在充分肯定成绩的同时，必须看到我国经济发展面临"需求收缩、供给冲击、预期转弱"三重压力。四川经济平稳运行，地区生产总值迈上5万亿元台阶，达5.4万亿元。但是2021年7月、11月省内两次疫情，再加上12月以来全国国内其他疫情发生，给消费市场回暖进程造成冲击，四川社会消费品零售总额两年平均增长只有6.4%，远远没有达到2019年疫情前的水平，比疫情前的水平要低4个百分点，消费需求明显偏弱。

在国际政治经济形势日趋复杂多变、疫情防控形势严峻、国内经济转型面临多重压力和社会主要矛盾发生根本性转变的背景下，本研究深入贯彻党的十九大和十九届各次全会精神，全面贯彻落实习近平总书记对四川工作系列重要指示精神和中央经济工作会议精神，以四川省宏观经济、居民消费数据为依据，针对四川宏观经济和居民消费市场的复杂性、动态性等特征，分析四川省"三重压力"下居民消费市场现状、特点和困难，探讨四川居民消费与经济增长的关系，寻找四川居民消费市场的突围路径，根据四川省实际情况提出有针对性、可操作的有效建议，有助于准确把握四川居民消费市场的现状，为省委省政府的科学决策提供有力的统计数据支撑，加快突破三重压力，确保经济持续稳定增长，稳定四川省经济社会发展大局。

一、四川省居民消费市场的特征

（一）消费能力有所提升

近年来，四川省作为西部经济的领头羊，基于西部大开发的优势条件，经济保持稳定增长，城镇和农村居民收入均呈上升趋势。2021年，全体居民人均可支配收入为29080元，同比增长9.6%，比全国平均水平（8.1%）高1.5个百分点。分城乡看，城镇居民人均可支配收入为41444元，同比增长8.3%，比全国平均水平

（7.1%）高 1.2 个百分点；农村居民人均可支配收入 17575 元，同比增长 10.3%，比全国平均水平（9.7%）高 0.6 个百分点。城乡居民人均可支配收入比从 2015 年的 2.6 缩小至 2021 年的 2.4，优于全国平均水平（2.5）（如图 1 所示）。

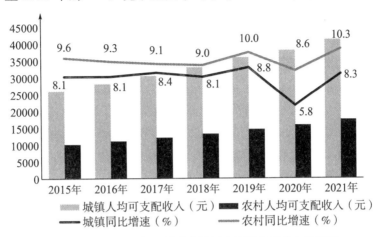

图 1　2015—2021 年四川城乡居民人均可支配收入及增速

（二）居民消费水平不断提高

消费是拉动经济的三驾马车之一，对经济的发展具有重要作用。改革开放以来，随着经济快速发展和城乡居民收入水平不断提升，居民消费需求逐步释放，消费支出持续改善。2021 年，居民人均消费支出 21518 元，同比增长 8.8%，比 2015—2020 年年均增速（7.9%）高 0.9 个百分点。分城乡看，城镇居民人均消费支出 26971 元，同比增长 7.3%，比 2015—2020 年年均增速（5.4%）高 1.9 个百分点；农村居民人均消费支出 16444 元，同比增长 10.0%，略低于 2015—2020 年年均增速（10.1%）。城乡居民人均消费支出比从 2015 年的 2.1 缩小至 2021 年的 1.6，优于全国平均水平（1.9）。无论从年均增速还是从城乡居民人均消费支出比看，四川省农村居民消费水平均高于城镇居民（如图 2 所示）。

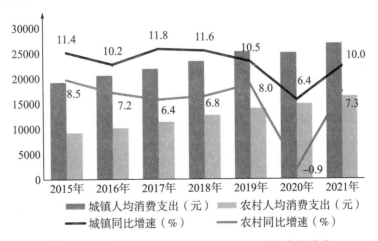

图 2　2015—2021 年四川城乡居民人均消费支出及增速

（三）消费结构逐步迈向富裕型

1. 农村居民消费增长快于城镇居民

四川省居民收入持续恢复性增长，消费需求逐步释放，消费支出持续改善。
2021年，四川省城镇居民人均消费支出26971元，同比增长7.3%，农村居民人均
消费支出16444元，同比增长10.0%，农村居民消费增速比城镇高2.7个百分点。
从消费结构看，城镇居民八类消费支出由2020年的"五降三增"转为"一降七
增"，其他用品和服务类消费支出较上年仍下降3.8%。农村居民八类消费支出由
2020年的"三降五增"全转为正增长，且除食品烟酒和居住类支出外，其他六大
类消费支出全部实现两位数增长。

2. 食品烟酒支出在消费支出中占比下降

受食品价格稳定、猪肉价格同比大幅下跌等因素的影响，食品烟酒支出在消费
支出中占比下降。2021年四川省城镇居民食品烟酒支出增速较慢，农村居民食品
烟酒支出增速明显回落，城乡居民食品烟酒支出在消费支出中的比重均有所下降。
2021年四川省城镇居民食品烟酒人均消费支出9246元，占比34.3%，较上年下降
0.5个百分点，高出全国同类消费指标5.7个百分点。农村居民食品烟酒人均消费
支出5969元，占比36.3%，较上年下降0.3个百分点，高出全国同类消费指标
3.6个百分点（如图3所示）。

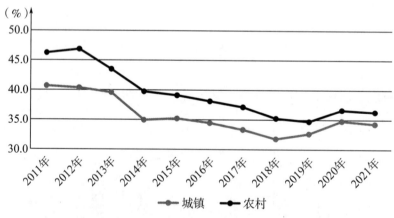

图3　2011—2021年四川城乡居民食品烟酒支出占比

3. 富营养类食品消费比重上升

四川省居民食品消费结构进一步优化，富营养类食品消费比重上升。2017—
2021年，四川省限额以上单位粮油、食品、饮料、烟酒类商品消费支出年均增速
15.0%，其中肉禽蛋类商品消费支出年均增速达17.3%，分别快于烟酒类、粮油

食品类、饮料类商品 0.6 个、2.5 个、5.4 个百分点。

4. 发展型、享受型消费增长明显

随着市场经济的快速发展，城乡居民对各种发展型消费的支出大幅增加。2021年，四川省城镇居民交通通信消费支出为 3530 元，比上年增长 15.7%；教育文化娱乐消费支出为 2557 元，比上年增长 13.5%。农村居民生活用品和服务消费支出为 1075 元，比上年增长 18.7%；教育文化娱乐消费支出为 1273 元，比上年增长 15.0%；医疗保健消费支出为 1878 元，比上年增长 13.8%。交通、娱乐、教育、医疗保健等消费呈现出快速增长特征，汽车、住房、通信等成为比较明显的消费热点。

随着生活越来越好，满足居民精神生活需要的商品市场也开始迅猛发展。2016年以来，书报杂志类，化妆品类，体育、娱乐用品类，通信器材类，家用电器和音像器材类，文化办公类等六类升级类商品增速较快，体育、娱乐用品类商品连续五年实现两位数增长。其中，限额以上体育、娱乐用品类商品年均增长 12.7%，通信器材类商品年均增长 12.5%，文化办公用品类商品年均增长 15.0%，家用电器和音像器材类商品年均增长 12.7%，化妆品类商品年均增长 10.1%，均明显快于限额以上单位消费品零售额年均 9.2% 的增速。

在汽车消费方面，汽车普及率越来越高，其高端消费品属性已悄然改变，逐步向生活必需品过渡。2021 年，四川常住人口人均私人汽车拥有量为 0.14 辆，较2016 年增长 35.1%。此外，随着居民经济条件的改善，人们对汽车的追求层次逐渐提高，从追求简单的代步车转变为追求舒适的中高档车。2021 年，全省汽车类商品实现零售额 2314.5 亿元，同比增长 10.0%，两年平均增长 4.5%，仅比2017—2019 年两年平均增速低 0.3 个百分点，汽车类消费逐步进入升级换代阶段。

（四）消费模式日趋多元化

四川居民消费不断升级，消费内容不断扩展，消费观念更加个性化和多元化，消费模式不断更新，实体消费不断创新，"互联网＋消费"日新月异。

1. 网络零售交易规模稳步增长

随着电子商务的迅猛发展、信息化水平的提高、生活节奏的加快、消费群体结构的变化和消费观念的转变等，互联网对居民生活的各个方面产生了巨大影响，极大地改变了居民的消费习惯和消费方式。四川从 2015 年起开展网上零售统计，按卖家所在地分，2015 年通过网络实现商品零售额 1057.8 亿元，2021 年全省实现网上零售额 3889.1 亿元，总额是 2015 年的 3.7 倍，年均增长 24.2%，同比增长14.3%，比全国平均水平（14.1%）高 0.2 个百分点，其中，实物商品网上零售额3094.9 亿元，同比增长 11.6%。2021 年，四川省限额以上市场优势明显，全省限

额以上消费品市场通过互联网实现的零售额为 1565.1 亿元，同比增长 23.3%，比网络零售增速快 9.0 个百分点。2022 年，随着构建以国内大循环为主体、国内国际双循环相互促进的新发展格局，以及四川扩内需、促消费政策的持续有效发力，四川消费品市场有望延续稳定发展态势。

2. 商业综合体蓬勃发展

自 2007 年万达广场入驻成都以后，不断涌现的集"购物、餐饮、休闲、娱乐、游艺、教育"等功能于一体的城市商业综合体改变了传统的购物方式、生活方式，提升了城市的整体品位。四川城市商业综合体数量由 2016 年的 76 家增加到 2021 年的 109 家，年均增长达 7.5%，但远低于全国平均水平（46.9%）。从城市商业综合体驻扎商户情况看，商户数由 2016 年的 10288 个增加到 2021 年的 20723 个，年均增长达 15.0%。从销售情况看，2021 年商业综合体全部商户商品销售（营业）额由 2016 年的 375.1 亿元增加到 2021 年的 717.1 亿元，年均增长达 13.8%。城市商业综合体成为四川消费品市场的新名片。

3. 重点网上交易平台规模不断壮大

四川重点网上交易平台实现了从少到多的历史性飞跃。全国从 2015 年起监测重点网上交易平台，2015 年四川仅 1 家纳入国家监测，2016 年增加到 6 家，且年销售额均超亿元，2018 年达到 8 家，2021 年再增加 1 家，有望突破两位数，拥有重点网上交易平台的市（州）也由 2 个增加为 5 个。从平台交易额来看，2021 年 9 家重点网上交易平台共实现交易额 78.1 亿元，比 2016 年增长 111.7%，年均增长达 16.2%。从平台看，"1919"成为全国酒类流通最大 O2O 电商平台，被誉为"线上线下融合的典范"；新华文轩创建"供应链云平台"模式，成为行业发展模式的标杆，同时还涌现出中药材天地网、九正建材、哈哈农庄、看书网、吉峰易购等全国行业领军企业。

4. 个性需求不断增多，消费方式日趋多样化

随着居民消费水平的总体提高和差异化发展，不少居民在购物时不再把价格作为消费的唯一决定因素，而是统筹考虑价格、服务、文化、质量、绿色、健康、环保等各种因素，个性化、品牌化消费人群迅速扩大。信贷消费、租赁消费、网络消费等新方式的兴起，改变了传统消费观念，促进了消费便利化。同时，由于生活节奏的加快，假日消费、节日消费需求旺盛。"五一"、国庆、春节等黄金周节日期间消费品市场普遍呈现出货源足、品种多、档次升、价格稳、服务优的景象，折扣、反季节、优惠、返券等各种促销活动层出不穷，商家费尽心机，以各种方式满足不同类型消费者的消费需求。

（五）消费品市场稳步复苏

1. 消费动能不断提升

2021 年四川省社会消费品零售总额突破 2.4 万亿元，达 24133.2 亿元，同比增长 15.9%，增速快于全国平均水平（12.5%）3.4 个百分点，比 2011 年增长 1.9 倍。两年平均增长 6.4%，比全国快 2.5 个百分点（如图 4 所示）。城乡市场持续恢复，乡村发展优于城镇、快于全国。按经营单位所在地分，2021 年四川省城镇市场实现消费品零售额 19816.2 亿元，同比增长 15.6%，比全国城镇市场平均水平（12.5%）高 3.1 个百分点。乡村市场实现消费品零售额 4317.1 亿元，同比增长 17.1%，分别高于消费品市场、城镇市场平均水平 1.2 个、1.5 个百分点，比全国乡村市场平均水平（12.1%）高 5.0 个百分点。

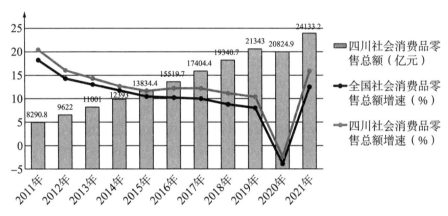

图 4　2011—2021 年全国与四川省社会消费品零售总额增速对比

2. 基本生活类商品销售持续向好

2021 年四川省商品零售额 20783.6 亿元，同比增长 13.3%，高于全国平均水平（11.8%）1.5 个百分点。16 大商品分类中，除金银珠宝类同比略下降 0.1% 以外，其余 15 大类均实现正增长，商品消费增长面达 93.8%。2021 年四川省基本生活类商品销售持续向好，限额以上粮油、食品、饮料、烟酒类实现零售额 1372.0 亿元，同比增长 18.6%，高于商品零售 5.3 个百分点，两年平均增长 16.0%，比 2017—2019 年两年平均增速高 2.2 个百分点。服装、鞋帽、针纺织品类实现零售额 630.2 亿元，同比增长 16.4%，高于商品零售 3.1 个百分点，高于全国 3.7 个百分点，两年平均增长 6.6%，比 2017—2019 年两年平均增速高 1.6 个百分点。2021 年四川省餐饮收入恢复良好，实现 3349.6 亿元，同比增长 34.9%，高于全国 16.3 个百分点，两年平均增长 10.8%，仅比 2017—2019 年两年平均增速低 1.6 个百分点。

二、四川消费与经济增长关系的实证分析

在三重压力下，研究四川省居民消费对经济增长产生的影响，可为当前居民消费市场存在的问题提供可行的解决思路。下面通过进行协整检验和建立误差修正（ECM）模型，对四川省居民消费对经济增长的影响机制进行分析，研究四川省居民消费与经济增长之间的长期均衡与短期动态关系。

（一）理论基础

1. 居民消费对经济增长的影响机理

居民消费对经济增长产生影响的机理主要表现为以下两个方面：

（1）居民消费需求对经济增长的影响

马克思的消费理论认为，消费创造劳动者，没有了劳动力的生成，社会生产就会停滞，而劳动力本身为了满足基本需求，需要进行消费，居民的消费需求增长会直接反映在经济增长上。此外，居民消费需求对经济增长还存在间接作用。消费是扩大社会再生产的重要条件，所以当居民消费需求增加时，一定会使生产者扩大生产规模，增加商品产量和技术投资，于是总需求中投资需求增加，间接地拉动了经济增长。

（2）居民消费结构对经济增长的影响

居民消费结构是影响居民消费的关键，在不同的经济发展阶段会出现不同的消费结构，与此同时消费结构是否均衡也会影响国民经济的发展。各类消费品的需求弹性随着其用途的不同而有所差异，所以当整体经济环境发生变化时，各类消费品的需求量也会随之改变，从而对国民经济的整体增长带来不同的影响。此外，居民消费结构升级会推动产业结构升级，消费者对产品和服务的需求都会提高，尤其是近几年消费结构升级催生出一批高新技术产业，对国民经济增长的推动作用巨大。

2. 模型理论基础

（1）协整理论

在一个经济系统中，尽管各个经济变量具有各自的长期波动规律，但它们的某个线性组合却存在稳定的均衡关系，从而表现出这些非平稳经济变量之间存在着一个长期稳定的关系。这种经济变量的长期稳定关系便构成了协整。协整的一般定义为：如果序列 X_{1t} 和 X_{2t} 都是 d 阶单整，存在向量 $\alpha = (\alpha_1, \alpha_2)$，使得 $Z_t = \alpha X^T \sim I(d-b)$，其中，$X^T = (X_{1t}, X_{2t})^T$，b>0，则认为序列 $\{X_{1t}, X_{2t}\}$ 是（d，b）阶协整，记为 $X_t \sim CI(d,b)$，α 称为协整向量。协整模型一般结构为：

$$Y_t = \alpha_0 + \alpha_1 X_t + \mu_t$$

μ_t 为随机扰动项，也被称为非均衡误差，是具有 0 均值的 I（0）序列。

按照协整方程中是否包含截距项或者趋势项，可以将协整方程分为如下五类：

①序列无确定趋势，协整方程无截距项；

②序列又无确定趋势，协整方程有截距项；

③序列又有确定的线性趋势，协整方程只有截距项；

④序列有确定的线性趋势，协整方程有确定的线性趋势；

⑤序列又有二次趋势，协整方程只有线性趋势。

检验两个变量的协整关系有两种方法：第一种是基于回归方程残差的协整检验，这种检验也称为单一方程的协整检验，最为常用的是 Engle－Granger 两部检验法，简称 EG 两步法；第二种是基于回归系数的协整检验，如 Johansen 协整检验，本文采用第二种检验方法。

（2）误差修正模型

误差修正模型（Error Correction Model）是一种具有特定形式的计量经济学模型，它常常作为协整回归模型的补充模型出现。当变量存在协整关系时，说明变量间存在一种长期均衡关系。协整模型度量序列之间的长期均衡关系，ECM 模型则解释序列的短期波动关系。

假设两个 I（1）变量 y_t 和 x_t 存在如下长期均衡关系：

$$y_t = c + \beta x_t + e_t$$

则有在长期 $E\hat{e_t} = 0$。但是，由于现实经济中 y_t 和 x_t 很少处在均衡点上，因此实际观测到的只是 y_t 和 x_t 间的短期的或非均衡的关系。此时，系统会做出动态修正和调整，使得非均衡状态尽快恢复到均衡状态，以确保 $E\hat{e_t} = 0$。上述过程即误差修正过程，如果以模型形式出现即为误差修正模型。如果变量 Y 与 X 是协整的，则它们间的短期非均衡关系总能由一个误差修正模型表述：

$$\Delta Y_t = lagged(\Delta Y, \Delta X) + \gamma e_{t-1} + \varepsilon_t$$

式中，e_{t-1} 是非均衡误差项或者说成是长期均衡偏差项，γ 是短期调整参数，$-1 < \gamma < 0$。

（二）数据说明

根据历年四川统计年鉴及中国统计年鉴的数据，用四川省地区生产总值来表示经济增长情况，用四川省居民消费水平来表示居民消费情况，样本区间为 2000 年到 2021 年，共 22 年。由于所有数据都是用当年价格计算的，因此用 GDP 平减指数对 GDP 进行平减，用居民消费价格指数（2000 年＝100）对居民消费水平进行平减，这样做可以消除价格因素的影响，使每年的 GDP 和居民消费具有可比性。

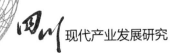

GDP 与居民消费水平是时间序列数据，具有明显的上升趋势，是非平稳时间序列。因此对其取对数，这样做不仅不改变时间序列的趋势性，还可以消除序列中的异方差问题。用 $LGDP$ 和 LXF 分别表示取对数后的不变价 GDP 和取对数后的不变价居民消费水平。

（三）实证分析

1. 平稳性检验

协整分析要求变量必须是平稳的，或者具有相同阶数的非平稳性序列。非平稳的时间序列大多是非平稳的，可能会造成伪回归问题。因此，用 ADF 检验对变量 $LGDP$ 和 LXF 以及它们之间的差分序列进行平稳性检验。由表 1 可知，变量 $LGDP$ 和 LXF 的 ADF 检验值的绝对值均大于 5％显著性水平的临界值的绝对值，表明 $LGDP$ 和 LXF 存在单位根，是非平稳序列。对原序列进行差分，发现变量的一阶差分序列依然是非平稳序列，而二阶差分序列在 5％显著性水平下都拒绝了原假设，是平稳的时间序列。由此可知 $LGDP$ 和 LXF 都是二阶单整非平稳时间序列，可以进行协整分析。

表 1 $LGDP$、LXF 的平稳性检验结果

变量	ADF 检验值	1％临界值	5％临界值	10％临界值	P 值	结论
$LGDP$	1.2159	−2.6857	−1.9591	−1.6075	0.9367	非平稳
LXF	8.3676	−2.6797	−1.9581	−1.6078	1.0000	非平稳
$DLGDP$	−0.4544	−2.6857	−1.9591	−1.6075	0.5052	非平稳
$DLXF$	−1.0595	−2.6857	−1.9591	−1.6075	0.2512	非平稳
$D(LGDP，2)$	−4.7857	−2.6924	−1.9602	−1.6071	0.0001	平稳
$D(LXF，2)$	−6.1277	−2.6924	−1.9602	−1.6071	0.0000	平稳

2. 协整检验

$LGDP$ 和 LXF 都是二阶单整序列，采用 Johansen 协整检验法分析四川省居民消费水平与地区生产总值是否存在协整关系，即 $LGDP$ 和 LXF 是否存在长期稳定的均衡关系，检验结果见表 2。从检验结果可以看出，迹检验值分别为 16.03792 和 6.450062，分别大于 5％显著水平的临界值 15.49471 和 3.841466，且对应的 P 值小于 0.05，说明 $LGDP$、LXF 两个序列存在协整关系，表明居民消费与经济增长两者之间存在长期稳定的均衡关系。

表 2　*LGDP*、*LXF* 的协整关系检验结果

方程数量	特征值	迹统计量	0.05 临界值	P 值**
None*	0.380841	16.03792	15.49471	0.0414
At most 1*	0.275666	6.450062	3.841466	0.0111

注：*、**分别表示10%、5%显著性水平。

3. 格兰杰因果关系分析

协整分析表明序列 *LGDP* 和 *LXF* 存在长期均衡关系，而格兰杰因果关系检验是用来研究协整变量之间的因果关系，对变量 *LGDP* 和 *LXF* 的因果关系检验结果见表3。检验结果表明，5%显著性水平下，P 值 0.0162 小于 0.05，说明原假设"经济增长不是引起居民消费变化的格兰杰原因"被拒绝。而 P 值 0.2302 大于 0.05，说明原假设"居民消费不是引起经济增长变化的格兰杰原因"被接受。这说明四川省居民消费和经济增长存在单向因果关系，表明四川省经济增长会导致居民收入水平增加、消费水平提高，对预测居民消费具有重要意义。

表 3　格兰杰因果关系检验结果

原假设	F 统计量	P 值	结论
LGDP does not Granger Cause *LXF*	5.49771	0.0162	拒绝
LXF does not Granger Cause *LGDP*	1.62270	0.2302	接受

4. 误差修正模型分析

通过前文的协整检验结果，我们可以知道四川省居民消费 *LXF* 和经济增长 *LGDP* 之间存在长期稳定的均衡关系，即协整关系，因此可以利用经济增长 *LGDP* 和居民消费 *LXF* 两个变量建立误差修正模型，前文得出的残差序列 ε_t 即是误差修正项。利用 EViews7 得到误差修正模型估计结果：

$$D(LGDP) = 1.1736 \times D(LXF) + -0.4954 \times ECM(-1)$$

$$t = (15.4907) \qquad (-2.6024)$$

$$R^2 = 0.6326 \quad DW = 1.5433$$

可以看出，此时的误差修正模型各项的回归系数均显著，并且模型的拟合度也较好。根据该误差修正模型，我们可以得出：

第一，根据误差修正模型结果，估计出来的误差修正项系数为 -0.4954，它在统计意义上非常显著，表明经济系统确实存在误差修正机制。四川居民消费的一阶差分项 *DLXF* 及四川地区生产总值的一阶差分项 *DLGDP* 是该模型的短期波动，误差修正项反映了四川居民消费和地区生产总值两个变量长期关系，代表着它们

191

之间长期均衡的调整。因此该误差修正模型很好地反映了四川省居民消费和经济增长之间短期相互波动关系和长期均衡的关系。

第二，同现实经济情况一致，居民消费和经济增长有着比较强的正相关关系。在其他条件不变的情况下，当年的居民消费每增长1％时，地区生产总值增长1.1736％。换句话说，当居民消费发生1％的短期波动时，地区生产总值会跟随居民消费的波动而发生1.1736％的短期波动，且两者之间的波动是同一个方向的，即居民消费的正向波动会拉动地区生产总值发生正向的波动。从短期来看，居民消费对四川经济增长也起着重要的推动作用。

第三，误差修正模型描述了均衡误差对居民消费的短期动态影响，误差修正项的系数反映了对偏离长期均衡的调整力度。从该误差修正模型可以看出，当期居民消费的短期增长对经济增长有正向影响；误差修正系数为－0.4954，为负值，说明误差修正项对于四川省居民消费和地区生产总值有着反向的修正机制，并且修正的力度为0.4954。具体来说，当居民消费和地区生产总值的短期波动出现偏离它们之间的长期均衡关系时，误差修正项将以0.4954的力度做反向调整，把它们从非均衡偏离的状态拉回到均衡的状态，保证了居民消费与经济增长的关系不会明显偏离均衡状态。

以上协整分析和误差修正模型可以证明，四川省居民消费和经济增长之间存在着长期均衡的关系，且居民消费对经济增长的正向影响作用明显。而当居民消费和地区生产总值的短期波动出现偏离它们之间的长期均衡关系时，误差修正项将以0.4954的力度做反向调整，将其拉回均衡状态。

三、四川省居民消费市场面临的挑战

（一）市场恢复不及预期

四川省需求恢复不及预期，特别是消费需求回升明显不足。2021年，受省内外疫情影响，四川省消费市场回暖进程放缓，社会消费品零售总额24133.2亿元，2020—2021年两年平均增速仅为6.4％，比2018—2019年两年平均增速低4.3个百分点，远未达到疫情前的增长水平（如图5所示）。居民人均消费支出为21518元，2020—2021年两年平均增速仅为5.5％，比2018—2019年两年平均增速低3.8个百分点。与投资、进出口基本恢复常态化增长相比，消费需求明显偏弱。

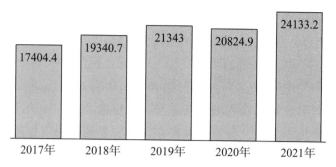

图 5　2017—2021 年四川省社会消费品零售总额（亿元）

四川省投资稳中趋缓，但增长后劲略显不足。2021 年四川省工业投资增长 9.7%，增速比全省投资低 0.2 个百分点；民间投资活力还有待进一步激发，全年增长 9.6%，增速低于全省投资 0.3 个百分点。2021 年四川省进出口增长 17.6%，但增速不及预期，低于全国平均水平 21.4%。

（二）城乡居民消费水平发展不均衡

改革开放以来，四川省城镇人均消费支出始终高于农村居民人均消费支出，且城镇和农村之间消费支出差距不断扩大，城乡居民消费水平发展不平衡。2021 年，四川省城镇居民人均消费支出 26971 元，农村居民人均消费支出 16444 元，城乡人均消费支出差距由 2011 年的 9020.5 元扩大到 2021 年的 10527 元，城乡消费支出比达 1.6。

从消费结构看，2021 年四川省城乡居民在交通通信、食品烟酒方面的开支差异化态势明显。其中，农村居民人均交通通信支出 2135 元，同步增长 10.3%，两年平均增速 8.7%。城镇居民人均交通通信支出 3530 元，同比增长 15.7%，两年平均增速仅 1.1%。同时，2021 年四川省城乡居民人均交通通信消费支出比为 1.7，高于四川省平均水平（1.6），可明显看出 2021 年四川省农村居民交通通信支出不及城镇，但其两年平均增速远远高出城镇 7.6 个百分点，城乡差异化态势明显（如图 6 所示）。

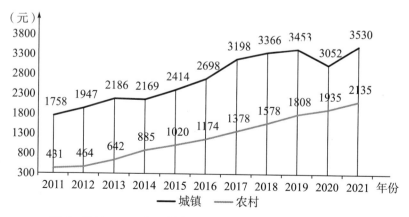

图 6　2011—2020 年四川省城乡居民交通通信消费支出对比

针对食品烟酒消费支出，2021 年四川城镇居民人均食品烟酒消费支出 9246 元，同比增长 5.8%，两年平均增速 5.7%。而农村居民由于肉类、奶类消费显著增加，2021 年农村人均食品烟酒消费支出 5969 元，同比增长 9.0%，比城镇高 3.2 个百分点，两年平均增速 10.6%，较农村增加 4.9 个百分点。可以明显看出 2021 年四川城乡居民食品烟酒消费支出存在差异，农村食品烟酒支出不及城镇，但增长速度较快，比城镇快 3.2 个百分点，且存在加快增长的趋势（如图 7 所示）。

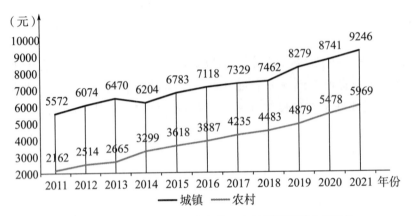

图 7　2011—2020 年四川省城乡居民食品烟酒消费支出对比

四川是农业和农村人口大省，2021 年总人口达 8372 万人，农村人口占 42.2%，农村市场集中了全省将近一半的消费群体。但多年来农村巨大的潜在购买力尚未完全转化为实际消费，农村消费市场相对较冷，消费潜力尚待挖掘，主要表现在以下两方面。一是整体水平偏低。2021 年四川省农村居民人均消费支出为 16444 元，仅到城镇居民（26971 元）的 2/3，虽然较前几年城乡居民生活消费支出比值有所增加，但总体来看农村居民消费水平偏低。而 2021 年四川省农村居民人均可支配收入 17575 元，低于全国平均水平（18931 元），由于人均可支配收入是影响消费的直接因素，四川省人均收入的不足可以一定程度上解释人均消费不足的原因。随着高档耐用消费品越来越普及并快速流入城镇居民家庭时，农村居民的耐用消费品拥有量与城镇还存在较大差距。2020 年全省每百户农民拥有汽车、计算机、照相机和微波炉的数量分别为 22.3 辆、18.5 台、2.5 台和 12.2 台，低于同期城镇居民 36.6 辆、61.3 台、13.7 台和 50.2 台的水平，城市居民每百户拥有高档耐用消费品量分别是农村的 1.6 倍、3.3 倍、5.5 倍和 4.1 倍，城乡差距较大。二是消费差距不断扩大。2011 年农民人均生活消费支出与城镇居民人均消费性支出差距为 9020.5 元，到 2021 年扩大为 10527 元，扩大了 1.2 倍，全省城乡居民消费水平差距进一步拉大。

（三）教育、文娱类消费市场恢复较慢

随着教育"双减"政策的落地，原有的学科类培训机构转型或退出市场，四川省居民教育支出增幅大幅回落，恢复不及预期。受上年低基数影响，2021 年四川省居民人均教育消费支出 1221 元，比上年增长 14.6％，增速比 2019 年低 10.5 个百分点，两年平均仅增长 2.1％。其中，人均小学教育支出增幅较 2019 年回落 8.6 个百分点，人均中学教育支出增幅回落 7.2 个百分点。除此之外，虽然 2021 年全省旅游、餐饮等消费市场积极恢复，"五一""十一"黄金周旅游市场火爆，但受多次散发疫情影响，四川居民文化娱乐消费仍较低迷，支出水平尚不及 2019 年。2021 年全省居民人均文化娱乐支出 500 元，仅相当于 2019 年的 77.9％。

（四）居民消费环境有待优化

从当前的消费环境看，四川省仍然面临着商业网点分布偏少、产品适应性不够强，居民的消费观念、消费方式、消费习惯仍然具有小农经济特点，农村基础设施、生活设施、服务设施及人口聚集水平、道路交通条件都相对落后等系列问题。四川省 2021 年度的指数报告显示，2021 年四川省消费环境满意度指数为 84.1 分，较 2020 年提升 0.9 分，农村消费市场中，最不满意的产品或服务占比最大的前四名为交通运输服务、教育培训服务、外出餐饮住宿服务和医药及医疗用品，分别占 17.4％、15.9％、15.7％、13.7％。且受访农村居民中，30.4％表示遭遇过消费纠纷，56.4％表示不懂得权益保护的相关法律知识，41.2％表示不知道自身权益是否受损，39％表示不知道维权流程。

除此之外，四川省居民当前消费环境还存在消费信贷发展缓慢的问题。经济运行的基本特征是经济增长主要靠投资拉动，受制于消费环境及由于政府职能转变过慢导致的社会公共品供给短缺，在居民消费明显不足的同时，储蓄却呈高速增长态势。2011—2021 年，四川居民储蓄余额年均增长达到 13.0％，不仅高于城乡居民人均可支配收入及居民消费水平的年均增长速度，也高于社会消费品零售总额的增长。反观消费信贷方面，由于相关配套措施不够完善，银行网点偏少导致排队难、效率低和还款不方便，消费信贷除了在购买商品房及少数大宗商品时有所涉及，不少居民还未涉及这项服务。

四、四川省居民消费市场突围的具体路径和政策建议

（一）保障居民稳定就业，有效提升居民消费能力

一是加快释放减负稳岗政策红利。加快落实失业保险稳岗返还、一次性留工培训补助、缓缴社会保险费、技能提升补贴、以工代训扩围、困难人员培训生活费补贴、支持高校毕业生就业创业等就业补贴政策，尽早释放更大政策效益，降低企业运营成本，助力企业纾困解难、稳岗扩岗。扩大中小微企业稳岗返还政策受益面，加大对重点地区倾斜支持力度。着力促进农民工就业，突出抓好高校毕业生就业。

二是加力促进创业和灵活就业。深入实施创业培训，跟进提供创业担保贷款等融资支持，激发劳动者创业创新动力。健全灵活就业劳动用工和社会保障政策，加强新就业形态劳动者权益保护，开展新就业形态就业人员职业伤害保障试点，支持灵活就业健康发展。鼓励创业带动就业，支持各类劳动力市场、人才市场、零工市场建设，支持个体经营发展，增加非全日制就业机会，规范发展新就业形态。

三是加密组织线上线下就业服务活动。持续开展就业服务和培训专项活动，加快线下招聘有序恢复，提升线上招聘实效，切实提高市场匹配效率。实施提升就业服务质量工程，加强困难人员就业帮扶，完善职业教育体系，开展大规模、多层次职业技能培训，加大普惠性人力资本投入力度。

（二）大力开拓农村市场，释放乡村消费潜力

一是支持农民就地就近就业。大力发展县域经济，支持适合当地就业需求且符合要求的劳动密集型项目和企业向中心镇转移，发展中小微企业聚集区，提高就业承载力。通过给予一次性吸纳就业补贴，鼓励中小企业、农民专业合作社、农村电商等生产经营主体吸纳因疫情无法返岗的农民工。通过开发临时公益性岗位，对因疫情无法返岗的农民工进行兜底安置。着力拓宽就业渠道，以"回归农业稳定一批、工程项目吸纳一批、创新业态培育一批、扶持创业带动一批、公益岗位安置一批"为重点，采取多种形式增加就业岗位。合力开展指导服务，通过系统监测、大数据调度等手段，摸清返乡留乡农民工底数，了解本地用工需求，搞好用工信息对接。

二是强化劳务培训服务。开展农民工职业技能等级评价制度建设，提升职业技能培训"含金量"，确保培训后至少掌握1项劳动技能、获得1项有效职业（工种）认定，提升就业质量。依托现有培训资源和培训项目，通过互联网开展线上培训，提高转岗技能，帮助农民工向小店主、新农商、配送员、导游员等方向转岗。将有意愿的返乡留乡农民工纳入职业培训补贴范围，充分利用远程视频等现代化信息手段，开展职业技能培训，强化就业创业导师队伍和专家顾问团的辅导作用。

三是提升农村居民社会保障水平。落实对特殊困难群体参加城乡居民基本医保的分类资助政策，推动农村基层定点医疗机构医保信息化建设，重点缓解农村居民看病难、看病贵等问题。多渠道加快农村普惠性学前教育资源建设，扎实推进城乡学校共同体建设，建立健全城市优质校对农村薄弱校的帮扶机制，逐步实现城乡优质教育资源的均衡共享。加大农村居民基本养老保险财政补助力度，提升县级敬老院失能照护能力和乡镇敬老院集中供养水平。

四是深入推进农村产业融合发展示范园建设，大力发展乡村富民产业。加强返乡入乡创业园等平台建设，鼓励返乡入乡创业，以应对劳动力流动减少带来的就业下降。鼓励创新创业增岗，引导返乡留乡农民工发展乡村车间、家庭工场、手工作坊、创意农业等，带动农民工就业。依托加工流通、休闲农业、电子商务等新产业

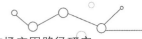
新业态，增加农民工就业。充分挖掘县乡消费潜力，鼓励和引导大型商贸流通企业、电商平台和现代服务企业向农村延伸，推动品牌消费、品质消费进农村。以汽车、家电为重点，引导企业面向农村开展促销，鼓励有条件的地区开展新能源汽车和绿色智能家电下乡，推进充电桩（站）等配套设施建设。提升乡村旅游、休闲农业、文化体验、健康养老、民宿经济、户外运动等服务环境和品质。

（三）引导居民教育文娱类消费，提高精神生活水平

一是要加大文化教育投资及改革力度，引导居民对文化教育消费的投入。教育方面，充分认识加大财政教育投入的重要性和紧迫性，严格落实法定增长要求，切实提高财政教育支出占公共财政支出比重，各级人民政府要进一步优化财政支出结构，压缩一般性支出，新增财力要着力向教育倾斜，优先保障教育支出。拓宽经费来源渠道，多方筹集财政性教育经费，同时要合理安排使用教育经费，积极支持实施重大项目。坚持以人为本，着力保障和改善民生，重点解决社会关切的教育热点难点问题，使人民群众共享教育改革发展成果，促进教育公平。优化投入结构，统筹城乡之间、区域之间教育协调发展。文化方面，要推动文化产业集聚发展，依托各地文化资源，规划建设一批具有较强产业和企业吸纳能力、基础设施和公共服务较为完备的文化产业园区，提升现有文化产业园区功能，推动文化产业聚集发展。促进文化和旅游结合，进一步整合旅游资源和文化资源，依托世界文化遗产、非物质文化遗产、文物古迹、名城名镇、博物馆群，大力发展文博旅游产业，开发特色文化旅游商品，培育文化旅游纪念品市场。

二是深化文化和旅游领域供给侧结构性改革，提升文化和旅游供给质量，丰富文化产品供给。抢抓新的市场机遇，推进文化和旅游消费的融合与创新。文化和旅游供给侧改革，企业是中坚力量。各类市场主体要抢抓机遇，瞄准旅游文化业快速发展的市场，促进文化和旅游消费与日常生活消费加速融合，着力发展适合自助旅游的产品，积极开发度假旅游产品和文化产品。培育新的增长动力，优化旅游空间发展格局，丰富优质旅游产品供给，建设一批世界级旅游景区，大力发展高端度假旅游产品。深入推进以健康旅游、研学旅游、工业旅游、体育旅游等为代表的大众旅游发展，完善旅游公共服务设施，提升旅游服务质量。推进文化和旅游深度融合，提升旅游的文化内涵，以旅游促进文化传播，推进文化资源转化为旅游产品，深化文化和旅游的业态融合、产品融合、服务融合。

三是积极发展假日经济和夜间经济，加大旅游消费惠民力度，扩大入境旅游规模。挖掘夜间消费新动能，加强夜间经济的环境营造，加快培育夜消费商圈，引入现代新兴消费业态，打造夜消费地标。实施夜间消费创新行动，围绕"夜景、夜购、夜演、夜娱、夜宿、夜宴、夜学"七大业态，进一步丰富夜间文化和旅游产品。促进文化和旅游消费，实施文化和旅游消费提振行动，鼓励各地结合实际推出文化和旅游消费季等消费惠民措施，加大政府向社会力量购买公共服务力度，发行

消费补贴基金和消费券。建立四川省文化和旅游消费数据监测体系，完善促进文化和旅游消费政策。大力培育文化和旅游消费新业态、新场景，鼓励线下文化和旅游业态线上化，引导和培育网络消费、体验消费、智能消费等新模式。提升入境旅游水平，增加入境旅游产品供给，研究出台相关国际旅游产品和服务标准，定期发布国际旅游产品和服务示范目录，推动世界旅游目的地示范区建设。统筹国际国内两个市场，持续开展区域合作交流、国内外宣传推广，着力提升四川文化和旅游美誉度、知名度。

（四）着力优化居民消费环境，改变落后消费观念

一是强化消费知识法治平台化宣传，鼓励第三方机构对企业开展信用评级，完善消费领域信用体系，督促企业完善售前售后服务诚信建设，同时对失信违法企业给予行业通报、惩罚性赔款处罚，引导企业诚信经营。呼吁行业协会加强行业自律，清除潜规则，害群之马，规则越严格，越有利于提升行业公信力。改善、加强行政监管，消除监管漏洞、监管盲区、监管真空地带和监管孤岛现象，铸造监管合力，提升监管公信。打造消费者友好型的司法救济体系，法院对消费纠纷案件要做到快立案、快审理、快判决、快执行，重点解决司法不公和执行难两大问题。

二是拓宽消费者维权渠道，完善公益诉讼和集体诉讼制度，加强12315等消费者权益保护平台建设，降低消费者维权成本。激活公益诉讼，让消协、检察院提供更多的公益诉讼，更多地引进举证权倒置，大量推广惩罚性赔偿请求权，包括以假买假，消费者的惩罚性赔偿请求权也应当受到保护和尊重。创造性开展消费纠纷多元化解，创新性落实消费纠纷在线解决机制，加快建设和升级"一店一码"等互联网快捷维权方式，通过"一店一码""一码通"快捷维权平台点评商家，开展自助维权。

三是建立消费者维权应急预案机制，建立"靠前服务"工作机制，提高维权工作效率，降低消费者维权难度。进一步优化消费争议多元化解机制，不断提升在线消费纠纷解决机制效能。完善公益诉讼制度，探索建立消费者集体诉讼制度，全面推行消费争议先行赔付。广泛引导线下实体店积极开展无理由退货承诺。

负责人：范乔希（成都信息工程大学）

成　员：范伊静（四川省统计局）

许　红（成都信息工程大学）

刘慧玲（成都信息工程大学）

罗运霞（成都信息工程大学）

成渝地区双城经济圈产业链、价值链、供应链研究

当前，百年变局与全球疫情交织叠加，新一轮科技革命和产业变革纵深演进，全球产业链、供应链加速重构，我国维护产业链、供应链安全，提升产业链、供应链现代化水平的重要性和紧迫性日益凸显。和全国类似，成渝地区双城经济圈产业门类齐全、产业链相对完整，但同时产业全而不大不强、总体处于价值链低端、关键环节存在"卡脖子"现象等问题较为突出。本文基于对产业链、供应链和价值链的基本认识，分析成渝地区双城经济圈产业基础及产业链、供应链、价值链发展现状，剖析存在的问题和面临的挑战，提出提升产业链、供应链、价值链水平的几点建议。

一、研究背景和理论基础

（一）对产业链、供应链和价值链的基本认识

狭义产业链即生产链，是具体生产制造环节中从原材料到终端产品制造所涉及的各个部门形成的网络链条。供应链是指在生产和流通过程中涉及将产品或服务提供给最终用户的上下游企业和企业部门所组成的网络链条。价值链是企业生产、销售、进料后勤、发货后勤、售后服务等基本活动和采购、研发、财务、人力资源管理等支持性活动所构成的创造企业价值的网络链条。产业链是在生产链的基础上向上下游拓展延伸，所涉及的不同地区、不同产业或相关联行业之间构成的网络链条。

产业链、生产链、供应链、价值链四者相互联系，从不同视角，通过不同的形态和规律，对企业生产经营和产业经济进行研究。其中，生产链从生产管理角度阐述产业链中产品生产全过程，供应链从企业管理角度阐述产业链中企业间生产协作的形式和内容，价值链从价值创造角度阐述产业链中价值增值的过程和机理。随着社会分工细化、信息技术进步，特别是互联网的快速应用，生产链、供应链、价值链逐渐由企业管理转化为产业经济的组织形态，并从单个产业发展到跨产业、跨区

域。产业链则从宏观视角出发阐述区域生产分工体系，产业链中包含若干生产链、供应链和价值链，体现产业集聚的规模效应，产业关联性越强，产业链越紧密，资源配置效率越高，越能实现产业生产链、供应链、价值链最优，从而提升产业综合竞争力和区域综合实力。

（二）对产业链、供应链发展的基本认识

一是全球产业链、供应链逐步趋向区域化、短链化。新冠疫情持续蔓延冲击全球供应链，各国更加重视产业链、供应链的安全性，以美国、日本、欧盟等为代表的发达国家，逐步将产业链、供应链关键环节向本土转移回流，将以往高度分散的生产工序和环节逐步收缩，推动产业链、供应链向区域化、本土化发展。同时，以5G、大数据等为代表的新一代信息技术的迅猛发展，加快推动产业转型升级，降低对劳动力的依赖，降低信息传递和交易成本，推动产业链、供应链向数字化、短链化发展。

二是我国以构建新发展格局为引领塑造产业链、供应链竞争新优势。比较优势、技术水平和路径依赖是影响产业链、供应链稳定性和竞争力的重要因素。从比较优势看，我国过去在制造领域的廉价劳动力成本优势正在消失，劳动密集型制造业向东南亚、南亚等地区转移；从技术水平看，一些关键零部件、关键材料和关键元器件等严重依赖进口；从路径依赖看，我国快速推进工业化，构建起全球最完备的工业体系，部分领域具备全产业链优势和较强国际竞争力，存在较强的路径依赖优势。全球疫情和百年变局加剧了世界经济"去全球化"、全球供应体系"去中国化"的风险，放大了我国产业链上"卡脖子"的短板，也为我国发挥超大规模的市场和工业门类齐全的新比较优势，整合区域价值链、打造现代化产业链提供了新的机遇。为应对疫情冲击和外部环境变化，我国提出要构建以国内大循环为主体、国内国际双循环相互促进的新发展格局，畅通产业循环、市场循环、经济社会循环，增强我国经济发展的韧性，塑造我国国际经济合作和竞争新优势，共同维护全球产业链、供应链安全稳定。

三是成渝地区双城经济圈有条件在维护我国产业链、供应链安全方面发挥更加重要的作用。成渝地区双城经济圈位于"一带一路"和长江经济带交汇处，是西部陆海新通道的起点，是我国西部人口最密集、产业基础最雄厚、创新能力最强、市场空间最广阔、开放程度最高的区域，是国家战略安全的纵深地，在国家发展大局中具有独特而重要的战略地位，既有条件也有责任在维护我国产业链供应链安全、拓展市场空间、畅通国家经济大循环中发挥更加重要的作用。《成渝地区双城经济圈建设规划纲要》明确提出"到2025年，现代经济体系初步形成，优势产业区域内分工更加合理、协作效率大幅提升，初步形成相对完整的区域产业链供应链体系"的发展目标，同时提出了优化重大生产力布局、培育先进制造业集群、大力发展数字经济、推动先进制造业和服务业融合发展、强化创新链产业链协同等重点

工作。

二、成渝地区双城经济圈产业链、供应链、价值链发展现状①

（一）要素资源保障基础较好

矿产资源、能源资源富集。其中，四川水能资源技术可开发量和经济可开发量均居全国首位，查明储量的矿种达 92 种，天然气、钒、钛等 14 种矿产在全国查明资源储量中居首位；重庆已发现矿产 70 种，其中页岩气、天然气等 13 种保有资源储量相对丰富。资金要素加快集聚。2021 年成渝地区双城经济圈金融业增加值占地区生产总值比重达 7.6％，金融机构本外币存款余额、贷款余额分别达 13.1 万亿元、11.7 万亿元，各类证券、保险、银行等金融机构超过 1000 家。人口集聚优势明显。2021 年成渝地区双城经济圈常住人口达 9870.8 万人，占全国总人口的 7％，人口密度为 533.6 人/平方千米，经济密度为 3995.6 万元/平方千米，与京津冀基本相当，是西部人口集聚、经济集聚程度最高的地区。

（二）现代产业体系加快共建

一是产业体系完备。"三线建设"时期发展的国防工业及为国防工业配套而建的机械、冶金、化学、能源等工业体系奠定了川渝现代工业发展基础，20 世纪 80 年代，全国 40 个工业门类，川渝地区有 39 个，全国的主要工业行业约有 160 个，川渝地区占了 95％。目前川渝地区拥有全部工业行业大类 41 个，与长三角、京津冀和粤港澳大湾区城市群相比，产业基础体系更为完备。

二是四成行业在全国具有一定产业集聚优势。初步测算，2021 年川渝 41 个工业行业大类中，酒、饮料和精制茶制造业，石油和天然气开采业，计算机、通信和其他电子设备制造业，铁路、船舶、航空航天和其他运输设备制造业，非金属矿物制品业，汽车制造业，医药制造业，家具制造业，农副食品加工业等 17 个行业（约四成）的区位熵大于 1，在全国有一定的行业集中度。2021 年四川白酒产量占全国的比重达 50.9％，水电发电量、天然气产量分别占全国的 26.4％、25.2％，川渝微型计算机、手机、汽车产量合计分别占全国的 43.9％、14.6％、10.3％，在全国有一定的市场影响力。

三是三大优势产业链竞争力加快提升。成渝地区双城经济圈加快共建电子信息、汽车、装备制造三大优势产业集群。电子信息产业规模优势明显。成都围绕"芯屏端软智网"，形成集成电路、新型显示、智能终端、高端软件、互联网应用等

---

① 鉴于资料的可获得性，除主要经济指标外，细分行业、科技创新、交通运输等领域指标以四川和重庆全域数据为基础进行分析。

产业链体系；重庆围绕构建"芯屏器核网"，形成了包含集成电路、新型显示、新型元器件、计算机整机及配套等在内的产业链体系；成渝深入推动产业链融合互补，2021 年川渝规模以上计算机、通信和其他电子设备制造业营业收入达 1.5 万亿元，占全国的比重达 10.4%，比 2020 年提高了 0.5 个百分点。汽车产业比较优势突出。成都、重庆两地是传统汽车、摩托车制造中心，两地以新能源和智能网联汽车为主攻方向，借助重庆汽车产业配套基础和成都研发创新优势，共同培育汽车产业发展集群，2021 年川渝规模以上汽车制造业营业收入超过 7000 亿元，占全国的比重超过 8.2%，比 2020 年提高了 0.4 个百分点。装备制造产业基础雄厚。在能源装备制造方面，成德高端能源装备集群入选国家级先进制造业集群，川渝围绕风电、太阳能等打造从材料端到产品端的能源装备制造产业链体系；在航空航天产业方面，四川具备国内唯一完整的飞机、航空发动机和燃气轮机总体设计、总装制造、系统集成、实验验证、维修服务等产业链体系，川渝进一步推动双向配套、促进集群发展、提升产业链竞争力；在轨道交通方面，四川已形成集科研、勘察设计、工程建设、运营维护、装备制造等产业链，川渝共建协同发展体系、增强产业供给能力，2021 年川渝规模以上铁路、船舶、航空航天和其他运输设备制造业营业收入占全国的比重达 11.8%，比 2020 年提高了 3 个百分点。

四是两大特色优势产业发展潜力加快释放。特色消费品工业提档升级，川渝以宜宾五粮液、泸州老窖等知名品牌为抓手推动白酒产业延链强链，立足郫县豆瓣、江津花椒等特色原料基础打造调味品产业体系，加快川渝特色休闲健康食品质量升级，推动特色消费品工业向产业链中高端跃升，2021 年四川食品饮料产业营业收入突破万亿元。绿色低碳优势产业抢占发展先机，川渝充分发挥天然气等传统能源优势，联手共建天然气千亿立方米产能基地，同时抢抓新能源发展机遇，锂电、晶硅光伏、动力电池等清洁能源支撑产业快速发展，启动"成渝氢走廊"建设，已形成氢能产业链布局。

（三）协同创新能力不断提升

一是创新资源集聚和转化功能增强。川渝两地高校量、质俱佳，截至 2021 年末，四川、重庆分别有普通高等教育学校 134 所、69 所，共有双一流大学 10 所。高端人才规模不断扩大，两院院士合计达 83 人。创新主体加快培育，2021 年末合计有高新技术企业 1.5 万家。研发投入稳步增长，2021 年川渝 R&D 经费投入合计达 1818.3 亿元，占全国的比重为 6.5%。创新平台加快建设，建成省市级及以上科技企业孵化器和众创空间 819 家。创新成果加快转化，2021 年川渝发明专利授权量达 2.87 万项，四川、重庆规模以上工业中高新技术产业营业收入占规模以上工业的比重分别达 37%、28.8%。

二是创新链、产业链协同发展。《成渝地区建设具有全国影响力的科技创新中心总体方案》获国家批复，川渝以"一城多园"模式共建西部科学城。其中，西部

（成都）科学城按照"一核四区"空间布局，成都科学城"一核"攻关基础研究和应用基础研究，新经济活力区、生命科学创新区、成都未来科技城和新一代信息技术创新基地"四区"分别围绕人工智能、生物医药、智能制造、集成电路等进行产业布局；西部（重庆）科学城以大学城、科研港、科学谷、生命岛、科创街"五大创新支撑"为基础，围绕原始创新与成果转化、物质科学和材料科学、绿色低碳和智能技术、生命科学和农业科技、集成电路和信息技术等领域展开创新研究和产业布局。

三是数字经济赋能产业升级。"东数西算"工程正式全面启动，成渝枢纽成为西部重要的算力节点，同时，国家数字经济创新发展试验区启动建设，重庆市、成都市获批国家新一代人工智能创新发展试验区，网络安全、区块链等特色产业集群加快培育。2021年四川数字经济核心产业增加值达4012.2亿元，5G基站达到8.6万个，居全国第六位，IPv6活跃用户数达到8667万；重庆累计建成5G基站7.3万个，建成智能工厂105个、数字化车间574个，示范企业生产效率平均提升59.8%。

（四）物流供应链保障能力提升

一是交通枢纽能级提升。《国家综合立体交通网规划纲要》明确将成渝地区双城经济圈与京津冀、长三角、粤港澳大湾区并列为国家综合立体交通网主骨架4"极"，赋予成渝地区双城经济圈与三大增长极同等重要的战略枢纽地位。2021年，成都天府国际机场建成投运，成都成为我国第三个拥有双国际机场的城市，成渝地区枢纽机场累计开通航线737条，其中国际（地区）航线236条，成都双流国际机场旅客吞吐量居全国第二，重庆江北国际机场国际货邮吞吐量高位领跑西部地区；交通互联互通水平不断提升，重庆、成都1小时"交通圈""通勤圈"加快形成，成都、重庆城市轨道交通运营里程分别超过550千米、400千米，分别居全国第4位、第8位，建成及在建川渝省际高速公路通道达20条。

二是对外货运大通道加快建设。打造中欧班列（成渝）品牌，成都国际铁路港吸引入驻利洁时、赤道等贸易龙头企业40余户，DHL（敦豪）、RTSB（白俄铁）、中远海运等40户前50强供应链管理企业，国际贸易、金融等专业服务机构1015家，形成"研发设计—生产制造—货运配送—专业服务"全链条适铁适欧产业生态圈；重庆国际物流枢纽园区引进中特物流、浩航国际等多式联运头部物流项目，鲜易鲜冷链等物流仓储项目和国通智慧冷链产业园等冷链进口贸易项目，口岸医药、冷链、贸易等临铁特色产业进一步聚集。2021年成渝合计开行中欧班列超4800列，占全国开行量约30%，开行线路通达欧洲超百个城市，货量、货值均居全国第一。合力共建西部陆海新通道，联合"13+1"省区市共建国际贸易"单一窗口"西部陆海新通道平台，截至2021年底，西部陆海新通道通达107个国家（地区）、315个港口。

三是商贸物流水平不断提升。重庆空港型国家物流枢纽、达州商贸服务型国家物流枢纽入选"十四五"首批国家物流枢纽建设名单，川渝国家物流枢纽达到 6 个。物流与生产制造、商贸流通等产业融合发展，多式联运国际物流服务网络不断完善，渝威国际等特色农业冷链物流设施加快建设。2021 年，川渝物流业总收入合计达 8546.1 亿元，占全国的比重达 7.2%。

（五）市场发展潜力大

成渝地区双城经济圈常住人口接近 1 亿人，本身就是一个巨大的消费市场。成渝地区消费文化较为浓厚，重庆获批全国首批国际消费中心城市，成都市及重庆市渝中区成功创建首批国家文化和旅游消费示范城市（区），沙坪坝区、泸州市等 10 个市（区）纳入国家文化和旅游消费试点城市，成都市、重庆两江新区入选全国首批城市"一刻钟便民生活圈"试点城市。世界知名商圈加快打造，重庆观音桥、杨家坪和成都春熙路、太古里等商圈消费集聚辐射作用明显提升，重庆解放碑、成都宽窄巷子入选首批"全国示范步行街"，全球十大奢侈品牌、国际一二线品牌、潮流时尚品牌等加快引进，重庆、成都每年新落户品牌首店 200 个以上，国际知名品牌入驻率达到 90%。2021 年，成渝地区双城经济圈社会消费品零售总额达 34553.6 亿元，占全国的比重达 7.8%，超过京津冀和粤港澳大湾区[①]。

三、存在的主要问题及挑战

（一）产业综合竞争力不够强

一是工业化进程滞后于全国。2021 年成渝地区双城经济圈工业增加值为 21272.4 亿元，占全国的比重为 5.7%，比地区生产总值占全国的比重低 0.8 个百分点；工业化率为 28.8%，制造业增加值占地区生产总值的比重为 24.8%，虽比 2020 年有所提升，但分别比全国低 3.8 个、2.6 个百分点。

二是产业集聚水平还不够高。川渝规模以上工业企业营业收入占全国的比重仅为 6.3%，分别比京津冀、粤港澳大湾区低超过 1 个、5 个百分点，比长三角低 20 个百分点左右。从具体行业看，川渝仅有酒饮料和精制茶制造业、铁路船舶航空航天和其他运输设备制造业、计算机通信和其他电子设备制造业、石油和天然气开采业、非金属矿采选业等 6 个行业的规模以上工业企业营业收入占全国的比重超过 10%，而长三角、粤港澳大湾区分别有 35 个、18 个行业。

三是产业同构程度相对较高。四川、重庆营业收入前 10 大行业中有 8 个行业重叠，在集成电路、新型显示、汽车制造等细分领域存在同质化竞争，初步测算川

---

① 粤港澳大湾区相关指标数据仅包括广州、佛山、肇庆、深圳、东莞、惠州、珠海、中山、江门 9 市。

渝工业结构相似系数达 0.84，远高于京津冀和粤港澳大湾区。

四是缺乏有影响力的大企业大集团。四川规模以上工业企业中工业营业收入超过千亿元的企业仅有 4 家，世界 500 强企业仅上榜 1 家；2022 年 9 月发布的"2022中国企业 500 强"四川仅上榜 15 家，重庆仅上榜 12 家，而广东有 59 家，山东有50 家，浙江有 46 家，江苏有 44 家。

（二）资源要素约束日益显现

一是初级产品市场竞争力不足。新冠肺炎疫情、俄乌冲突等对全球初级产品市场造成较大冲击。从国际产业链看，我国是初级产品生产和需求大国，2021 年进口初级产品占总进口的比重为 36.3%，石油、天然气、铁矿石的对外依存度分别超过 70%、40%、80%，同时缺乏初级产品国际定价权，在国际分工体系中处于不平等地位。从国内产业链看，由于国内现行资源有偿使用制度、资源定价制度等尚不完善，西部地区在国内产业链分工中是上游行业的要素提供者，资源深加工、高附加值产业发展不足，例如四川前十大行业中的化学原料和化学制品制造业，黑色金属冶炼和压延加工业，电力、热力生产和供应业等行业区位熵低于 1，资源优势未能充分转化为产业优势。

二是资源开发抗风险能力不足。川渝钢材、有色金属等传统资源型行业受国际大宗商品价格波动的影响较大，2021 年以来四川工业生产者价格指数不断上涨，对企业生产经营造成较大压力。水电、白酒等资源依托型行业受季节因素、自然条件、环保约束等影响，生产具有较大波动性，例如受极端高温干旱天气影响，作为水电大省的四川水电发电能力大幅下降，2022 年 8 月水力发电量大幅下降，导致企业被迫限电停产。此外，部分企业积极参与国外资源开发，但受国际形势影响较大，例如四川天齐锂业在全球多处布局锂资源，在国际疫情蔓延及国际贸易摩擦背景下面临一定风险。

三是资源要素比较优势减弱。从人口要素看，成渝地区双城经济圈人口老龄化程度高于全国，65 岁及以上人口占 17.4%，比全国平均水平高 3.9 个百分点；劳动年龄人口比重低于全国，15~59 岁人口占 62.5%，比全国平均水平（63.4%）低 0.9 个百分点，人口总抚养比为 48.3%，比全国平均水平（45.9%）高 2.4 个百分点；人工成本无显著优势，川渝最低工资标准第一档为 2100 元，第二档为 1970元，高于中部的河南、湖北等省，与东部的天津、山东基本相当。从水电气看，作为"南水北调""西气东输"主要能源输出方，四川工业企业并不具有用水用电用气成本优势，四川电网代理购电价格达 0.4431 元/千瓦·时，为西部地区最高，也高于山东、福建等东部省份，同时，由于信息不对称、政策解读不到位等，部分企业实际未能享受到政府、园区的优惠政策。在资金方面，中小企业融资难、融资贵问题仍然较为突出。

（三）技术研发环节发展不足

一是研发投入力度还不足。高学历人口密度低于全国，第七次全国人口普查数据显示，四川、重庆每10万常住人口中大专学历人口分别为13267人、15412人，均低于全国15467人的平均水平。研发投入强度低于全国，2021年四川、重庆研发投入强度分别为2.26%、2.16%，分别比全国低0.18个、0.28个百分点，远低于北京、上海等地。工业研发投入强度较低，2021年四川规模以上工业企业研发投入强度仅为0.98%，比全国低0.35个百分点，41个行业大类中仅有医药制造业、仪器仪表制造业、铁路船舶航空航天和其他运输设备制造业等10个行业研发投入强度大于1%，而全国有18个行业。

二是关键核心技术尚未取得突破。电子信息等高新技术产业主要为劳动密集型加工组装，集成电路、新型显示等前端设计环节的核心技术缺乏。汽车制造业中智能网联、信息安全、软件算法、激光雷达等关键技术还需加大力度开发。装备制造业中发动机、发电机、轴承、新型材料、超精密抛光工艺等技术水平较低。资源开发利用中钛及钛合金在航空航天、海洋工程、国防军工等领域，钒在清洁生产、电池应用等领域，稀土应用等领域的关键技术还需加快突破。此外，极端高温导致的缺电现象还反映出电力储能技术还需加快发展。

三是科技成果转化不足。2021年，四川、重庆每万人口拥有的有效发明专利拥有量分别为10.4件、13.2件，与全国平均水平（19.1件）相比均存在较大差距。川渝共签订技术市场合同25763项，仅占全国的3.8%，技术合同成交额合计1707.5亿元，仅占全国的4.6%，与京津冀、长三角相比还有较大差距。

（四）产业断链、短链、低端化问题突出

一是部分领域断链风险较大。受制于关键核心技术发展不足，川渝优势产业链中部分核心零部件、关键生产设备本地配套率较低，存在产业断链风险。2021年四川集成电路进口占全部进口额比重达62.4%，受新冠肺炎疫情和国际贸易摩擦影响，供应具有较大不稳定性；汽车制造业受上海疫情影响零部件供应短缺，2022年4月、5月汽车制造业增加值分别下降23.1%、15.3%，多家车企生产受阻。重庆汽车产业中90%以上的基础零部件依赖进口，部分关键生产设备短期内无法实现国内替代。

二是低附加值产业占比较大。2021年，四川、重庆规模以上工业六大高耗能行业增加值占规模以上工业的比重分别为30.1%、21.5%；而高端新兴产业发展不足，四川、重庆高技术制造业增加值占规模以上工业的比重仅为15.6%、19.1%，分别比广东低15.6个、12.1个百分点，分别比江苏低8个、4.5个百分点，四川战略性新兴产业产值占工业总产值的比重为26.2%，分别比江苏、浙江低13.6个、7.1个百分点。

三是制造业与服务业融合发展不够。主要表现在生产性服务业发展不足，特别是高端生产性服务业发展不足。2021 年成渝地区双城经济圈交通运输、仓储和邮政业增加值占地区生产总值比重为 3.3％，金融业增加值占比为 7.6％，信息传输、软件和信息技术服务业增加值占比为 3.3％，分别比全国低 0.8 个、0.4 个、0.5 个百分点。

（五）现代供应链体系建设相对滞后

一是通道建设比较滞后。受地理区位条件影响，川渝公路、铁路等物流通道建设不够完善，公路、铁路、水运、航空等多种运输方式衔接不够，四川、重庆高铁运营里程分别为 1705 千米、1080 千米，分别居全国第 13 位、第 19 位，重庆高速公路运营里程 3841 千米，居全国第 24 位。

二是物流成本较高。四川山区、高原、丘陵面积占比较大，生态环境脆弱，物流成本较高，2021 年四川全社会物流总费用占地区生产总值的比率为 14.7％，比全国高 0.1 个百分点，比重庆高 0.5 个百分点；运输费用占社会物流总费用比重高达 70.6％，比全国高 16.8 个百分点，比重庆高 11.4 个百分点。

三是现代物流业发展不足。川渝物流业集约化、标准化、智能化、规范化水平还比较低，托盘联营共用、多式联运等运输组织形式应用不足，智慧物流、物流机器人等物流新业态处于起步发展期，缺乏具有较强供应链整合能力和全球竞争力的现代物流供应链企业带动，物流业竞争力总体较弱。

四、几点建议

面对疫情后全球生产链、供应链、价值链重构机遇，成渝地区双城经济圈要抓住契机，针对关键问题，补齐发展短板，夯实产业链集群化发展的基础设施，保持资源要素、制度等优势，突破核心技术瓶颈，着力优化提升产业链、供应链、价值链，赢得高质量发展的主动权。

（一）加快整合发展优势产业集群

一是要打破行政区划界限，建立完善经济圈产业协调机制，明确产业分工和定位，深化产业链、供应链协作，避免区域内产业过度竞争和恶性竞争，提升区域产业整体竞争力。二是聚焦电子信息、汽车制造、航空航天等优势产业，联合攻关核心技术，积极拓展省外、国外市场，积极参与国内区际分工和国际贸易，打造高能级、具有国际竞争力的产业集群；大力发展数字经济，积极推动互联网、大数据、人工智能等与实体经济深度融合，引领带动成渝产业转型升级；构建绿色低碳产业体系，加大能源开采技术和绿色低碳技术攻关，培育壮大节能环保、清洁生产、清洁能源产业，加快形成比较优势。三是做大做强企业和企业集团，瞄准国内外一流

企业找差距,加强产业整合,鼓励企业实行跨地区、跨行业、跨所有制的资产并购重组,争取更多企业和企业集团上榜世界五百强;发挥龙头企业链主作用,通过产业链的延伸,带动发展一大批前向、后向和侧向协作配套的中小企业,形成具有竞争优势的企业群和产业集群。

(二)强化资源要素和制度比较优势

一是继续保持资源要素比较优势,有效降低企业用工成本,切实降低企业社保费率,建立中小微企业社保补贴制度,减轻企业生产要素成本制约,加快资源利益分配制度和资源定价制度改革,统筹好战略性资源开发和保护的关系,进一步降低水电气成本,探索生态补偿电价。二是进一步强化制度优势,加大企业用地保障,适当提高设施用地指标。加大金融扶持力度,着力解决企业资金难题。尊重企业发展规律,理清市场经济中政府边界问题,做好企业服务工作,着力优化产业发展环境,保障生产链、供应链、价值链制度优势。

(三)打好关键核心技术攻坚战

一是集聚优势创新资源,围绕新一代信息技术、人工智能、航空航天、轨道交通、资源环境、量子科技、生物医药、现代农业等领域,联合开展关键核心技术攻关,突破优势产业发展的关键技术瓶颈。二是发挥企业创新主体能动力,支持优势产业链的重点企业建立研发平台和技术中心,加大研发费用投入,加大技术改造力度,在原始创新、集成创新、引进消化吸收创新上取得新突破,形成具有自主知识产权的技术和产品,降低核心技术对外依赖度。三是用好用活军工资源,加快构建军民融合支撑体系,着力破解"军转民"动力不足、"民参军"渠道不畅、军民科技成果转化难等问题,释放成渝军民融合发展潜力和活力。

(四)推动制造业和生产性服务业融合发展

一是加快提升制造业价值链。从制造业价值链演变趋势看,以简单劳动为代表的加工制造环节在制造业价值链中的份额不断降低,研发、设计、服务等更多依赖于人力资本和显性或隐性知识的非直接制造环节则表现出远高于加工制造环节的附加价值和价值创造能力。要加快发展服务型制造业,将制造业的核心价值链生产与生产性服务业的核心价值链服务有机结合,鼓励制造业企业围绕核心技术和关键产品提供服务,延伸和提升价值链。二是推动生产性服务业向专业化和价值链高端延伸,加快提升批发与贸易、运输服务、金融服务等传统生产性服务业能级,加快发展研发设计、信息服务、节能与环保服务等高端生产性服务业。

(五)加快构建现代供应链体系

一是夯实供应链发展基础。进一步加大各地基础设施建设投入力度,加快构建

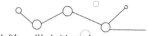

对外开放大通道，加快高速公路、高速铁路建设，加强长江干线过江通道建设，逐步改善支流航道通航条件。二是提高供应链运作效率。强化铁路、公路、航空、内河水运在路网和节点间的衔接协作，实现运输过程各个环节无缝连接，加快发展多式联运等运输方式，提高物流效率。三是降低供应链运作成本。调整优化高速公路收费标准，逐步取消川渝区间高速公路收费，降低川渝运输物流成本，加快推动供应链数字化转型，降低管理和交易成本。

负责人：徐　莉（四川师范大学）

成　员：周　怡（四川省统计局）

丁　娟（四川省统计局）

廖　彬（四川省统计局）

吴晓伟（四川师范大学）

文梅力（四川师范大学）

曾宸浩（四川师范大学）

廖国呈（四川师范大学）

川渝毗邻地区经济区与行政区
适度分离统计分算探索研究

《成渝地区双城经济圈建设规划纲要》（简称《纲要》）提出，探索经济区与行政区适度分离，探索经济统计分算方式。这不仅是新时代区域经济发展的重大战略举措，也是推进统计现代化改革的重要实践指南。本文立足《纲要》中对经济区与行政区适度分离的统计分算方式改革要求，分析研究了川渝毗邻地区合作共建平台经济发展、统计工作现状、经济区与行政区适度改革情况，研究形成了既能核算到经济区又能分算到行政区的统计分算方法，通过以川渝高竹新区为例进行实证测算，提出构建成渝地区双城经济圈经济区与行政区适度分离的统计体系建议和研究展望。

一、川渝毗邻地区合作共建平台建设和统计工作现状

本文选取川渝毗邻地区合作共建平台中率先获批成立的川渝高竹新区和遂潼川渝毗邻地区一体化发展先行区，对其建设情况和统计工作现状、统计需求进行调研，分析研究符合经济区与行政区适度分离的统计体系需要从哪些地方进行突破和构建。

（一）川渝高竹新区现状

1. 基本情况

川渝高竹新区规划面积262平方千米，其中重庆市渝北区124平方千米、四川省广安市邻水县138平方千米，具体包括渝北区茨竹镇、大湾镇的部分行政区域和邻水县高滩镇、坛同镇的部分行政区域。

区位。位于重庆中心城区以北，距离重庆江北国际机场38千米、重庆"两江四岸"核心区50千米、重庆果园港55千米。包茂高速、G210线纵贯新区南北，渝广城际铁路、合广长高速、川渝大道二期、包茂高速高竹互通等干线已规划建设。

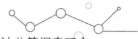

产业规模。已初步建成四川广安川渝合作高滩园区，是重庆两江新区配套产业园、重庆空港工业园区配套区和四川省新型工业化示范基地、成渝地区双城经济圈产业合作示范园区。已入驻企业 163 家，主要是汽车摩托车零部件企业，其中 90％为重庆配套。

共建模式。川渝高竹新区在广安市委市政府、渝北区委区政府的领导下开展工作，由广安、渝北按照"共同出地、共同出钱、共同出人，统一规划、统一实施，利益共享、风险共担"方式，同比例配备人员编制、工作经费和高竹开发公司股权，对规划区域进行整体开发建设。

2. 经济区与行政区适度分离改革情况

川渝高竹新区按照"权责对等、成本共担、利益共享"合作原则，一体化推进新区开发建设。

资本共投。由广安、渝北以对等股权方式，分别注资 5 亿元，共同组建川渝高竹新区开发建设有限公司。采取"小管委会＋大公司运营"的开发建设模式，将高竹开发公司定位为"投融建管运"一体化的新区开发建设综合运营商，把全部资源、全域开发、全部收益归集到高竹开发公司，以实现新区"长周期、大平衡"的市场化运营目标。

项目共建。总投资 23 亿元的川渝科创基地即将开工建设，产业创新中心一期主体工程已全面完成。国道 210 茨竹镇方家沟至高滩镇片区综合整治工程加快推进。香炉山文化公园、胡家梁子生态公园即将开工。由新区统一实施的跨境河流（中兴河）生态治理基本完成，即将开展河道沿线健康步道和景观提升等设施建设。

产业共育。聚焦汽车智能制造、电子信息、生态文旅康养主导产业，出台工业、服务业、总部经济"黄金政策30条"，在重庆、上海等地举办大型投资推介活动。2021 年 1－11 月，新签约重庆工职院高竹校区等项目 29 个、协议投资 295 亿元。

利益共享。按照"锁定时间、锁定现状、锁定边界"的存量锁定原则，两地三方协商形成了高竹新区存量锁定及过渡期运行管理方案，全面落实《总体方案》中"存量收益由原行政辖区各自分享，增量收益五五分成"的要求。

3. 统计工作现状

目前，因川渝高竹新区正在建设中，仅对四川广安川渝合作高滩园区有较为翔实的统计，而整个新区的数据需要向渝北区茨竹镇、大湾镇和邻水县高滩镇、坛同镇统计机构收集，受经济发展较为单一、行政层级不一、统计力量较为薄弱等因素影响，能反映经济发展的综合性统计指标较少。

（1）经济发展较为单一，可测算的综合性统计指标较少

从 2020 年茨竹镇、大湾镇、高滩镇、坛同镇四镇经济发展来看，高滩镇经济

发展相对较好，有工业企业 69 个，营业面积超过 50 平方米以上的综合商店（超市）22 个。坛同镇有工业企业 6 个，有营业面积超过 50 平方米以上的综合商店（超市）4 个。而茨竹镇、大湾镇一产占比过半，三产主要集中在批零住餐业以及公共管理、社会保障和社会组织。

从第四次经济普查结果看，茨竹镇、大湾镇、高滩镇、坛同镇 4 镇法人单位数较少，除高滩镇外，其余 3 镇的法人单位主要集中在商贸业及公共管理、社会保障和社会组织两个行业，且几乎没有"四上"企业。按照川渝两地各专业统计指标统一测算方法，因缺乏基础数据，无法对社会消费品零售总额、服务业营业收入等指标进行准确测算。如社会消费品零售总额，因缺乏限额以上企业数据和限额以下抽样调查数据，无法提供相关数据（见表 1 和表 2）。

表 1　2018 年法人单位数

指标	合计	茨竹镇	大湾镇	高滩镇	坛同镇
法人单位数	533	163	99	134	137
农、林、牧、渔业	6	5	—	—	1
采矿业	5	—	—	1	4
制造业	71	10	5	52	4
电力、热力、燃气及水生产和供应业	3	—	—	2	1
建筑业	16	8	6	2	—
批发和零售业	136	61	33	12	30
交通运输、仓储和邮政业	9	2	1	5	1
住宿和餐饮业	21	11	6	1	3
信息传输、软件和信息技术服务业	1	—	—	—	1
金融业	0	—	—	—	—
房地产业	2	—	—	—	2
租赁和商务服务业	31	13	5	5	8
科学研究和技术服务业	15	2	2	5	6
水利、环境和公共设施管理业	2	—	1	—	1
居民服务、修理和其他服务业	8	6	—	1	1
教育	49	11	5	10	23
卫生和社会工作	12	4	1	3	4
文化、体育和娱乐业	14	4	2	3	5
公共管理、社会保障和社会组织	132	26	32	32	42

表2　2021年上半年"四上"法人单位数

指标	合计	茨竹镇	大湾镇	高滩镇	坛同镇
"四上"法人单位数（个）	38	—	—	38	—
工业	38	—	—	38	—
批发和零售业	—	—	—	—	—
住宿和餐饮业	—	—	—	—	—
建筑业	2	—	2	—	—
房地产开发	—	—	—	—	—
服务业	—	—	—	—	—

（2）行政层级不一，对统计产品的要求不同

川渝高竹新区属两省市跨省共建，渝北、广安分属不同省级行政区，以渝北的茨竹镇和邻水的高滩镇为例，同样的乡镇区划，同样的人权、事权，但茨竹镇为正县级，高滩镇为正科级。在提供数据时，渝北区、邻水县基本能按要求提供本级主要经济统计指标数据，而下属镇统计机构提供相关数据较困难，渝北区仅能提供茨竹、大湾镇部分指标数据，邻水县基本不能提供高滩镇、坛同镇相关指标数据（见表3）。

表3　川渝高竹新区下辖四镇可提供主要统计指标

指标	茨竹镇	大湾镇	高滩镇	坛同镇
地区生产总值	√	√		
全社会固定资产投资额	√	√	√	√
农业总产值	√	√		
工业总产值			√	

一是能提供的统计指标不一致。

二是现有统计口径不一致。经调查研究，川渝两省市对外提供的全社会固定资产投资额相关指标统计口径不一致。重庆提供数据按国家标准统计，固定资产投资额为本地区在一定时期内建造和购置固定资产的工作量以及与此有关的费用，不含农户自建房等农户建造和购置固定资产的费用。而四川省该指标数据不仅包含本地区的固定资产投资额，还包含跨省进行建造固定资产的工作量以及与此有关的费用，以及农户自建房等农户建造和购置固定资产的费用。

三是统计力量较为薄弱。川渝高竹新区由下设发展改革和经济运行局职能机构负责相关统计工作，目前暂无统计专职人员。从各镇统计力量来看，茨竹镇、大湾镇统计力量相对较强，仅有一名专职人员，除完成日常的统计工作任务外，还要承担其他临时性调查任务，每逢普查年度，还需承担相应普查工作。其他兼职人员多

为聘用人员，且流动性较大，统计队伍不稳定（见表4）。

表4　川渝高竹新区下四镇统计人员和工作量

指标	合计	茨竹镇	大湾镇	高滩镇	坛同镇
统计人员（人）	10	3	4	2	1
＃专职	1	1	—	—	—
报送统计报表（张）	117	40	28	26	23
当年调出、离（辞）职人员	1	—	1	—	—

（二）遂潼川渝毗邻地区一体化发展先行区现状

1. 基本情况

遂潼川渝毗邻地区一体化发展先行区规划范围为遂宁市和潼南区全域，总面积6905平方千米。

区位。遂潼川渝毗邻地区一体化发展先行区位于全国"两横三纵"城市化战略格局沿长江通道横轴和包昆通道纵轴的交汇地带，是成渝地区双城经济圈的地理中心。两地主城区直线距离仅35千米，已构建至成渝及周边城市90分钟交通圈，内联外畅的公路、铁路、航空、水路立体交通格局初步形成。

产业发展。遂潼川渝毗邻地区一体化发展先行区具有电子信息、智能制造、节能环保等优势产业，具备整合提升、集群成链的发展基础，是成渝地区重要的"菜篮子""果篮子"，拥有"潼南绿""遂宁鲜"农产品区域公用品牌。目前，正在加快建设巴蜀特色康养和休闲度假旅游目的地，具有联手打造巴蜀文化旅游品牌的资源优势。2021年，遂潼川渝毗邻地区一体化发展先行区全年实现地区生产总值2059.22亿元，比上年增长8.5%。按产业分，第一产业增加值305.09亿元，同比增长7.9%；第二产业增加值940.25亿元，同比增长8.2%；第三产业增加值813.88亿元，同比增长9.1%（如图1所示）。三次产业结构比为14.8：45.7：39.5。

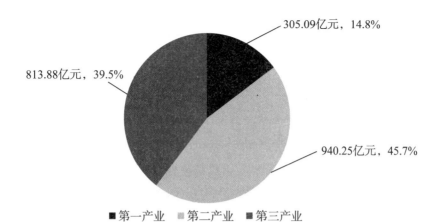

305.09亿元，14.8%

813.88亿元，39.5%

940.25亿元，45.7%

■第一产业 ■第二产业 ■第三产业

图1　2021年遂潼川渝毗邻地区一体化发展先行区地区生产总值产业结构

从2021年遂潼两地农业和工业发展情况看，2021年，遂宁市和潼南区农林牧渔业总产值分别为367.17亿元和122.40亿元，同比增长8.5%和10.8%。两地农林牧渔业总产值主要集中在农业和畜牧业，其中遂宁市农业和畜牧业分别占该市农林牧渔业总产值的48.4%和41.8%，潼南区农业和畜牧业分别占该市农林牧渔业总产值的68.1%和18.8%。两地工业产业布局既有相同，又各有侧重。遂宁市五大工业优势产业为锂电及新材料产业、机械与装备制造产业、电子信息产业、食品饮料产业、油气盐化工产业，2021年各产业增加值同比增速分别为41.4%、—7.4%、19.7%、24.5%和18.2%。潼南区将工业分为节能环保产业、绿色建筑建材、特色消费品产业、化工新材料产业和智能制造产业，2021年各产业总产值分别同比增长46.6%、15.8%、23.1%、28.7%和5.8%（见表5）。

表5　2021年遂潼两地农业和工业发展情况

指标	遂宁市		指标	潼南区	
	总量 （亿元）	增速 （%）		总量 （亿元）	增速 （%）
农林牧渔业总产值	367.17	8.5	农林牧渔业总产值	122.40	10.8
农业	177.75	6.1	农业	83.33	6.3
林业	13.29	3.1	林业	6.83	14.0
畜牧业	153.58	12.5	畜牧业	23.00	26.8
渔业	10.88	4.7	渔业	8.10	11.9
农林牧渔服务业	11.66	9.0	农林牧渔服务业	1.14	13.8
五大工业优势产业增加值	—	18.1	主要工业产业总产值	—	—
♯锂电及新材料产业	—	41.4	节能环保产业	11.19	46.6
机械与装备制造产业	—	−7.4	绿色建材产业	52.34	15.8
电子信息产业	—	19.7	特色消费品	142.51	23.1

现代产业发展研究

续表5

指标	遂宁市		指标	潼南区	
	总量 (亿元)	增速 (%)		总量 (亿元)	增速 (%)
食品饮料产业	—	24.5	化工新材料产业	51.40	28.7
油气盐化工产业	—	18.2	智能制造产业	185.28	5.8

共建模式。遂宁潼南两地成立了一体化发展领导小组和8个专项工作组，共同推进遂潼川渝毗邻地区一体化发展先行区建设。设立遂潼涪江创新产业园区，在规划、土地、投资、招商、要素保障、公共服务等方面实行统一管理。并共同组建遂潼涪江创新产业园区投资发展公司，统筹区域内重大项目和重大平台建设。

2. 经济区与行政区适度分离改革情况

遂潼川渝毗邻地区一体化发展先行区总体方案中明确，遂潼两地按照全域一体、毗邻突破、平台共建、产业协同的发展路径，构建"双中心、三走廊、一园区"（遂宁中心城区、潼南中心城区，现代产业创新走廊、涪江生态绿色走廊、琼江乡村振兴走廊和遂潼涪江创新产业园）空间格局。经济区与行政区适度分离改革主要在遂潼涪江创新产业园进行探索。

目前，遂潼涪江创新产业园还在筹建中，拟在园区设立后，探索"存量不动＋增量分成"的成本共担、利益共享模式，对入驻潼涪江创新产业园区的企业实行税收方收入部分跨地区分享，分享比例按照招商引资协议商定。组建遂潼涪江创新产业园区管委会和投资发展公司，按照市场运作模式筹集建设资金，统筹用于区域内基础设施建设、重点产业发展和公共服务保障等方面。遂潼涪江创新产业园区在规划、土地、投资、招商、要素保障、公共服务等方面实现统一管理，推动水电气讯同网同价、优惠政策协同延伸。建立地区利益纠纷协调机制，通过召开领导小组会议、一体化发展联席会议、工作推进会等形式协调地方利益冲突。

3. 统计工作现状

遂潼两地因所辖行政区全面纳入遂潼川渝毗邻地区一体化发展先行区，各行政区统计体制机制都较为成熟，对辖区内的农业、工业、建筑业等国民经济主要行业以及能源、投资、人口等领域都有较为完善的统计调查，拥有主要经济指标月报、统计年鉴等统计产品，能较好地反映各辖区内经济发展情况。但因现有统计体制是按行政区统计，对一体化发展先行区的相关统计还需完善。

（1）统计产品较为丰富，但仍需根据工作需要进一步完善

遂潼两地均为地区级，设有独立的政府统计机构，组织实施辖区内各项统计调查工作。与所有地级统计机构一样，拥有国家现有统计制度方法中所设置的统计指

标数据，并根据统计指标的调查频率形成了统计月报、统计年鉴和统计公报等各类统计产品。如遂宁市和潼南区统计局每月印发的统计月报，收集汇总了本地区地区生产总值、工业、固定资产投资、房地产开发、国内贸易、能源消费、外资、进出口、旅游、财政、金融、税务等领域主要统计指标数据（见表6）。

表6　遂宁市和潼南区统计月报主要统计指标

序号	类别	统计指标	
		遂宁市	潼南区
1	地区生产总值	遂宁市三次产业、工业、建筑业、批发和零售业、交通运输、仓储和邮政业、住宿和餐饮业、金融业、房地产业、其他服务业、国民经济增加值、三次产业结构比等指标1－本月和去年同期总量和增速	潼南区三次产业、农林牧渔业、工业、建筑业、批发和零售业、交通运输、仓储和邮政业、住宿和餐饮业、金融业、房地产业、营利性服务业、非营利性服务业和农林牧渔服务业增加值等指标当月和1－本月绝对额、同比增速、劳动力和占比
2	农业	遂宁市农林牧渔业各大类总产值，农作物及粮食、油料播种面积、产量，生猪出栏头数，肉类及猪、牛、羊肉产量，禽蛋产量等指标1－本月和去年同期总量和增速	—
3	工业	遂宁市规模以上工业按轻重工分的企业数1－本月和去年同期总量和增速，按轻重工、经济类型、三大门类、主要产业分的增加值增速，资产合计、营业收入、营业成本、利润总额等效益指标总量和增速	潼南区规模以上工业按主要产业、规模、轻重工业、登记注册类型分的总产值，以及工业企业数、主营业务收入、利润总额、资产总计等主要财务指标和从业人员平均人数、产销率等指标当月和1－本月绝对额和同比增速
4	建筑业	遂宁市建筑企业个数1－本月和去年同期总量和增速，建筑业及不含省外总产值增速	—
5	固定资产投资	遂宁市施工项目及投产项目、本年新开工项目等其中项个数，按三次产业、投资类别、建设性质、开工完成情况分的固定资产投资额1－本月和去年同期增速	潼南区按三次产业、登记注册类型、投资类型分的固定资产投资额等指标当月和1－本月绝对额和同比增速
6	房地产	遂宁市房屋施工面积、新开工面积、商品房销售面积、商品房销售额及其中项住宅等指标1－本月和去年同期总量和增速	潼南区房屋施工面积、新开工面积、商品房销售面积、商品房销售额及其中项住宅等指标当月和1－本月绝对额和同比增速
7	服务业	遂宁市规模以上服务业企业数1－本月和去年同期总量，规模以上服务业营业收入增速	—
8	国内贸易	遂宁市限额以上批零住餐业企业数、社会消费品零售总额及其按销售单位所在地分类等指标1－本月和去年同期总量和增速	潼南区社会消费品零售总额及其按销售单位所在地和消费形态分的其中项，批发业、零售业按规模分的销售额，住宿业、餐饮业按规模分的销售额等指标当月和1－本月绝对额和同比增速

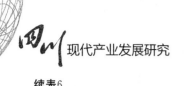

续表6

序号	类别	统计指标	
		遂宁市	潼南区
9	能源消耗	遂宁市万元工业增加值综合能耗指标，目前无月度数据	潼南区全社会、城乡居民生活、三次产业和工业用电量，全区和工业用气量等指标当月和1—本月绝对额和同比增速
10	招商引资	遂宁市国际到位外资、国内外项目数、到位内资金额、进出口总额等指标1—本月和去年同期总量和增速	潼南区实际利用外资、进出口总额等指标当月和1—本月绝对额和同比增速
11	交通与邮政	遂宁市公陆客运、货运周转量，公路运输总周转量和邮政业务总量1—本月和去年同期总量和增速	—
12	旅游	—	潼南区接待游客人数、旅游综合收入等指标当月和1—本月绝对额和同比增速
13	物价	居遂宁市民消费价格总指数、工业生产值出厂价格和购进价格指数1—本月和去年同期增速	—
14	财政	遂宁市地方预算内财政收入及一般公共预算收入、税收收入、非税收收入、基金收入，地方预算内财政支出及一般公共预算支出、基金支出等指标1—本月和去年同期总量和增速	潼南区地方预算内财政收入及一般公共预算收入、税收收入、企业所得税等其中项，地方预算内财政支出及一般公共预算支出、一般公共服务支出、教育支出、社会保障和就业支出等指标1—本月绝对额和同比增速
15	金融	遂宁市金融机构存款余额及住户存款、非金融企业存款，贷款余额及住房贷款、短期贷款、中长期贷款等指标1—本月和去年同期总量和增速	潼南区金融机构存贷款余额，存款余额及住户存款、非金融企业存款、财政性存款等其中项，各项贷款余额及住房贷款、短期贷款等其中项等指标1—本月绝对额和同比增速
16	城乡居民收入	遂宁市居民及城镇、农村居民人均可支配收入及工资性收入、经营性收入等其中项，人均可支配支出及食品烟酒等其中项等指标1—本月和去年同期总量和增速	居民及城镇、农村常住居民人均可支配收入1—本月绝对额和同比增速
17	税务	—	潼南区三次产业、采矿业、制造业等行业门类等指标1—本月绝对额和同比增速
18	全国	全国生产总值、规模以上工业增加值、固定资产投资、房地产开发投资、社会消费品零售额、财税金融、进出口总额、城乡居民收入等指标当月和去年同期累计绝对额和同比增速	—

序号	类别	统计指标	
		遂宁市	潼南区
19	全省（市）	四川省各市州地区生产总值、民营经济增加值、第一产业增加值、规模以上工业增加值、服务业增加值、建筑业总产值、固定资产投资、房地产开发投资、财政收入和支出、社会消费品零售额、城乡居民可支配收入和支出、人民币存贷款余额、工业用电量等指标1－本月总量或增速	重庆市各区县地区生产总值、三次产业增加值、规模以上工业增加值、固定资产投资、工业投资、房地产开发投资、商品房销售面积、财政收入和支出、社会消费品零售额、批发和零售业销售额、住宿和餐饮业营业额、城乡居民可支配收入和支出等指标当月和1－本月绝对额和同比增速
20	所辖区县（乡镇）	所辖8个区县和园区地区生产总值、民营经济增加值、第一产业增加值、规模以上工业增加值、服务业增加值、建筑业总产值、固定资产投资、财政收入和支出、社会消费品零售额、城乡居民可支配收入和支出、人民币存贷款余额等指标1－本月总量或增速	所辖23个乡镇和园区分规模以上工业、批零住餐业、服务业的企业数、总产值、能耗、主营业务收入等指标1－本月绝对额和同比增速

从统计月报指标来看，各地月报统计指标存在一定差异。两地根据经济发展情况不同，选取的主要统计指标也不同。如潼南区月报中未公布建筑业、交通与邮政等方面的数据，遂宁市月报中未公布旅游、税收等方面的数据。又如工业主要统计数据中，根据两地工业产业结构的不同，潼南区月报工业产业数据主要分为节能环保产业、绿色建材产业、特色消费品、循环经济产业和智能制造产业五类，遂宁市月报工业产业数据主要分为锂电及新材料产业、机械与装备制造产业、电子信息产业、食品饮料产业、油气盐化工产业。且以上产业统计分类标准均为派生产业统计分类标准，各地根据《国民经济行业分类标准》，结合自身实际制定，暂无全国统一标准。为更好地反映遂潼川渝毗邻地区一体化发展先行区发展情况，仅交换统计数据还不够，需根据先行区规划和建设情况，共同建立一套能反映遂潼一体化发展特色的统计监测体系，并根据工作需要不断完善统计调查制度和统计标准，丰富统计产品。

（2）统计合作机制初步建立，但适应经济区与行政区适度分离的统计体制机制尚未形成

为充分发挥统计职能作用，更好反映遂潼一体化建设情况，2020年10月遂宁市和潼南区统计局签署了《遂潼一体化统计战略合作协议》。按照协议要求，两地统计局成立了遂潼一体化建设统计战略合作领导小组，领导小组下设办公室，根据工作需要召开工作会议，交流和共享统计数据，开展监测与分析。目前，两地统计局已交换了2017—2020年自然资源、人口和就业、综合经济与农村经济、规模以上工业、交通通信、固定资产投资和建筑业、国内贸易对外经济旅游、人民生活、财政金融、教育卫生、资源与能源共十二个方面主要经济社会指标年度数据和

2021 年月度数据，整理编印了《遂宁潼南 2017—2019 年主要经济指标》手册。

遂宁市和潼南区统计局初步建立的统计合作机制仅能满足在现行统计体制下对遂潼川渝毗邻地区一体化发展先行区总体发展需求。而对共同建设的遂潼涪江创新产业园，特别是其中的遂潼之心［潼南区双江镇、花岩镇和遂宁市磨溪镇部分区域约 10 平方千米，其中天然气综合利用（绿色化工）功能区约 6 平方千米、文化旅游功能区约 2 平方千米、综合服务功能区约 2 平方千米］，因 6 平方千米天然气综合利用（绿色化工）功能区中天然气、土地等资源均为两地按一定比例共同出资，需探索建立"存量不动＋增量分成"的主要统计指标分算方法，并根据该方法完善相关统计体制机制。且因遂潼涪江创新产业园还在筹建，还未开展相关探索研究，现有合作模式还需根据产业建设和发展情况不断改进和完善。

（三）经济区与行政区适度分离对现行统计体系的挑战和启示

从前面的调研可以看到，经济区与行政区适度分离改革，对现有的以行政区为基础单元的统计体系提出了新的要求和挑战。

1. 统计体制方面

以行政区划分层的统计体系，其统计调查和管理权限均限于本辖区内的各项经济社会活动。对于跨省域十个毗邻区共建平台，一方面多数共建平台无法设立专门统计机构，所辖行政区统计机构以共同合作的模式推进经济区相关统计工作，适应经济区发展的统计体制机制还需进一步完善；另一方面对所辖行政区以乡镇级为单位的新区，因乡镇级统计机构一般仅承担报表催收工作，统计基层基础有待加强，需经济区成立专门的统计机构，建立完善经济区统计体制机制，更加充分有效发挥统计作用。

2. 统计制度方法方面

现有的统计制度方法以法人单位在地原则入统，经济区共建企业统计数据无法分算至各行政区。经济区也无法同时管理分散在各行政区的企业统计报表，开展经济区数据汇总等工作，统计制度方法有待进一步改革。需要探索经济区与行政区适度分离的统计分算方式，及时、全面、准确反映经济区发展规模、速度和结构，更加精准地反映经济区与行政区经济发展共享情况。

二、经济统计分算方法研究与实证

从前面的川渝高竹新区和遂潼川渝毗邻地区一体化发展先行区调研中，可以看到，构建经济区与行政区适度分离的统计体系，关键是要突破现有统计体制行政区在地统计壁垒，探索研究经济统计分算方式。为此，我们选取川渝毗邻地区共建十大合作平台作为研究范围，从分算对象、分算原则、分算指标、分类标准、分算方法等方面探索研究经济统计分算方式，并以川渝高竹新区为例进行实证。

（一）经济统计分算总体思路

1. 指导思想

坚持以习近平新时代中国特色社会主义思想为指导，深入贯彻党的十九大和十九届二中、三中、四中、五中、六中全会精神以及中央财经委员会第六次会议精神，认真落实《成渝地区双城经济圈建设规划纲要》要求，按照重庆市委、四川省委关于推动成渝地区双城经济圈建设安排部署，坚持新发展理念，牢固树立"一盘棋"思想和"一体化"发展理念，坚持统一谋划、一体部署、相互协作、共同实施，以法人单位为基本单元，经济区划码和企业（项目）标识码为分算划分标识，选取地区生产总值等主要统计指标率先突破，通过先行先试，构建川渝一体化的统计工作合作机制，为深化区域合作、促进区域协调发展探索经验。

2. 分算对象

川渝毗邻地区合作共建十大平台中经济共享区域的新增法人企业（项目）。其中：经济共享区，指十大平台中双方（多方）在各自行政区划定某一区域或多个区域，双方（多方）在规划、土地、投资、招商、要素保障、公共服务等方面实行统一管理、统一标准和统一建设。

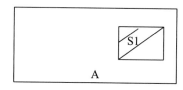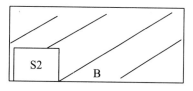

图2　川渝毗邻地区合作共建十大平台经济共享区

如图2所示，某川渝毗邻地区合作共建平台下辖重庆部分A和四川部分B，该经济区A、B各方政府共同确定划定S1和S2进行实体开发，所有资源共享。该S1和S2区域就是经济共享区，该区域中新增法人企业（项目）就是需分算对象。

新增法人企业（项目），指经济共享区确定之日起，在该区域实际落户的法人企业（项目）。

川渝毗邻地区合作共建十大平台具体见表7。

表 7　川渝毗邻地区合作共建十大平台

序号	共建平台	区域范围	
		重庆市	四川省
1	万达开川渝统筹发展示范区	万州区、开州区	达州市
2	遂潼川渝毗邻地区一体化发展先行区	潼南区	遂宁市
3	川渝高竹新区	渝北区茨竹镇、大湾镇的部分行政区域	广安市邻水县高滩镇、坛同镇的部分行政区域
4	内荣现代农业高新技术产业示范区	荣昌区	内江市
5	资大文旅融合发展示范区	大足区	资阳市
6	泸永江津融合发展示范区	江津、永川区	泸州市
7	合广长协同发展示范区	合川区、长寿区	广安市
8	明月山绿色发展示范带	梁平区、垫江县	达州市达川区、大竹县、开江县，广安市邻水县
9	城宣万革命老区振兴发展示范区	城口县	达州市宣汉县、万源市
10	川南渝西融合发展试验区	江津区、永川区、綦江区（含万盛经济技术开发区）、大足区、铜梁区、荣昌区	自贡市、泸州市、内江市、宜宾市

3. 遵循原则

一是统筹协同、持续推进。深刻把握经济区和行政区适度分离改革任务要求，坚持经济区经济一体化发展，各行政区经济贡献明晰，加强对探索经济统计分算方式的通盘考虑和整体设计，建立跨行政区统计协作、工作对接体制机制，通过共同研究、协商一致，更好地为经济区与行政区适度改革任务提供统计服务。

二是分头报送、统一核算。企业遵循在地原则向所属统计机构报送统计报表，各统计机构各司其职，既统计好所属行政区经济发展情况，又共同核算好经济区内各区域分算数据。主要经济统计指标既能统一核算至经济区，又能准确合理分算至各行政区。

三是法人溯源、规范统计。坚持以法人单位为分算的基本单元，力求分算结果能追溯到每一个统计调查单位。所有统计指标严格按照统一标准、统一口径、统一方法进行统计和分算。

四是存量保留、增量商定。在对经济共享区进行分算时，采用原有经济活动各自保留，共建部分按"权责关系、出资比例和资源环境因素等协商确定"的原则对分算指标数据进行分劈。

五是由易到难、逐步推广。立足经济发展和统计工作实际，选取有统计基础的

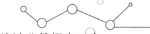

统计指标先行先试，充分发挥试点地区试验示范作用，由易到难逐步突破，推动经济统计分算取得实效。

4. 分算指标

根据《成渝地区双城经济圈建设规划纲要》《川渝毗邻地区合作共建区域发展功能平台推进方案》等文件要求，结合毗邻区共建情况和统计工作实际，选取以下主要指标作为统计分算指标：

地区生产总值（GDP），是衡量经济区经济状况和发展水平的重要指标，反映经济区所有常住单位在一定时期内生产活动的最终成果。

其他重要指标包括农业总产值、工业总产值、建筑业总产值、全社会固定资产投资额、社会消费品零售总额、服务业营业收入等。

5. 分类标准

（1）川渝毗邻地区合作共建平台分类

根据毗邻区合作共建方式，将 10 个重大合作平台分为两类。

一类为由跨省域的两省市分别划出部分行政区域、全域共同开展实体化建设的合作平台。目前，该类只有一个，川渝高竹新区，即该新区所有区域均为经济共享区域。

另一类为由跨省域的两省市分别划出部分行政区域、共同推进该区域协同发展的合作平台，该平台部分区域实行共同实体化开发，该区域仅此部分作为经济共享区域。包括万达开川渝统筹发展示范区、遂潼川渝毗邻地区一体化发展先行区、内荣现代农业高新技术产业示范区、资大文旅融合发展示范区、泸永江津融合发展示范区、合广长环重庆中心城区经济协同发展示范区、明月山绿色发展示范带、城宣万革命老区振兴发展示范区和川南渝西融合发展试验区 9 个重大合作平台。如遂潼川渝毗邻地区一体化发展先行区，目前仅划出 10 平方千米建设遂潼涪江产业园区，在规划、土地、投资、招商、要素保障、公共服务等方面实行统一管理、统一标准，该经济共享区区域面积占先行区的 0.14%。

（2）企业分类

对经济区的统计单位设置分算标识，该标识包括经济共享区标识和新增企业（项目）标识，主要用于确定企业（项目）是否属于分算企业，即企业是否属于经济共享区、是否为新增企业（项目）。两者均为是，则该企业（项目）为分算企业（见表 8）。

表8 经济区企业（项目）分算标识表

标识	选项	
是否属于经济共享区	是	否
是否为新增企业（项目）	是	否

（3）区域分类

对所有统计单位赋予经济区区划码，主要用于汇总生成经济区和所属行政区相关数据，厘清共建经济区中所属行政区各自对经济区的贡献情况。经济区区划码由"经济区平台码＋行政区划码"组成，经济区平台码为2位代码，01－10分别代表川渝毗邻地区合作共建十大平台（见表9）。行政区划码为12位，通过计算公式直接从统计报表中抓取。各级统计机构根据该区划码，既能统一核算整个经济区的发展情况，又能分算至共建经济区所在县级行政区域乃至所辖的乡级行政区域对经济区的经济贡献量。

表9 经济区区划码

经济区平台码	□□	01 万达开川渝统筹发展示范区 02 遂潼川渝毗邻地区一体化发展先行区 03 川渝高竹新区 04 内荣现代农业高新技术产业示范区 05 资大文旅融合发展示范区 06 泸永江津融合发展示范区 07 合广长协同发展示范区 08 明月山绿色发展示范带 09 城宣万革命老区振兴发展示范区 10 川南渝西融合发展试验区
行政区划码	□□□□□□□□□□□□	

6. 分算机制

经济区建立"动态平衡＋数据分劈分算"机制，充分考虑"权责关系、出资比例和资源环境"等因素，动态调整阶段性的共享数据分劈比例，确保双方主要经济指标数据增量总体平衡。

共享比例。经济区坚持动态平衡，综合考虑"权责关系、出资比例和资源环境"等因素，协商约定重点行业企业的包括产值（计划总投资）等主要经济指标共享数据分劈比例，可根据发展实际进行阶段性调整。经济区双方行政主管人民政府签订协议。

审核流程。根据"动态平衡＋数据分劈分算"机制，双方行政区统计部门定期将纳入共享的企业名单及主要经济指标数据分劈比例和测算结果，逐级分专业审核上报至国家统计局相关专业司。国家统计局相关专业司认定分算结果，统一（打

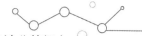

包）逐级分专业分地区向下反馈。

（二）川渝高竹新区分算经济统计分算实证

因川渝高竹新区国土空间规划还未出来，分算研究中的川渝高竹新区区域范围为下辖茨竹镇、大湾镇、高滩镇和坛同镇所有区域。

1. 基数确定

从川渝高竹新区统计现状调研情况中，我们发现因基础数据缺乏，不能通过直接汇总的方式确定该区域地区生产总值等统计指标数据，需要根据《经济普查年度川渝共建经济区生产总值核算方法》、各主要指标计算方法和采集的统计基础数据，推算 2018—2020 年各镇除农业生产总值、全社会固定资产投资额外的统计指标数据，进而汇总生成川渝高竹新区相关数据。为此，我们采集了相关数据，对地区生产总值、社会零售额、营业收入等指标进行推算。

（1）采集的基础数据

茨竹镇、大湾镇、高滩镇、坛同镇四镇 2018 年二、三产业法人单位和个体户主要经济指标（见表10）。

表 10　2018 年测算所需基础指标

单位类型	具体指标
规模以上成本费用调查工业法人企业	工业总产值、应交增值税、直接人工、生产单位管理人员工资、生产单位管理人员福利费、销售部门人员工资、销售部门人员福利费、管理费用中的行政管理人员工资、行政管理人员福利费、管理费用中技术（研究）开发中支付科研人员的工资及福利费、管理费用中的职工取暖费和防暑降温费、制造费用中的社保费、销售费用中的社保费、管理费用中的社保费、管理费用中的住房公积金和住房补贴、制造费用中的劳务费、管理费用中的劳务费、制造费用中的保健补贴洗理费、管理费用中的保健补贴洗理费、其他直接费用中支付给个人部分、其他制造费用中支付给个人部分、其他销售费用中支付给个人部分、其他管理费用中支付给个人部分、管理费用中的工会经费、管理费用中的董事会费、制造费用中的差旅费、销售费用中的差旅费、管理费用中的差旅费、税金及附加、管理费用中的排污费、管理费用中上交的各种专项费用、其他直接费用中上交给政府部分、其他制造费用中上交给政府部分、其他销售费用中上交给政府部分、其他管理费用中上交给政府部分、制造费用中水电费中上缴的各项税费、管理费用中水电费中上缴的各种税费、本年折旧、营业利润、资产减值损失、公允价值变动收益、投资收益、资产处置收益、其他收益、上交管理费
规模以上非成本费用调查工业法人企业	工业总产值、应交增值税、应付职工薪酬、销售费用、管理费用、财务费用、税金及附加、本年折旧、营业利润、资产减值损失、公允价值变动收益、投资收益、资产处置收益、其他收益
一套表法人企业	营业收入、营业成本、应交增值税、应付职工薪酬、税金及附加、本年折旧、营业利润、投资收益

续表10

单位类型	具体指标
行政事业法人单位	工资福利支出、商品和服务支出、对个人和家庭的补助、固定资产原价、经营收入、经营支出、劳务费、工会经费、福利费、税金及附加费用
民间非营利组织法人单位	本年费用合计、业务活动成本中的人员费用、管理活动中的人员费用、业务活动成本中的税费、管理费用中的税费、业务活动成本中的固定资产折旧、管理活动中的固定资产折旧
个体户	个体户数、从业人数、营业收入

茨竹镇、大湾镇、高滩镇、坛同镇四镇 2019 年和 2020 年一套表法人企业主要经济指标和渝北区、邻水县各行业规模以下工业增加值增速、限额以下批零住餐业和服务业增加值增速等指标。

（2）川渝高竹新区主要指标数据

根据《经济普查年度川渝共建经济区生产总值核算方法》和各主要指标计算方法，确定 2018—2019 年川渝高竹新区地区生产总值、全社会固定资产投资总额、农业总产值等统计指标数据。2018—2020 年川渝高竹新区指标数据见表 11。

表 11　2018—2020 年川渝高竹新区主要经济指标数据

单位：亿元

指标	2018 年	2019 年	2020 年
地区生产总值	41.54	44.94	47.73
全社会固定资产投资额	36.99	43.20	42.74
农业总产值	12.94	13.70	17.84
规模以上工业总产值	33.68	47.49	69.25
社会消费品零售总额	11.60	12.84	12.78
营利性服务业营业收入	2.41	2.89	3.33

注：因川渝高竹新区统计基础资料缺乏，2019 年和 2020 年无测算规下（限下）部分的抽样数据，故规下（限下）部分分别根据渝北和邻水县规下（限下）增速推算所辖部分总量。

从测算的初步数据来看，2020 年川渝高竹新区地区生产总值 47.73 亿元，比上年增长 5.1%；全社会固定资产投资额 42.74 亿元，下降 1.1%；农业总产值 17.84 亿元，增长 30.2%；规模以上工业总产值 69.25 亿元，增长 45.8%；社会消费品零售总额 12.78 亿元，下降 0.5%；营利性服务业营业收入 3.33 亿元，增长 15.3%。

分产业看，川渝高竹新区三次产业比为 24.1∶36.7∶39.2，第二、三产业为经济区的主要经济支撑，第一产业占比仍然较高。其中，第一产业增加值 11.50 亿元，比上年增长 4.3%；第二产业增加值 17.54 亿元，增长 10.6%；第三产业增加值 18.69 亿元，增长 3.3%（如图 3 所示）。

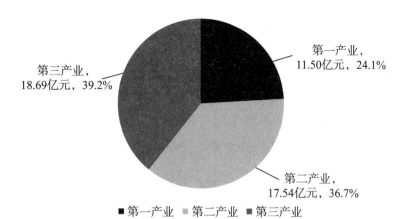

图3 2020年川渝高竹新区地区生产总值产业结构饼图

分区域看，川渝高竹新区主要经济指标中，广安部分占比较高。其中，地区生产总值中广安部分占 78.3%，全社会固定资产投资额中占 83.9%，农业总产值中占 52.2%，规模以上工业总产值中占 100%，社会消费品零售总额中占 71.9%，营利性服务业营业收入中占 76.0%（如图4所示）。

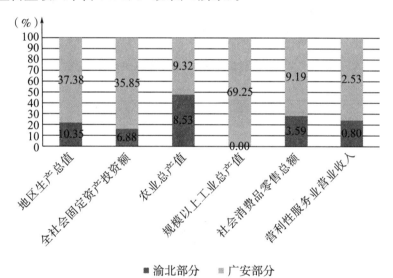

图4 2020年川渝高竹新区主要指标分区域情况

2. 分算试算

目前，川渝高竹新区规模以上企业均为广安市邻水县存量企业，引进的 29 个项目主要为政府工程和工业企业，只有重庆梓源新材料有限公司已开始动工平场，暂无数据可分劈。引进工业企业集中在装备制造、电子信息和新材料三个行业，为测试分算方法是否可行，假设共同引进的工业企业已有两家投产，对该企业进行分劈，进而测算 2021 年川渝高竹新区分算后的规模以上工业总产值和增加值。具体如下。

（1）假定投产工业企业情况

假定两家工业企业均为规模以上工业企业，A 企业通过四川的统计机构作为规模以上非成本费用调查工业法人企业在国家联网直报平台报送统计报表，B 企业通过重庆的统计机构作为规模以上成本费用调查工业法人企业在国家联网直报平台报送统计报表。企业具体报送数据见表 12、表 13。

表 12　A 企业主要指标数据（通过四川统计机构报送）

单位：万元

指标	2021 年	指标	2021 年
工业总产值	17560	本年折旧	270
应交增值税	650	营业利润	2580
应付职工薪酬	1040	资产减值损失	100
销售费用	660	公允价值变动收益	0
管理费用	920	投资收益	0
财务费用	73	资产处置收益	−20
税金及附加	120	其他收益	20

表 13　B 企业主要指标数据（通过重庆统计机构报送）

单位：万元

指标	2021 年	指标	2021 年
工业总产值	6050	资产处置收益	−120
本年折旧	30	营业利润	860
税金及附加	40	应付职工薪酬	520
上交管理费	0	工会经费	50
董事会费	10	职工教育经费	20
利息费用	0	其他属于劳动者报酬的部分	10
利息收入	0	上交政府的各项非税费用	60
资产减值损失	−120	水电费中上缴的各项税费	0
其他收益	0	差旅费	60
投资收益	0	应交增值税	196
公允价值变动收益	0		

（2）对 A、B 企业总产值和增加值分劈

首先，按照收入法，对 A、B 企业分别计算增加值。

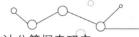
①A 企业为非成本费用调查工业法人企业，为汽车制造业，按增加值测算方法，计算如下：

劳动者报酬＝应付职工薪酬＋销售费用、管理费用和财务费用中其他属于劳动者报酬的部分＝1040＋（660＋920＋73）×0.67％＝1051万元

生产税净额＝税金及附加＋应交增值税＋销售费用、管理费用和财务费用中其他属于生产税净额的部分＝120＋650＋（660＋920＋73）×0.85％＝784万元

固定资产折旧＝本年折旧＝270万元

营业盈余＝（营业利润＋资产减值损失－公允价值变动收益－投资收益－资产处置收益－其他收益）＋销售费用、管理费用和财务费用中其他属于营业盈余的部分＝［2580＋100－0－0－（－20）－20］＋（660＋920＋73）×0.66％＝2691万元

增加值＝劳动者报酬＋生产税净额＋固定资产折旧＋营业盈余＝1051＋784＋270＋2691＝4796万元

②B 企业为成本费用调查工业法人企业，按增加值测算方法，计算如下：

劳动者报酬＝董事会费中属于劳动者报酬的部分（53.2％）＋应付职工薪酬－工会经费中属于劳动者报酬的部分（40％）－职工教育经费＋其他属于劳动者报酬的部分＋差旅费属于劳动者报酬的部分（6.4％）＝12×53.2％＋520－50×40％－20＋10＋60×6.4％＝500万元

生产税净额＝税金及附加＋上交政府的各项非税费用＋水电费中上缴的各项税费＋应交增值税＝40＋60＋0＋196＝296万元

固定资产折旧＝本年折旧＝30万元

营业盈余＝上交管理费＋利息费用中属于营业盈余部分（6％）－利息收入中属于营业盈余部分（6％）＋资产减值损失－公允价值变动收益－投资收益－资产处置收益－其他收益＋营业利润＋工会经费中属于营业盈余部分（40％）＝0＋0×6％－0×6％＋（－120）－0－0－（－120）＋860＋50×40％＝880万元

增加值＝劳动者报酬＋生产税净额＋固定资产折旧＋营业盈余＝500＋296＋30＋880＝1706万元

川渝高竹新区2021年分算数据见表14：

表 14 川渝高竹新区 2021 年共建企业数据

单位：万元

指标	工业总产值	增加值
共建企业	23610	6502
其中：A 企业	17560	4796
B 企业	6050	1706

接下来，按照川渝高竹新区共建企业五五分成的原则，对共建的 A、B 企业总产值和增加值对分（见表 15）。

表 15 川渝高竹新区 2021 年共建企业分算数据

单位：万元

指标	工业总产值	增加值
川渝高竹新区	23610	6502
其中：渝北区	11805	3251
广安市	11805	3251

然后，计算川渝高竹新区规模以上工业存量企业的总产值和增加值。因目前暂未有 2021 年年度数据，假定 2021 年增长速度分别为 25.0% 和 15%，推算 2021 年规模以上工业总产值和增加值。待年度数据出来后，根据每个企业主要指标直接汇总生产相关数据（见表 16）。

表 16 川渝高竹新区 2021 年规模以上工业存量企业主要数据

指标	规模以上工业总产值			规模以上工业增加值		
	2020 年（万元）	2021 年增速（%）	2021 年（万元）	2020 年（万元）	2021 年增速（%）	2021 年（万元）
川渝高竹新区	692505	25.0	865631	129504	15.0	148930
其中：渝北区	0	0	0	0	0	0
广安市	692505	25.0	865631	129504	15.0	148930

最后，将分劈后的共建企业数据和存量企业数据汇总，最终分算后的规模以上工业总产值和增加值见表 17。

表 17　川渝高竹新区 2021 年规模以上工业分算数据

单位：万元

指标	规模以上工业总产值			规模以上工业增加值		
		存量	共建		存量	共建
川渝高竹新区	889241	865631	23610	155432	148930	6502
其中：渝北区	11805	0	11805	3251	0	3251
广安市	877436	865631	11805	152181	148930	3251

三、统计体系构建建议与展望

（一）政策建议

1. 构建成渝地区双城经济圈经济区与行政区适度分离的统计指标体系

在经济统计分算的基础上，以《成渝地区双城经济圈建设规划纲要》发展目标构建成渝地区双城经济圈发展监测指标体系，从综合绩效、基础设施、现代经济、科技创新、改革开放和生态宜居等方面反映成渝地区双城经济圈发展和经济区与行政区适度分离改革成效，进一步发挥统计指标的衡量和导向作用。因地适宜，根据万达开川渝统筹发展示范区、遂潼川渝毗邻地区一体化发展先行区、川渝高竹新区等川渝共建平台的资源禀赋、区域特色和发展目标等因素，构建反映川渝共建平台经济社会发展的统计指标体系，全面准确监测成渝地区双城经济圈建设进程。

2. 探索成渝地区双城经济圈经济区与行政区适度分离的统计标准体系

（1）强化国家统计标准贯彻实施

严格贯彻执行节能环保清洁产业、数字经济及其核心产业等统计分类标准以及国民经济行业分类、大中小微型企业划分、城乡划分办法等国家统计标准，切实维护统计标准的科学性与系统性、统一性与强制性、通用性与稳定性。加强统计标准实施情况的检查和部门统计制度统计标准管理，进一步推动国家统计标准在成渝地区双城经济圈贯彻落实。

（2）探索研究成渝地区双城经济圈经济区与行政区适度分离的统计调查标准

以反映成渝地区双城经济圈发展为基本出发点，积极探索成渝地区双城经济圈出现的现代服务业、贸易服务业等新经济活动类型分类标准，研制共建开发区、园区、各类功能区区划码以及共建项目分算标准等，通过健全统计分类标准，进一步规范成渝地区双城经济圈统计工作。

3. 优化成渝地区双城经济圈经济区与行政区适度分离的统计数据采集和共享体系

（1）做好成渝地区双城经济圈发展统计指标数据采集

建立成渝地区双城经济圈发展统计指标数据采集工作机制，按年度和季度频率从成渝地区双城经济圈各级统计机构和部门定期获取相关统计数据，使数据采集制度化、规范化，进一步提高成渝地区双城经济圈发展统计监测工作能效。

（2）完善成渝地区双城经济圈统计制度方法

一是围绕成渝地区双城经济圈协同发展需要，加强基础调查指标研究，建立适应川渝高竹新区等川渝毗邻区经济发展的综合报表制度，健全完善经济区统一规范、方便简约的统计调查体系，使统计调查数据既能满足行政区发展需求，又能满足经济区发展需要。二是围绕成渝地区双城经济圈发展特色和亮点，推进数字经济、科技创新等统计制度方法改革，大力推动政府部门行政记录、商业记录、互联网记录等非传统数据在统计工作中的应用，进一步增强成渝地区双城经济圈统计工作的科学性和高效性。

（3）加强成渝地区双城经济圈统计数据共享

积极运用大数据、互联网等现代信息技术，通过探索川渝高竹新区等川渝毗邻区开放各区域统计微观数据库汇总权限，加强重庆和四川之间、重庆和四川各部门之间的统计数据交换共享，推动政府统计数据共享，扩大数据开放，建立科学高效的成渝地区双城经济圈统计数据共享体系。

（4）强化成渝地区双城经济圈统计工作全流程管理

全面落实《国家统计质量保证框架（2021）》和川渝两省市相关制度规章，压实成渝地区双城经济圈各级统计机构和广大统计人员的数据质量责任，强化统计工作全员、全域和全流程质量控制，健全数据生产各环节和数据管理各方面的数据质量追溯机制，全面提升成渝地区双城经济圈统计数据质量。

4. 健全成渝地区双城经济圈经济区与行政区适度分离的国民经济核算体系

一是加快推进经济统计分算方法研究，建立主要统计数据经双方协商分劈、省级统计机构核定、报国家统计局审定的核算机制，使共建的企业（项目）既能核算到经济区，又能分算到行政区。二是进一步完善成渝地区双城经济圈地区生产总值统一核算工作机制，研究完善成渝地区双城经济圈新经济、数字经济、旅游产业、民营经济等相关产业年度核算方法，进一步提高国民经济核算的质量和水平，准确反映成渝地区双城经济圈的经济总量、速度、结构、效益全貌以及各种重大比例关系和发展态势。

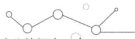

5. 构建成渝地区双城经济圈经济区与行政区适度分离的统计监测分析体系

（1）完善成渝地区双城经济圈经济区与行政区适度分离的统计监测机制体制

从国家战略全局和成渝地区双城经济圈高质量发展整体出发，持续完善成渝地区双城经济圈经济区与行政区适度分离的统计监测指标体系，健全成渝地区双城经济圈经济区与行政区适度分离的统计监测工作机制，不断夯实监测基础。

（2）加强成渝地区双城经济圈经济区与行政区适度分离的分析研究

及时、有序、高效开展成渝地区双城经济圈经济区与行政区适度分离的统计监测与分析研究，综合反映成渝地区双城经济圈发展水平和经济区与行政区适度分离成效，多维度展示成渝地区双城经济圈高质量发展和经济区与行政区适度分离改革的成效和短板，进一步提高统计服务的时效性和针对性。

6. 强化成渝地区双城经济圈统计组织管理和保障体系

（1）完善成渝地区双城经济圈统计管理运行制度

进一步建立和完善各项统计管理运行制度，确保成渝地区双城经济圈统计机构和统计人员依法行使独立调查、独立报告和独立监督的职权，充分整合利用各种统计资源，全面理顺统计工作中的关系，有效调动统计人员的积极性、主动性和创造性，保证统计工作高效、有序开展。

（2）夯实成渝地区双城经济圈统计基层基础

进一步加强对成渝地区双城经济圈统计基层基础工作的组织领导，特别是川渝毗邻地区合作共建平台统计工作的督察和指导。鼓励经济区建立专门统计机构，统筹协调、组织实施经济区内统计调查工作，夯实做好经济区内统计名录库、地域库、统计台账建设等基础工作。加强经济区所属的统计机构队伍建设，配齐配强统计人员，明确基层统计职责任务，压实统计责任。健全完善经济区统计工作制度，加强统计人员教育培训，加强辅助调查员管理。

（3）强化成渝地区双城经济圈统计工作信息技术支撑

加快推进成渝地区双城经济圈统计信息化建设，推动智能移动终端在统计调查中的应用，探索新一代信息技术与成渝地区双城经济圈统计的深度融合，实现统计工作全流程电子化、网络化，以推进统计数据生产方式变革，提升统计生产效能。完善网络安全防护技术措施和运营维护体系，保障数据安全。

（4）完善成渝地区双城经济圈统计工作财务保障机制

将落实成渝地区双城经济圈统计合作所需经费列入财政预算，为各级统计部门开展成渝地区双城经济圈统计工作提供必要的经费保障。以成渝地区双城经济圈统计合作为契机，完善统计部门向社会力量购买服务的机制，提高经费保障能力，逐步推进部分统计业务由社会调查机构和其他社会力量承担。

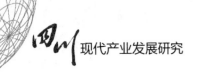

（二）展望

1. 形成全国可推广的经济统计分算方案

经济统计分算改革任务是一项复杂的系统工程，也是一个长期的工作任务。当前，我们以点为突破口，研究制定的分算办法，因受毗邻区企业数量少规模小、统计基层基础薄弱等因素制约，存在数据来源受限、测算方法相对简单等问题。下一步，我们将加大对毗邻区统计调研，进一步总结经济区统计需求和测算基础，完善经济统计分算办法，并形成全国可推广的经济统计分算方案。

2. 建立一套符合经济区与行政区适度分离的报表制度

如何将经济统计分算方案落到实处，也是我们下一步研究的方向。我们将在现有统计报表制度的基础上，根据统计监测体系和经济统计分算方案实施情况，对涉及的指标数据和原始记录进一步细化，遵循统一规范化原则和要求，建立一套符合经济区与行政区适度分离的统计报表制度。通过对调查对象、调查范围、调查内容、调查表式、调查频率、调查时间、调查方法、调查组织实施方式、质量控制、报送要求、资料公布等内容的规范和明确，实现统计监测和经济分算的制度化和常态化。

3. 搭建成渝地区双城经济圈统计数据共享平台

收集跨省统计数据和各部门数据仍是研究中的一个难点。构建符合成渝地区双城经济圈的统计指标体系，不仅需要完善统计方法制度，更需要建立健全相关工作机制。下一步，我们将依托双方统计数据生产、管理和应用等核心业务系统，从需求出发，积极运用大数据、云计算等信息技术和资源，探索研究成渝地区双城经济圈统计数据共享平台有效路径，为成渝地区双城经济圈统计数据自动化处理、相互调用、实现统计信息共享提供参考。

负责人：薛　建（重庆市统计局）

成　员：陈　才（重庆市统计局）

李仕文（重庆市统计局）

廖英含（重庆市统计局）

陈　才（重庆市统计局）

娄　瑶（重庆市统计局）

唐　甜（重庆市统计局）

丁　娟（四川省统计局）

安江丽（四川省统计局）